두 번째 내 인생을 위한

법학전문
대학원

Law School

두 번째 내 인생을 위한

법학전문 대학원

Law School

윤선희 · 이배근 지음

Prologue

'사법 고시' 하면 제일 먼저 무엇이 떠오르는가? 법관의 제복? 아니면 법정에서 치열하게 상대방을 변호하는 변호사나 검사의 모습? 이 모든 것도 포함되겠지만, 운동복 차림으로 슬리퍼를 끌며 교정이나 고시촌을 분주히 움직이던 고시생들의 모습은 아닐까 싶다.

그동안 사법 고시 제도는 유능한 법조인 양성이라는 큰 업적에도 불구하고, 고시 장수생과 고시 낙오생 양성이라는 오명도 함께 안고 있었다. 고시촌에서 흔히 볼 수 있었던 늙수그레한 고시 낭인들의 스토리는 흔한 일이 되어 버렸다. 사정이 이렇다 보니 일각에서는 사법 고시 제도가 사회에서 제몫을 해야 할 국가 우수 인력의 낭비를 초래하고 있다는 지적이 끊임없이 제기된다.

이론 중심의 교육이 아닌 법적 분쟁을 전문적으로 해결할 수 있는 양질의 다양한 법률 서비스를 제공하기 위해 만들어진 법학전문대학원,

소위 로스쿨의 도입으로 우리나라 법학 교육은 물론 법조인 양성 체계에 있어 일대의 개혁이 일어나고 있다. 그러나 법학전문대학원이 도입된 지 채 1년이 되지 않은 지금, 큰 희망을 안고 법학전문대학원에 진학하려는 수험생들의 입장에서는 미비한 점이 많은 것이 사실이다.

이 책은 법학전문대학원에 들어가기 위해서는 어떠한 준비를 해야 하고, 그곳에서는 무엇을 배우며, 어떠한 방식으로 공부하여야 하는지, 졸업 후 무엇을 할 수 있는지에 대한 가이드라인을 제시하고 있다. 법조인을 꿈꾸며 로스쿨 진학을 계획하고 있는 사람들이 체계적으로 미리 계획을 세우고 준비하는 데 도움을 줄 것이다.

우선 Part 1에서는 우리나라 법학전문대학원 설치 현황 및 수업 방식, 특정 분야의 법률 전문가가 되기 위해서는 어느 법학전문대학원을 선택하여야 하는지에 대한 참고가 될 수 있는 로스쿨별 특성화 현황 및 장학 제도 등 우리나라의 로스쿨 전반에 대하여 살펴본다. 또 법학적성시험을 비롯한 법학전문대학원의 진학 과정에 관한 궁금증을 풀어본다.

Part 2에서는 법학전문대학원 재학 중 가질 수 있는 고민들과 졸업 후의 상황 및 가능성에 대하여 알아본다. 그리고 로스쿨 졸업 후 막연히 법조인이 되겠다고 생각하는 이들에게 구체적인 법조인의 삶을 통해 막연한 동경이 현실 세계와 어떻게 다른지를 구체적으로 보여주고 있다.

법학전문대학원 졸업 후 변호사 시험에 합격을 한다고 하더라도 장밋빛 미래만이 당신을 기다리는 것은 아니다. 무한 경쟁의 시대에 자신의 장점과 진로를 정확히 파악하고 로스쿨 준비 과정에서부터 집중할 필요가 있다. 무엇보다 특정 분야의 전문 변호사로 활동하고 싶은 사람은 법학전문대학원 재학 중 특성화 교육 프로그램을 통하여 전문 지식과 현장 감각을 미리 길러야 한다고 말하고 싶다.

　모쪼록 이 책이 로스쿨 진학을 준비하고 있는 이들에게 이상과 현실을 함께 보여줄 수 있는 밑그림이 되기를 바라는 마음이다.

　끝으로 이 책을 기획한 하서출판사, 그리고 자료 수집 및 정리를 도와준 한양대학교 법학전문대학원 지적재산&정보법센터 박경신 연구원, 제1부 제3장을 집필하여 주신 부산대학교 법학전문대학원 계승균 교수님과 Part 2를 작성하여 주신 이배근 법무관님께도 감사를 드린다.

한양대학교 법학전문대학원 윤선희

차례

Prologue 5

Part 1 나도 법학전문대학원생이 될 수 있을까?

Chapter 1 **법학전문대학원이 알고 싶다**
   1. 법학전문대학원에는 정말로 킹스필드 교수가 있을까? ─── **15**
   2. 왜 법학전문대학원인가? ─────────────────── **16**
   3. 나에게 맞는 법학전문대학원을 찾아라 ──────────── **18**
   4. 영화 속 '모의법정'이 현실로? ─────────────── **23**
   5. 특정 분야의 법률 전문가가 되려면 ──────────── **26**
   6. 장학금으로 법학전문대학원을 두드려라 ──────────── **38**

Chapter 2 법학전문대학원 진학을 위해 이것만은 알아두자

1. 법학전문대학원에 입학할 수 있는 자격 —————————— 47
2. 법조인이 되기 위한 첫 번째 관문, 법학 적성시험 ————— 50
3. 법학전문대학원생은 어떤 방식으로 선발되나? ——————— 59
4. 달라지는 변호사 시험 ————————————————— 70

Chapter 3 법학전문대학원을 가기 위해 길러야 할 학업 능력

1. 이해력(논리적 사고방식) ——————————————— 77
2. 독해력(분석 능력) —————————————————— 89
3. 문장력(표현 능력) —————————————————— 94
4. 통찰력 = 삶(사회)에 대한 관심 ————————————— 100

Part 2 법조인의 삶 속으로

Chapter 4 법조인이 되는 과정
1. 이 늦은 나이에 과연 할 수 있을까? ——— 109
2. 변호사 시험 문제는 어떨까? ——— 115
3. 이런 문제 유형도 살펴라 ——— 122
4. 합격의 암초, '과락 제도' ——— 138
5. 로스쿨 나오면 이렇다고 하더라 ——— 141
6. 법조인의 생활이 궁금해? ——— 153

Chapter 5 판사들의 고민과 고뇌
1. 법정에서의 무표정은 미덕? ——— 157
2. 그들의 스트레스와 보람 ——— 169
3. 승 진 ——— 178

Chapter 6 검사의 추진력
1. 수사 검사실의 소란 ——— 190
2. 검사의 따뜻한 웃음 ——— 203
3. 검사가 할 수 있는 일의 범위 ——— 207
4. 승 진 ——— 216

Chapter 7 변호사의 매력

1. 사건의 재구성 — 222
2. 로펌 변호사 — 229
3. 개업 변호사 — 244
4. 사내 변호사 — 251

Chapter 8 이런 법조인이라면 좋겠다!

1. 법조인의 모범상 — 254
2. 판사로서 외줄타기 — 259
3. 대한민국의 검사로서 — 264
4. 변호사로서 일심동체 — 270
5. 직역을 뛰어넘어 하나로 — 278

Epilogue — 283

▶ Chapter 1 법학전문대학원이 알고 싶다
▶ Chapter 2 법학전문대학원 진학을 위해 이것만은 알아두자
▶ Chapter 3 법학전문대학원을 가기 위해 길러야 할 학업 능력

PART 1

나도 법학전문대학원생이 될 수 있을까?

Chapter 1

법학전문대학원이 알고 싶다

1_ 법학전문대학원에는 정말로 킹스필드 교수가 있을까?

20여 년 전 하버드 법대생들의 성공과 좌절, 사랑과 이별 등을 그린 〈하버드의 공부벌레들 The Paper Chase〉이라는 외화가 인기리에 방영된 적이 있다. 세계 지성의 상징이자 성소인 하버드 로스쿨에서 벌어지는 이 작품은 보는 이로 하여금 '로스쿨'에 대한 막연한 동경과 환상을 자아내기에 충분했다. 첫 수업에서부터 학생들에게 날카로운 질문을 끊임없이 쏟아내던 킹스필드 교수의 모습이 꽤나 낭만적으로 보였던 드라마였다.

2007년 7월 3일 『법학전문대학원 설치·운영에 관한 법률』의 통과로 2009년에 25개의 법학전문대학원이 우리나라에서도 드디어 개원하였다. 흔히 '로스쿨 Law School'로 불리는 법학전문대학원은 법률 이론과 실무 지식을 동시에 교육하는 학부와 분리된 3년제 법학 전문 석사 과정으로 미국, 캐나다, 일본 등에서는 이미 실시되고 있다.

기존에는 사법 시험에 합격한 뒤 2년간 사법 연수원의 교육을 마쳐야 했으나 법학전문대학원의 도입으로 현재의 사법 시험은 2017년에 폐지되고, 새롭게 바뀌는 변호사 시험은 법학전문대학원 과정 이수자에 한해서 응시할 수 있게 되었다. 또한 법조인 양성을 위한 교육 기간이 학부 4년과 법학전문대학원 3년 등 7년으로 늘어나게 되었고, 사법 연수원이라는 단일 교육 기관 대신 각 법학전문대학원은 특성에 맞는 법조인 양성 프로그램을 운영할 수 있다. 즉 법률 이론 중심의 교육을 담당했던 기존의 법과 대학과 실무 및 현장 중심의 교육을 담당했던 사법 연수원을 합쳐놓은 역할을 하게 된다.

미국의 경우 대학 과정에는 법학과가 없으며, 법조인이 되기 위해서는 다른 전공으로 대학을 졸업한 뒤 3년제 법학전문대학원인 로스쿨에 진학하여 학위를 취득한 후 미국 변호사 시험Bar Exam을 통과해야 한다. 대학 과정에 법학과가 없는 미국과 다르게 우리나라의 경우에는 기존의 학부 과정에 법학과는 유지하되 법학전문대학원이 설치되는 대학의 경우에만 법학과를 폐지하도록 하는 시스템을 채택하고 있다.

2_ 왜 법학전문대학원인가?

사법 시험을 준비하는 많은 고시생들이 가장 먼저 하는 일은 무엇일까? 아마도 고시 명문 학원은 어디이고, 명강사는 누구인지 검색하는 일일 것이다.

그동안 기존의 법과 대학의 교육은 법학 교육과 사법 제도의 연계가 부족하여 대다수의 고시 준비생들을 소위 '고시 전문 학원'으로 향하게 하였고, 이로 인해 내실 있는 법학 교육이 어려웠던 것이 사실이다. 더욱이 법과 대학의 이론 중심 교육으로는 법적 분쟁을 전문적·효율적으로 예방하고 해결하는 능력을 갖춘 법조인을 양성하는 데에 한계가 있었다. 또한 '변호사 1만 명 시대'라는 말이 무색할 정도로 변호사의 수는 외국과 비교했을 때 많이 부족한 편이고, 법률 서비스를 이용하기 위한 변호사 사무실의 문턱은 여전히 높기만 한 것도 사실이다.

이러한 문제점들을 해결하고 전문화된 시대에 다양한 기대와 요청에 부응할 수 있는 법률 서비스를 제공하기 위해 법학전문대학원 제도가 도입되었다.

그러나 법학전문대학원의 도입으로 법조인 양성과 관련된 기존의 문제점들이 모두 단시간 내에 개선되지는 않을 것이다. 다만, 최소한 기존의 천편일률적이었던 법학 교육은 다양성과 창의성의 옷을 입게 되었다. 법학전문대학원 진학생들은 다양한 학부 전공을 바탕으로 법 이론 및 실무 능력을 배양하여 특화된 법률 서비스를 전문적으로 제공할 수 있는 법조인으로, 법률 시장에서의 경쟁력을 갖출 것으로 기대된다.

또한 국내외 대학(기관) 및 다수의 국제기구와 국제 학술 교류 협력을 맺고 있는 법학전문대학원에 진학할 경우, 활동 범위를 국내에만 국한하는 것이 아니라 학점 교환 제도 등을 통하여 전 세계 유명 대학에서 수업을 듣고 외국의 로펌에서 실무 교육을 받을 수 있는 기회를 가지게 되며, 나아가 외국 변호사 자격 취득 기회를 제공받게 된다. 한 마디로 기존의 배타적이고 국지적이었던 법학 교육에서 탈피해 개방적이고 국제적인 법학 교육을 받을 수 있게 되었다.

3_ 나에게 맞는 법학전문대학원을 찾아라

고등학교 3학년 때 어떤 대학, 어떤 과에 가야 하나 깊이 있게 고민해 본 기억들이 있을 것이다. 무조건 대학이라는 곳에 가기 위해 성적에 대학을 맞춰야 하는지, 아니면 내 꿈을 위해 원하는 학교, 원하는 과를 지원해야 하는지 참 어렵게만 느껴졌었다. 아마도 법학전문대학원을 준비하는 여러분이라면 같은 고민을 또 한 번 해야 할지도 모르겠다.

현재 강원대학교, 서울대학교, 제주대학교 등 총 25개의 국내 대학이 법학전문대학원을 인가받아 운영 중에 있다. 이들 각 법학전문대학원은 인가 신청 시부터 각 대학의 역사, 지리적 여건 및 학문적 강점 등을 고려하여 특화되고 전문화된 법조인 양성이라는 목적을 달성하기 위한 해당 분야에 대한 집중 교육 프로그램을 마련하고 있다.

특정 분야의 법률 전문가가 되고자 한다면, 각 법률전문대학원이 내세우는 특성을 눈여겨볼 필요가 있다.

〈우리나라 법학전문대학원 설치 현황〉

지역	대학명	특성화 분야	입학 정원	모집 구분	모집 인원	
서울	건국 대학교	부동산 관련법	40명	가군	특별 전형	2명
					일반 전형	38명
	경희 대학교	글로벌 기업 법무	60명	가군	특별 전형	–
					일반 전형	36명
				나군	특별 전형	4명
					일반 전형	20명
	고려 대학교	GLP(국제 법무)	120명	나군	특별 전형	우선 선발 2명 이내
						일반 선발 4명 이상 8명 이내
					일반 전형	우선 선발 36명 이내
						일반 선발 78명 이상 114명 이내
	서강 대학교	기업법(금융법)	40명	가군	특별 전형	3명
					일반 전형	17명
				나군	특별 전형	–
					일반 전형	20명
	서울 대학교	국제 법무, 공익 인권, 기업 금융	150명	가군	특별 전형	9명 이상
					일반 전형	141명 이내

지역	대학명	특성화 분야	입학정원	모집구분	모집 인원	
서울	서울시립대학교	조세법	50명	가군	특별 전형	5명
					일반 전형	45명
	성균관대학교	기업 법무	120명	나군	특별 전형	우선 선발 2명 이내
						일반 선발 4명 이내
					일반 전형	우선 선발 50명 이내
						일반 선발 64명 이내
	연세대학교	공공 거버넌스와 법, 글로벌 비즈니스와 법, 의료 과학 기술과 법	120명	나군	특별 전형	6명
					일반 전형	우선 선발 50명
						일반 선발 64명
	이화여자대학교	생명 의료법, Gender법	100명	가군	특별 전형	-
					일반 전형	50명
				나군	특별 전형	6명
					일반 전형	44명
	중앙대학교	문화법	50명	가군	특별 전형	2명
					일반 전형	28명
				나군	특별 전형	2명
					일반 전형	18명

지역	대학명	특성화 분야	입학정원	모집구분	모집 인원	
서울	한국외국어대학교	국제 지역	50명	가군	특별 전형	3명
					일반 전형	27명
				나군	특별 전형	-
					일반 전형	20명
	한양대학교	국제 소송, 지식·문화 산업, 공익·소수자 인권	100명	가군	특별 전형	-
					일반 전형	50명
				나군	특별 전형	5명
					일반 전형	45명
경기	아주대학교	중소기업 법무	50명	가군	특별 전형	3명
					일반 전형	47명
	인하대학교	지적 재산권·물류	50명	가군	특별 전형	-
					일반 전형	25명
				나군	특별 전형	3명
					일반 전형	22명
충청	충남대학교	지적 재산권	100명	가군	일반 전형	50명
				나군	특별 전형	5명
					일반 전형	45명
	충북대학교	과학 기술법	70명	가군	일반 전형	40명
				나군	특별 전형	4명
					일반 전형	26명
영남	경북대학교	IT법	120명	가군	특별 전형	3명

지역	대학명	특성화 분야	입학정원	모집구분	모집 인원	
영남	경북대학교	IT법	120명	가군	일반 전형	57명
				나군	특별 전형	4명
					일반 전형	56명
	동아대학교	국제 상거래법	80명	가군	특별 전형	2명
					일반 전형	48명
				나군	특별 전형	2명
					일반 전형	28명
	부산대학교	금융·해운 통상	120명	가군	특별 전형	4명
					일반 전형	66명
				나군	특별 전형	4명
					일반 전형	46명
	영남대학교	공익·인권	70명	가군	일반 전형	35명
				나군	특별 전형	4명
					일반 전형	31명
호남	원광대학교	의생명 과학법	60명	가군	일반 전형	30명
				나군	특별 전형	5명
					일반 전형	25명
	전남대학교	공익·인권 분야	120명	가군	특별 전형	6명
					일반 전형	64명
				나군	일반 전형	50명
	전북대학교	동북아법	80명	가군	일반 전형	24명

지역	대학명	특성화 분야	입학정원	모집구분	모집 인원	
호남	전북대학교	동북아법	80명	나군	특별 전형	4명
					일반 전형	52명
강원	강원대학교	환경법	40명	가군	특별 전형	1명
					일반 전형	19명
				나군	특별 전형	1명
					일반 전형	19명
제주	제주대학교	국제 법무	40명	가군	특별 전형	1명
					일반 전형	19명
				나군	특별 전형	1명
					일반 전형	19명

※ 2009년 11월 현재 각 로스쿨 홈페이지 등을 참고하였으며, 추후 변경될 수도 있으니 각 로스쿨의 입시 전형 관련 공고문을 반드시 확인해야 한다.

4_ 영화 속 '모의 법정'이 현실로?

꿈과 기대를 안고 입학한 법학전문대학원. 과연 이곳에서는 어떤 방식의 공부를 할까?

구체적인 교과 과정에 있어서는 각 법학전문대학원별로 차이가 있으나 대체적으로 법학전문대학원 신입생들이 법학의 기본 원리를 수학하는 단계인 기본 과목군에 속하는 필수과목 기본 과목군, 각 전공 분야의 전문적이고 심화된 내용을 다루는 심화 과목군, 실무 능력을 배양하기 위한 실습 및 현장 수습 교육 등으로 구성된 실무 과목군으로 구성되어 있다.

특히 법조 윤리, 법률 정보의 조사, 법 문서의 작성 등 실무에서 필요로 하는 교육을 교과 과정에 포함하고 있다. 그 밖에도 법률 시장에서 필요로 하는 실무 법조인을 양성한다는 취지를 살려 외부 기업이나 관련 유관 기관과의 협력 관계를 통해 소속 법학전문대학원생들의 인턴십 참여 등 다양한 현장 실무 경험 기회가 질적·양적으로 늘어날 전망이다.

실무 법조인 양성이라는 법학전문대학원의 도입 목적에 따라 기존의 이론 중심 강의는 이론 교육과 실무 교육, 실체법과 절차법이 융합한 교육으로 바뀌었다. 특히 기본적인 법률 지식을 가르치는 것 외에도 문제 해결을 중점으로 한 실제 사례에 대한 토론 중심의 강의가 이루어지고 있다. 킹스필드 교수의 날카로운 질문과 소크라테스식 문답법에 쩔쩔매던 학생들은 더 이상 영화 속의 한 장면만은 아니다. 이에 따라 관련 법규, 학설, 중요 최신 판례에 대하여 이해하고 주요 부분을 암기했던 기존의 학습 방법은 무의미해졌다.

또한 앞서 살펴본 것처럼 각 법학전문대학원별로 특성화된 분야를 중점적으로 육성하기 위하여 관련 과목들이 교과 과정에 다양하게 포함되어 있고, 관련 실무 연습 과정도 마련되어 있어서 전문화된 교육이 이루어질 것으로 보인다.

가장 흥미로운 부분은 기존에 강의실에서 교수가 하는 강의를 일방적으로 받아들이던 수동적 방식에서 벗어나 미국 로스쿨의 'Moot Court'와 같이 법학전문대학원 학생들이 직접 사건의 피고, 원고, 검사, 변호사 등 당사자가 되고 교수나 외부 전문가가 판사가 되어 모의 사건을 진행하는 '모의 법정'도 자주적이고 창의적인 교육을 제공할 것으로 기대된다.

그렇다면 영화 속에서 동경심을 불러일으켰던 강도 높은 판례 위주의 토론식 수업이 현실에서도 그처럼 낭만적이기만 할까? 결론부터 말하자면 절대 아니다. 법학 교육이 변화한다는 것은 역으로 그만큼 기존의 법학 교육 과정보다 훨씬 많은 노력과 준비를 요한다는 말도 된다. 가령 케이스 스터디 수업에 철저한 준비 없이 들어간다면 1시간이 넘게 토론이 진행되는 동안 강의실에는 들어가 있어도 수업에는 겉돌게 될 것이다. 더욱이 토론의 중요성이 큰 법학전문대학원의 특성상 수업 준비의 미흡은 다른 학생들에게까지 피해를 주게 된다. 필자가 아는 미국 로스쿨의 교수는 매 학기 첫 시간에 학생들에게 수업 준비가 되어 있지 않은 경우는 출석에 불이익을 주지 않을 테니 아예 수업에 들어오지 말라고 한다. 준비 없이 수업에 참여하는 경우 본인은 물론 다른 수강생들에게도 피해를 준다는 이유인데, 언뜻 지나친 듯 보이나 법학전문대학원의 학업량과 비싼 등록금을 생각할 때 이는 당연한 처사가 아닐까 싶다.

법학전문대학원의 도입으로 언뜻 기존의 사법 시험 제도보다는 법조인이 될 가능성이 훨씬 커진 듯 보이지만 이론 교육을 비롯하여 토론 및 현장 실무 중심 교육을 고려해볼 때 실제로 법학전문대학원생이 수업을 위하여 준비하고 별도로 감당하여야 하는 학업의 양은 결코 만만하지 않다.

5_ 특정 분야의 법률 전문가가 되려면

2002년 월드컵의 열기가 뜨거웠을 무렵 '멀티 플레이어'라는 말이 유행했던 적이 있다. 그 당시 국민적 영웅으로 떠올랐던 히딩크 국가대표 감독이 선수들을 한 자리의 보직이 아닌 여러 포지션에서 뛸 수 있게 훈련시키고 독려한 데서 시작되었던 말로, 실제 그는 대한민국 역사상 월드컵 4강이라는 역대 최강의 성적을 올려 그의 훈련 방식에 대한 뜨거운 찬사를 받았다.

그렇다면 법률 분야에서는 어떨까? 법률 분야가 세분화되고 법률 시장의 경쟁이 치열해짐에 따라 다양한 분야를 동시에 넘나드는 '올라운드 플레이어' 법조인은 시장 경쟁력이 떨어질 것으로 보인다. 변호사회의 회비조차 납입하지 못하는 변호사들이 늘어나고 있는 현실에 비추었을 때 2,000명의 법학전문대학원 수료생들이 변호사로 배출되는 2012년 이후에는 상황이 더욱더 심각해질 것으로 보인다. 또한 최근 변리사 단체의 변리사와 변호사의 특허 소송 공동 대리 요구, 법무사의 소액 사건 소송 대리권 요구나 세무사의 조세 소송 대리권 요구 등 변리사·법무사·세무사의 직역 확대 요구에 따라 변호사 업계의 위기감은 더욱 커지고 있다.

소위 '특허전문' 변호사, '금융전문' 변호사 등과 같이 전문화되고 특성화된 분야에서 틈새시장을 찾아 전문성을 키우지 않으면 전문직인 변호사도 생존하기 어려운 상황으로 치닫고 있다. 또한 전문화야말로 대형 로펌 및 외국 로펌과의 경쟁에서 살아남을 유일한 길이라는 인식이 확산되면서 전문 변호사에 대한 요구는 더욱더 커지고 있다. 가령 생명 공학·IT·전자 기술 등과 같은 신기술 분야의 전문 지식을 갖춘 변호사라면 관련 기업을 고객으로 둘 수 있으며, 기업들의 스카우트 대상이 될 수도 있다.

따라서 특성화 프로그램을 운영하고 있는 각 법학전문대학원의 교과 과정 및 기타 지원책 등을 면밀히 검토하고 자신의 관심 분야, 학부에서의 전공, 향후 진로, 지리적 위치 및 시장성 등을 고려하여 법학전문대학원을 선택할 필요성이 있다.

〈법학전문대학원별 특성화 현황〉

지역	학교	특성화 분야	특성화 내용
서울	건국대학교	부동산 관련법	• 부동산에 대한 전문 지식과 실무 능력을 구비한 법률 전문가 양성을 목표로 하고 있다. • 부동산에 관한 일반 이론 과목과 부동산 정책과 법 등 인접 과목을 개설하고 있다. • 국제환경법(교과 과정), 통일과 토지 재산(비교과 과정) 등 부동산 법제의 국제적인 접근을 지향하고 있다.
	경희대학교	글로벌 기업 업무	• 특성화 분야를 글로벌 통상 업무, 글로벌 금융 업무, 글로벌 기업 조세법, 글로벌 IT&IP 법무 등 4가지 특성화 트랙으로 세분화하고 있다. • 각 트랙별로 비교 법학 과목, 트랙 기초 과목, 트랙 심화 과목, 특성화 자유 과목으로 구성하고 있다. • 관련 과목 : 국제 거래법, 국제 경제법, 국제 계약 문서작성 실무, 국제사법, 은행법, 증권 규제법, 글로벌 기업 금융법,

지역	학교	특성화 분야	특성화 내용
서울	경희 대학교	글로벌 기업 업무	기술금융법, 기업 조세 전략, 국제 조세 세미나, 전자상거래법, 저작권법 등이 있다.
	고려 대학교	국제 법무 (Global Legal Practice)	• 공통 교과, 심화 교과, 실무 교과, 통합 교과목으로 특성화 과정을 구성하고 있다. • **특성화 육성 전략** 단기 육성 전략(2009~2011년) - GLP 교과 과정 확충 및 실무 교육 강화 - JD-MBA 공동 학위 과정(joint degree program)의 설치 - 외국 주요 로스쿨과 공동 학위 과정 또는 단기 교육 과정 개설 - GLP 교과목 강의 교재 개발 중기 육성 전략(2012~2016년) - 단기 GLP 특성화 운영 결과의 평가 및 개선 - 졸업생 진출 현황과 교과목의 개설 현황 간의 연계 정도 분석 - 외국의 로스쿨과 상호 교차 학점제 시행 - 외국의 로스쿨과 정기적 국제 학술 대회 개최 - 교수들은 우수한 논문이나 저서를 외국 교수와 공동 저술 - GLP 분야 LL.M.(로스쿨의 석사 학위) 과정의 활성화 장기 육성 전략(2016년~) - GLP 교과 과정에 외국어 강좌의 확대 - 외국의 로스쿨과 상호 교차 학점제의 확대 - 외국 교수와의 공동 강의나 교차 강의 - 외국의 기업, 법무 법인 또는 국제기구에서 장기 인턴 제도의 도입 • 관련 과목 : 국제 계약법, 자유 무역 협정론, International Business Law,

지역	학교	특성화 분야	특성화 내용
서울	고려 대학교	국제 법무 (Global Legal Practice)	International Economic Law, 국제사법, 국제 상사 중재법, 국제 금융법, 국제 보험법, 비교 경쟁법, 국제 조세법, 반덤핑법, 국제 투자법, 국제 무역과 환경, 국제 통상 관련 지적 재산권법, 국제 통상 분쟁 해결 제도 등이 있다.
	서강 대학교	금융법 및 기업법 관련	• 여의도(증권업·금융 중심 지역)와 상암 디지털미디어시티(DMC) 등 차세대 영업 중심지의 지리적 특성을 반영한 전략적 특성화 교육을 지향한다. • 관련 과목 : 문화 상품과 법 세미나, 기업법 세미나, 한국 통상 현안 세미나 규제 산업과 법, 개별적 근로 관계법 세미나, 집단적 노사 관계법 세미나, 국제 분쟁 사례 연구, 기업 인수 합병 실무, 브랜드 관리와 법 세미나, 도산법(파산회생법), 신탁법, 국제 금융 시장과 법 등이 있다.
	서울 대학교	국제 법무	• 외국법 과목들을 필수적 선택 과목군으로 설정하고, 전 학년에 걸쳐 다수의 강의를 외국어로 제공한다. • 2학년 이후에 국제 법무 특성화 관련 교과목들을 다수 개설하고, 해외 교류 실적을 기반으로 한 해외 교육 기관과의 교육 연계 프로그램을 마련한다. • 관련 과목 : International Trade Law, International Taxation, International Intellectual Property Law, Cross-border Investments and Legal Framework, International Law and East Asia 등이 있다.

지역	학교	특성화 분야	특성화 내용
서울	서울대학교	공익 인권	• 1학년에 배치된 공법 과목들을 통하여 사회의 운영 원리와 기본권 보장의 당위성을 학습한다. • 2학년 이후 학생들의 공적 사명감과 인권 의식을 함양하는 과목을 다수 개설한다. • 공익 인권 관련 특성화 프로그램 및 실습 과정을 제공한다. • 관련 과목 : 현대 인권론의 기초와 쟁점, 생명 윤리와 법 세미나, 여성주의 법학 이론, 정보법, 법과 사회 과학, 국제 인권론, 사법 개혁, Human Right Issues in Korean Criminal Law and Procedure 등이 있다.
		기업 금융	• 기업 금융, 정보 통신, 생명 윤리, 미디어 등 각 첨단 분야의 관련 강좌들을 제공하고, 이를 고학년들의 실습 과정에 효율적으로 연결한다. • 관련 과목 : Merger and Acquisition, International Corporate Governance, Banking Regulation, 기업 재무 관리의 법과 실무, 금융 구조 조정, 보험 분쟁의 실제와 법, 자본시장법 등이 있다.
	서울시립대학교	조세법	• 관련 과목 조세법과 세무에 관련된 풍부한 인적 자원과 법학 연구소의 조세법 연구 센터 및 지방세 연구소 등의 인프라를 바탕으로, 국내 최고 수준의 조세법 특성화 로스쿨을 지향한다. • 관련 과목 : 세법 기본 이론, 법인세법, 재산세법, 소득세법, 조세 전략, 지방세법, 국제사법, 가족과 세법, 부동산 세법, M&A, 기업 구조 조정과 세법, 조세 국가론 등이 있다.

지역	학 교	특성화 분야	특성화 내용
서울	성균관대학교	기업 법무	• 모든 전공을 포괄하는 +자 형태의 기업 법무 교육 과정을 배치한다. • 기업 법무 연구 역량 및 사회적 소통을 강화한다. • 법학 연구소 신설 및 기업 법무 연구 센터를 신설한다. • 교수와 학생이 참여하는 Cluster(Five-teem : 교수 1인, 학생 4인)를 구성한다.
	연세대학교	공공 거버넌스와 법	• 국가와 사회를 수직적이고 위계적인 관계로 인식해온 종래의 거번먼트(government) 개념과 달리 사회의 다양한 부문과 조직 간의 긴밀한 네트워크를 통해 공공 자원을 합리적으로 배분하는 협력, 타협, 조정의 과정을 의미하는 거버넌스(governance)라는 새로운 시대적 흐름에서 요구되는 법률 서비스를 적절히 공급한다. • 행정 공무원, 법조 공무원, NGO 활동가와 공익 관련 국제기구 직원을 양성한다.
		글로벌 비즈니스와 법	• 국제화 · 세계화의 추세 속에서 비즈니스 분야에서의 법 규범과 기준이 점차 조화와 통합을 이루고 있다는 점을 고려하여 세계화되는 비즈니스 활동에 보편적이고 공통적으로 요구되는 국제적 법률 감각과 전문적인 지식을 갖춘 법조인을 배출한다.
		의료 · 과학 기술과 법	• IT 기술, 생명 공학과 의료 기술의 발전에 부응하여 의학 · 자연 과학 · 공학적 지식과 법학 및 법률 실무를 결합하여 전통적 법학 교육과 실무 교육이 감당하기 어려운 전문적 교육을 실시함

지역	학교	특성화 분야	특성화 내용
서울	연세 대학교	의료·과학 기술과 법	으로써 첨단 법학 분야에서 법조인을 양성한다. • 관련 과목 : 의료 윤리 국제법, 의료 민사 책임, 의료 형법, 의료 소송론, 의료법 사례 연구, 의료 현장 조사, International Seminars on the Law of Health and Medicine, 문화산업법, 스포츠 엔터테인먼트법, 사이버법, 미국 정보 통신법 등이 있다.
	이화여자 대학교	생명 의료법, Gender법	• 임신과 출산 등 여성 문제와 관련이 많은 생명 윤리 및 여성학과 부문에 대한 강점을 살린다. • 관련 과목 : 의료법, 의생명 과학의 규제와 입법, 생명 과학과 Gender, 첨단 생명 과학의 법과 윤리, 신약 개발과 임상 시험, 법의학, 의료 민사 소송 실무, 줄기세포 연구의 법과 윤리, 생명 의료법 세미나, 의생명 과학과 특허, 의료 형사 소송 실무, 생명 과학과 Gender, 유엔 협약과 국제 여성 정책, 글로벌 환경권과 Gender, Gender 법학 Clinic, 판례의 Gender 연구, 세법과 Gender, 가사소송법, 인권과 Gender, 성평등론, 여성에 대한 폭력과 법 세미나, 고용평등법 등이 있다.
	중앙 대학교	문화법	• 창작 예술법, 정보법, 미디어법, 엔터테인먼트법, 스포츠법, 관광법을 문화법의 6대 기본 영역에 포함시킨다. • 특성화 계획과 전략을 문화법의 기반 조성 단계, 문화법의 내실화 단계, 문화법의 국제화 단계로 나누어 추진한다. • 문화 산업 분야, 문화 컨설팅 분야, 문화 분쟁 해결 분야, 문화 정책 행정 분야에 있어서의 문화 법률가를 양성한다.

지역	학교	특성화 분야	특성화 내용
서울	중앙 대학교	문화법	• 관련 과목 : Global Entertainment Law, 문화 정책과 법, 정보 통신 정책론, 엔터테인먼트 계약법, 엔터테인먼트 경영, 창작 예술법, 언론법, 방송법, 통신법, 영상 예술법, 영상 산업 계약 실무, 광고법, 문화 유산법, 관광법, 스포츠 인터넷법, 정보 프라이버시법, 사이버 범죄론 등이 있다.
	한국 외국어 대학교	국제 지역	• '국내 변호사', '국제적 지역 전문가' 로서의 역할을 동시에 할 수 있는 글로벌화된 '국제 지역 전문 법조인'을 양성한다.
	한양 대학교	국제 소송 법무	• 국제 소송, 협상, 중재, 대체적 분쟁해결(ADR : Alternative Dispute Besolution)에서 관련 법 원리를 적용·응용하며, 법적 자료를 동원, 분석, 활용할 수 있는 능력을 갖춘 법조인을 양성한다.
		지식·문화 산업 법무	• 발명·특허·저작·상표 등 전통적인 지식 산업법 분야의 법 기술을 연마한 토대 위에 문화 산업(CT), 정보 미디어 산업(IT), 생명 공학 산업(BT) 분야에서도 주도적으로 활동할 법률 전문가를 양성한다. • '지적 재산 & 정보법 센터'를 설치·운영한다.
		공익·소수자 인권 법무	• 국내의 인권을 국제 인권법의 시각에서 개선할 수 있는 법률 전문가, 국제 인권의 무대에서 활발히 활동할 수 있는 법률 전문가를 양성한다. • '공익·소수자 인권 센터'를 운영한다.
경기	아주 대학교	중소기업 법무	• 다양한 외국어 능력 우수자 확보, 기업체 근무 경력자 우대 제도 개선 방안 검토 등을 설정한다. • 중소기업법 심화 과정의 혁신, 실습

지역	학교	특성화 분야	특성화 내용
경기	아주대학교	중소기업 법무	지도 교수제 개편, 특성화 실습 외부 협력 기관의 교류 확대, 법학 연구소의 특성화 연구 기능 강화, 중소기업 법무 센터의 혁신, 학위 과정 및 연구 과정에서의 특성화 강화, 특성화 과정 이수자의 진로 확보책 마련 등을 추진한다. • 외국 기관 연계형 실습 지도 교수제의 확대·개편, 특성화 실습 외국 협력 기관의 교류 확대, 법학 연구소의 특성화 연구 기능의 국제화, 중소기업 법무 센터의 국제화를 추진한다.
	인하대학교	지적 재산권·물류	• 인천의 지리적인 이점(인천 경제 자유 구역, 공항, 항만)과 전통적인 공대의 명성, GU8 컨소시엄을 통한 국제 네트워크 확보, 25년의 물류 교육 경험, 10년의 지적 재산권 교육 경험, 그리고 세계적 물류 기업 한진재단의 지원을 바탕으로 물류법학과 지적 재산권법을 특성화한다. • 관련 과목 : 특허법, 상표법, 저작권법, 지적 재산 계약 실무, 부정 경쟁 방지 및 영업비밀 보험법, 디자인 보호법, IT법, 정보 계약법 등, 물류 산업 정책론, 물류법, 국제 경제법, 물류학 개론, 물류 행정법, 유엔 국제 매매법, 운송 계약법, 국제 거래법, 물류 실무, 물류 사례 연구(원어), 국제 물류 전략과 관리, 국제 물류 분쟁 해결법(원어) 등이 있다.
충청	충북대학교	지적 재산권	• 대덕 연구 단지, 특허청 등의 지리적 여건, 특허 대학원 운영 경험 및 전문성을 바탕으로 한 지적 재산권 인프라를 확보한다. • 세종 지적 재산권 연구소 운영 및 지적 재산권 전문 학술지를 발간한다. • 관련 과목 : U.S. IP Law, Trademark

지역	학교	특성화 분야	특성화 내용
충청	충북 대학교	지적 재산권	Law for Global Practitioners, 발명의 보호와 특허 실무, IP Infringement and Litigation, IT법, 특허 경영, 기초 과학 연구 등이 있다.
충청	충남 대학교	과학 기술법	• BT, IT, IP 등 과학 기술법 분야의 전문 법조인에 대한 수요 증대 및 지역의 활용 요건을 고려하여 변리사 등 지적 재산권 전문가 및 국제 라이선싱 전문가를 양성한다. • 과학 기술법 분야의 교육에 있어서 중요한 현장 경험 및 실무 학습 기회를 제공하기 위한 산학연 연계 교육 프로그램을 운영한다.
영남	경북 대학교	IT법	• IT 산업 관련 대구·경북 지역의 특성과 오랫동안 IT 분야에 있어서 경북대학교가 보유하고 있는 뛰어난 특성화 성과를 바탕으로 IT법 전문 변호사를 양성한다. • 'IT와 법 센터'를 설치 및 운영한다.
영남	동아 대학교	국제 상거래	• 활발한 국제 거래와 그에 따른 법률 서비스의 수요가 많은 동북아 물류 중심지인 부산이라는 지역적 이점을 바탕으로 한다. • 국제 해상 보험법 연구소를 운영한다. • 관련 과목 : Legal English Practice, English Contract Draftiing, Oral Argument, Practice on Negotiation & Contracting, Basics of International Commercial Contract Laws, 국제 상사 중재 실무, 중국 상사 교역법, 중국 섭외경무 법률 실무 등이 있다.

지역	학교	특성화 분야	특성화 내용
영남	부산대학교	금융·해운 통상	• 금융·해양 도시라는 부산의 특성을 고려한다. • '해운 통상법 연구 센터'를 설치 및 운영한다. • '금융법 연구 센터'를 설치 및 운영한다.
	영남대학교	공익·인권	• 다수의 외국인 노동자 및 공단 노동자가 존재하는 영남 지역의 특성을 고려한다. • 국가 인권 위원회와 MOU를 체결한다. • 관련 과목 : 인권 기초론, 교육과 인권, 공정거래법, 노동 인권과 차별, 농업법, 소비자법, 환경법, 국제 인도법, 공익론, 국제 인권법, 인권법 세미나, 의료와 인권 세미나, European Human Rights Seminar, 환경 인권 세미나, 법정책 세미나, 형사 절차와 인권 세미나, NGO법 세미나 등이 있다.
호남	원광대학교	의생명 과학법	• 전국에 11개의 병원을 운영, 의생명 과학과 관련된 지식·학술 정보 축적을 바탕으로 학위 과정별 연계 과목을 개설하여 의생명 과학법 전문 법조인을 양성한다. • '의생명 과학 법무 센터'를 운영한다.
	전남대학교	공익 인권법	• 광주가 민주·인권·평화의 도시라는 특성을 고려한다. • 국가 인권 위원회의 인권 거점 대학으로 지정한다. • '공익 인권법 센터'를 운영한다. • 민주, 인권, 평화 특성화 사업과 관련하여 '민주 인권 평화 센터'를 운영한다.

지역	학교	특성화 분야	특성화 내용
호남	전북대학교	동북아법	• 환항해권 시대를 맞이하여 경제 자유구역 지정 및 중국 등 동북아 시장을 겨냥하고 있는 전라북도라는 지역적 특성을 고려한다. • '동북아법 연구소'를 운영한다. • 전문 학술지인 '동북아법 연구'를 발행한다. • 관련 과목 : 중국법, 동북아 환경법, 일본 행정법, 동북아 경제법, 중국 조세법 총론 및 실무, 중국 외상투자 기업법 실무, 중국 투자법, WTO와 동북 아시아, 일본 기업과 법 등이 있다.
강원	강원대학교	환경법	• 강원도라는 지정학적 특성을 고려한다. • 환경 관련 학과 및 환경 연구소 등 인적·물적 인프라를 토대로 국내외 환경 문제에 대처할 수 있는 전문 법조인을 양성한다. • '환경법 센터'를 운영한다. • 관련 과목 : 환경법 총론, 환경법과 정책의 이해, 환경 소송 이론과 실무, 비교 환경법, 환경법 사례 연습, 기업과 환경법, 법과 생태학, 환경 영향 평가와 법, 환경 판례 연구, 환경 민사 책임법, 환경 경제학, 국제 환경법 등이 있다.
제주	제주대학교	국제법무	• 제주 국제자유도시 추진에 따른 법률 수요를 반영한다. • 지역 환경과 대학 여건을 감안한 비교우위 분야에 대한 '선택과 집중' 전략을 채택한다. • 국제자유도시 추진에 따른 국제 투자·거래의 증대와 중국 관련 법률 수요의 증대를 감안하여 초기에는 국제 투자·거래 분야에 집중하여 교육 과정을 운영할 예정이다.

※ 위의 내용은 각 대학 홈페이지 및 입학 자료를 참고하였다.

6_ 장학금으로 법학전문대학원을 두드려라

　연간 학비만 4만 달러가 넘는 로스쿨이 많은 미국의 경우 로스쿨 졸업생이 졸업 후 공공 분야에서 일하고 싶어도 대출받았던 학자금 상환의 부담 때문에 로펌으로 발길을 돌릴 수밖에 없는 경우가 많다고 한다.
　우리나라의 경우에도 법학전문대학원의 연간 등록금으로 적게는 1,000만 원에서 많게는 2,000만 원 정도가 소요된다. 여기에 교재비, 생활비 등을 고려할 때 법학전문대학원을 졸업하기 위해서는 최소한 1억 원 정도가 든다. 이는 기존의 법학 대학이나 일반 대학원의 등록금을 훨씬 상회하는 수치로 3년이라는 학업 기간과 여타 경제 활동을 하기 힘들다는 점을 고려할 때 법학전문대학원을 준비하는 사람들에게 큰 부담으로 작용한다. 실력이 있더라도 경제적인 여유가 없는 사람들 입장에서는 법학전문대학원이야말로 영화 속 이야기일 뿐이다.
　그렇다면 별다른 학비 마련 대책이 없는 경우 법학전문대학원 진학을 포기해야만 하는 것일까? 이럴 경우 각 법학전문대학원별로 운영하고 있는 다양한 장학 제도를 검토하고 본인이 자격이 되는지 여부를 꼼꼼히 살펴볼 필요성이 있다. 고액의 학비에 겁을 먹고 꿈을 포기하기보다는 입학생 전원에게 장학금을 지급하거나 법학전문대학원 소재지 출신의 학생들에게 향토 장학금이 지급되는 곳도 있다는 사실을 기억하자.

〈법학전문대학원별 장학 제도 현황〉

지역	학 교	장학 제도
서울	건국 대학교	• 장학생 수혜자 비율 : 75% • 전액 장학 대상자와 반액 장학 대상자로 구분하여 입학생 전원에 대해 장학금을 지급한다. • 입학 시 특별 전형 합격자(2명)는 전액 장학생으로 입학하되, 재학 중에는 일반 전형 합격자와 동일한 조건을 적용한다.
	경희 대학교	• 장학생 수혜자 비율 : 25% • 성적 우수 장학금 이외에 사회적 취약 계층을 대상으로 장학금을 지급한다.

	고려
	대학교
		• 장학생 수혜자 비율 : 30%
		• 일반 장학금 : 전체 등록금 총액 대비 20% 이상의 일반 장학금을 확보하여 등록금 전액을 기준으로 할 때 입학 정원 120명 중 매 학기 24명 이상의 재학생에게 지급한다.
		• 교외 장학금 : 고대 교우회 및 고대 법대 교우회 장학금을 비롯한 다양한 교외 장학금을 확보하여 입학 정원 120명 중 매 학기 60명 이상에게 장학금을 지급한다.
		• 졸업생 대상 장학금 : 졸업생 중 성적 우수자에게 박사 학위 과정 3년간 학비 전액을 장학금으로 지급한다.
		  - 황의빈 교우 Prize(영국 Oxford University)
		  - 부영 장학금(미국 Yale Law School)
		  - STX Prize(미국 Harvard Law School)
		  - 해송 Scholarship(영국 Cambridge University)

	서강 대학교	• 장학생 수혜자 비율 : 37.5% • 입학 성적 우수 및 성적 우수 장학금을 지급한다. • 공동체 사랑 장학금 : 특별 전형 합격자 및 경제 상황이 곤란한 사람에게 지급한다.

지역	학교	장학 제도

서울	서울
	대학교
		• 장학생 수혜자 비율 : 25.2%
		• 사회적 취약 계층 : 50명
		  – 전액 장학금 : 19명 / 반액 장학금 : 31명
		  – 국민 기초생활 수급권자, 차상위 계층 : 전액 장학금을 지급한다.
		• 장애 학생 : 원칙적으로 전액 장학금을 지급한다. 단, 일정 수준 이상의 고소득인 경우는 제외한다.
		• 경제적 환경이 어려운 순서대로 19번째까지는(위 국민 기초생활 수급권자, 차상위 계층, 장애 학생 포함) 전액 장학금 지급, 20번째부터 50번째까지는 반액 장학금을 지급한다.
		• 학업 성적, 봉사 활동, 자치 활동 등에서 뛰어난 두각을 나타낸 학생 7명에게 반액 장학금을 지급한다.

	서울시립 대학교	• 장학생 수혜자 비율 : 46.9%
	성균관 대학교	• 장학생 수혜자 비율 : 37.3%
	연세 대학교	• 장학생 수혜자 비율 : 32% • 성적 우수 장학금 : 최우등 및 우등에게 지급한다. • 가계 곤란 장학금 : 특별 전형 가계 곤란 자로 최초 입학한 학생에게는 일정 조건이 충족된 경우 졸업 시까지 지급하거나 가계 곤란 사유를 적시하여 가계 곤란 장학금을 신청한 경우 상대적 가계 곤란 자를 선정하여 장학금을 지급한다. • Servant Leadership Scholarship : 학생 지도 센터 조교, 부원장 조교, 자치회 임원단, 편집 위원(2학년부터), 행사 진행 요원(수시)에게 지급한다. • Creative Leadership Scholarship : 학술 논문 현상 공모를 한다. • Global Leadership Scholarship : 법학 관련 외국어 논문 작성, 외국 법학 논문 번역 현상 공모를 한다. • 특성화 장학금 : 특성화 센터 조교에게 지급한다. • 모의 재판 장학금 : 모의 재판 경연 대회를 통해 지급한다. ※ 선발팀은 대법원 모의 재판 경연 대회 대표로 참가(예정)

지역	학교	장학 제도
서울	이화여자 대학교	• 장학생 수혜자 비율 : 41.7% • 사회적 취약 계층 장학금 　- 이화사랑 : 기초생활 수급 대상 자녀, 소녀가장, 지체 부자유 등 장애가 있는 학생으로서 가계 곤란이 극심한 학생(등록금 전액) 　- 이화믿음 : 기초생활 수급 대상 차상위 계층을 포함한 가계 곤란 학생(등록금의 2/3) 　- 이화소망 : 기타 가계 곤란 학생(등록금의 1/3) • 성적 우수 장학금 　- 이화 최우수 : 학년별 석차 1등인 학생(등록금 전액) 　- 이화 차우수 : 학년별 석차 6% 이내인 학생(등록금의 2/3) 　- 이화 우수 : 학년별 석차 18% 이내인 학생(등록금의 1/3)
	중앙 대학교	• 장학생 수혜자 비율 : 55.1% • 신입생 장학금 　- 최우수 법률인 장학금 : 입학금 및 수업료 전액을 면제한다. 　- 우수 법률인 장학금 : 수업료 전액을 면제한다. 　- 참법률인 장학금 : 수업료 2/3를 면제한다. 　- 중앙 장학금 : 수업료 반액을 면제한다. • 재학생 장학금 　- 수석 장학금 : 수업료 전액을 면제한다. 　- 성적 우수 장학금 : 수업료 2/3를 면제한다. 　- 성적 장려 장학금 : 수업료 반액을 면제한다. 　- 해외 연수 지원 장학금 : 수업료 일부를 지원한다. 　- 참봉사 장학금 : 학비 감면 장학 위원회에서 수혜자 및 장학 금액을 결정한다.
	한국 외국어 대학교	• 학생 수혜자 비율 : 35%
	한양 대학교	• 장학생 수혜자 비율 : 55% • 특별 전형(사회적 취약 계층) 전원(5명) : 3년간 전액 장학금을 지급한다.

지역	학교	장학 제도
경기	아주 대학교	• 장학생 수혜자 비율 : 25% • 성적 우수 장학 : 매 학기 성적 우수 학생에게 지급한다. • 경기도 장학 : 경기도 거주자 중 경기도에서 지정한 장학 요건을 구비한 사람에게 지급한다. • 복지 특별 장학 : 특별 전형으로 지원하여 입학한 학생에게는 졸업까지 전액 장학금을 지급한다.(직전 학기 학사 경고를 받거나 유급된 자는 제외) • 복지 일반 장학 : 정해진 절차에 따라 신청 서류와 증빙 서류를 매 학기마다 제출하고, 가계 곤란 정도를 심사하여 지급한다. • 복지 교수 장학 : 법학전문대학원 장학 운영 위원회의 추천을 받은 자에게 지급한다. • T/A(조교) 장학 : 강의・연구 및 법학전문대학원센터 업무 지원자에게 지급한다.
	인하 대학교	• 장학생 수혜자 비율 : 72.7% • 성적 우수 장학금 : 입학 성적 또는 재학 중 학업 성적이 우수한 학생에게 지급된다. • 학비 보조 장학금 : 가정 형편이 어려운 학생에게 지급된다. • 조교 장학금 : 교수의 교육 및 연구를 돕기 위해 조교로 선발된 학생에게 지급된다. • 공로 장학금 : 국가, 본 대학교 또는 본 대학원 발전에 특별히 공로가 있는 학생에게 지급된다. • 장애 학생 장학금
충청	충남 대학교	• 장학생 수혜자 비율 : 36.2% • 사회적 취약 계층 등 경제적 약자에 대한 장학금 지급 비율을 83% 이상 책정한다.

	충북
	대학교
		• 장학생 수혜자 비율 : 67%
		• 교내 장학금
		  - 성적 우수 장학금 : 학업 성적 우수자에게 지급된다.
		  - 사회 복지 장학금 : 사회적 취약 계층에 지급된다.
		  - 법정 면제 장학금 : 법력에 따라 등록금 납부가 면제되는 자에게 지급된다.
		• 법인 장학금

지역	학교	장학 제도
충청	충북 대학교	– 장학 법인 장학금 : 교육 독지가의 기부 장학 기금으로 지급한다. – 대학 법인 장학금 : 발전 기금, 동문회 기금 등으로 지급한다. • 외부 장학금 : 국가, 공공 단체, 기업체, 개인 등 외부인의 보유 재원에 따라 직접 선발하여 지급한다.
영남	경북 대학교	• 장학생 수혜자 비율 : 29.7% • 23개 시·군·구 자치단체 장학금 : 대구, 경북 지역 23개 시·군·구 자치단체와 그 지역 출신 학생이 진학할 경우 그중 1명에 대해 등록금을 전액 지원하기로 하는 협약을 체결했다. • 대구, 경북 내 1기업체 1장학생 : 대구, 경북 지역 '1기업체 1장학생' 운동을 통한 장학금을 약정한다. • 동문회 등 외부 장학금을 지급한다. • 효석장학재단 등 교내 장학재단에서 지급한다. • 법학전문대학원 교수 약정금에서 지급한다.
	동아 대학교	• 장학생 수혜자 비율 : 34.2%
	부산 대학교	• 장학생 수혜자 비율 : 30% • 입학 성적 우수 장학금 및 재학 성적 우수 장학금 • 학업 지원 장학금 : 경제적·사회적으로 취약한 계층에 속하는 학생에게 지급한다.
	영남 대학교	• 장학생 수혜자 비율 : 50.0% • 성적 우수 장학금 : 입학 성적 우수자에게 경상북도 및 교비에서 50% 지급한다. • 면학 장학금 : 특별 전형 합격자, 경제적 약자 등에게 지급한다. • 향토 지원 장학금 : 평안남도, 경산시, 고령군, 군위군, 문경시, 봉화군, 안동시, 영주시, 영천시, 예천군, 울진군, 의성군 출신자에게 지급된다.

지역	학 교	장학 제도

호남	원광 대학교	• 장학생 수혜자 비율 : 45.3%
		• 삼동윤리 장학금 : 특별 전형 합격자(사회적 취약 계층), 3년간 등록금 전액, 5명 전원에게 지급한다.
		• 봉황법학 장학금
		  – 일반 전형 수석 합격자(가군, 나군 종합)에게 3년간 등록금 전액을 지급한다.(1명)
		  – 합격자 중 법학 적성시험에서 언어 이해와 추리 논증 백분위 평균이 90 이상인 자에게 3년간 등록금 전액을 지급한다.(해당자 전원)
		  – 합격자 중 법학 적성시험에서 언어 이해와 추리 논증 백분위 평균이 80 이상 90 미만인 자에게 2년간 등록금 전액을 지급한다.(해당자 전원)
		  – 합격자 중 법학 적성시험에서 언어 이해와 추리 논증 백분위 평균이 70 이상 80 미만인 자에게 1년간 등록금 전액을 지급한다.(해당자 전원)

	전남 대학교	• 장학생 수혜자 비율 : 24.7%
		• 성적 우수 장학금
		• 용지장학금 : 가계 곤란 자
		• 복지 장학금
		  – 대학 재학생으로서 품행이 방정하며 장래가 촉망되는 모범 학생으로 학비 조달이 어려운 학생 중 일정 성적 이상의 자
		  – 대학 발전에 공헌한 학생으로서 학비 조달이 어려운 학생
		  – 장애 등급 1~3급 상당의 장애 학생으로서 일정 성적 이상의 자
		• 농 · 어촌 학생 특별 전형 장학금
		• 국가유공자 및 자녀
		• 귀순자 및 자녀
		• 아동 복지시설 수용자 또는 소년 · 소녀 가장
		• 체육 특기자
		• 생활 보호 대상자 : 국민 기초생활 보호 대상자 또는 자녀로서 재학 중 학업 성적이 일정 기준 이상인 자에게 지급된다.
		• 국내 교류 학생 : 일정 조건을 구비하고 국내 교류 학생으로 선발된 자에게 지급된다.(경북대, 울산대, 부산대 교류 학생)
		• 가족 장학금 : 일정 자격 요건을 갖춘 재학생 중 형제, 자매, 부모 등 가족 3명 이상이 대학 및 대학원(정규 과정)에 재적 중일 때 1명에게

지역	학교	장학 제도
	전남 대학교	지급된다. • 근로 장학금 : 생활이 곤란한 학생으로서 일정 성적 이상이고, 교내 소정의 기관에서 업무를 보조할 수 있는 자에게 지급된다.(전액 장학생 제외)
	전북 대학교	• 장학생 수혜자 비율 : 50% • 장학금 등급의 다양화를 통한 수혜자 확대 　- 1종 장학금 : 등록금 전액이 면제된다. 　- 2종 장학금 : 기성회비 전액이 면제된다. 　- 3종 장학금 : 기성회비 50%가 감면된다. 　- 4종 장학금 : 기성회비 25%가 감면된다. 　- 5종 장학금 : 수업료가 면제된다.(법학전문대학원 개원 후의 상황에 따라 조정)
강원	강원 대학교	• 장학생 수혜자 비율 : 100% • 신입생 전원에 대한 장학금을 지급한다. • 재학생 중 사회적 취약 계층에 속하는 학생 전원에 대한 장학금을 지급한다.
제주	제주 대학교	• 장학생 수혜자 비율 : 32% • "법학전문대학원 학생의 장학금 및 학생들의 국제화 프로그램 운영비로 연 5억 원씩 총 10년간 지원"을 내용으로 하는 '제주특별자치도와 제주대학교 간의 업무 지원 양해 각서'를 체결하였다.(2007년 11월 10일)

※ 2009학년도 법학전문대학원 장학생 수혜자 비율 현황 조사에 관한 법학전문협의회 자료(2009년 3월 4일 기준)에 따른 것으로 지급 예정을 포함한 수치이며, 위의 내용은 각 대학 홈페이지 및 입학 자료를 참고하였다.

Chapter 2

법학전문대학원 진학을 위해 이것만은 알아두자

법학전문대학원에 진학하기 위해서는 무엇을 어떻게 준비해야 할까? 이 장에서는 법학전문대학원 진학과 관련하여 각 법학전문대학원에 공통적으로 해당하는 사항들을 중심으로 알아보도록 하자.

다음은 법학전문대학원 진학 과정을 도식화한 것이다.

〈법학전문대학원 진학 과정〉

법학 적성시험 응시 원서 접수
▼
법학 적성시험 수험표 교부
▼
법학 적성시험 시행
▼
법학 적성시험 문제 및 정답 이의 신청 접수
▼
법학 적성시험 최종 정답 발표
▼
법학 적성시험(언어 이해 및 추리 논증) 성적 발표

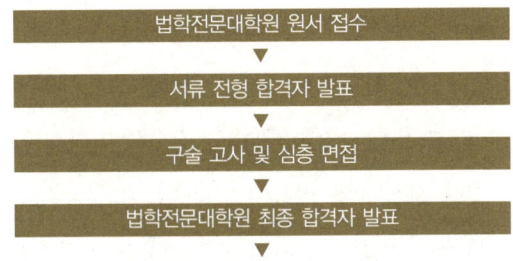

1_ 법학전문대학원에 입학할 수 있는 자격

　법학전문대학원은 누구에게나 기회가 활짝 열려 있는 것일까? 결론부터 말하자면, 그렇지는 않다. 법학전문대학원에 입학하려면 학사 학위를 가지고 있거나 법에서 정하는 이와 동등 이상의 학력이 있다고 인정되어야 한다. 그리고 각 법학전문대학원이 정하는 공인 영어 성적에 따른 지원 최저 기준을 충족시킬 때 가능하다.

　그렇다면 법학전문대학원에 진학하기 위해서는 학부에서 법학을 전공해야 하는 것일까? 이것 역시 'No'이다. 각 법학전문대학원은 다양한 지식과 경험을 가진 사람을 입학시키기 위해 법학 외의 분야에서 학사 학위를 취득한 자의 비율을 입학 정원의 3분의 1 이상이 되도록 법으로 정하고 있다. 각 법학전문대학원별 학위 지원자가 법학사를 포함한 복수 학위를 취득한 경우에는 온라인상 지원서 작성 시 법학사·비법학사를 선택할 수 있다. 법학전문대학원은 이 선택에 따라 법학사 여부를 판단하며, 비법학사의 여부가 문제되는 경우 법학전문대학원 입학 전형 위원회가 그 여부를 판단한다.

법학 전공자가 법학전문대학원에 진학할 경우 비법학 전공자보다 유리한 것일까? 1학년 때부터 엄청난 학업량을 소화해야 하는 법학전문대학원의 교과 과정을 감안할 때 법학 지식을 미리 익힌 법학 전공자가 유리한 것은 사실이다. 더욱이 법학전문대학원 수료 후 치르는 변호사 자격시험에서 법학 전공자의 합격 비율이 비전공자의 합격 비율보다 높게 나타날 경우에는 법학전문대학원들이 처음부터 법학 전공자를 선호할 가능성도 있다.

그러나 법학 전공자의 경우 학부 4년 동안의 사전 법학 교육을 통하여 상당한 양의 사전 법률 지식을 쌓았다 하더라도 이것이 반드시 법학전문대학원과 법조인으로서의 성공으로 귀결되지는 않을 것으로 보인다. 더욱이 법학전문대학원의 수업이 종합적 분석력·논리력을 요하는 사례 분석 및 토론 위주의 수업으로 변경됨에 따라 학과의 수업 내용이 단순 암기보다는 논리적·비판적·창의적 이해 및 사고 능력을 요하는 만큼 이런 능력을 배양시키는 학부 전공자의 경우 법률 기초 지식과 결합하여 상당한 시너지 효과를 발휘할 가능성이 크다.

특히 법학전문대학원 진학을 위해 반드시 치러야 하는 법학 적성시험이 단순한 세부 전공에 대한 지식을 묻는 것이 아닌 논리력을 묻는 시험이라는 점을 감안한다면 국문학, 심리학이나 철학과 등의 인문·사회 과학 계열, 상경 계열 등이 법학전문대학원 입시를 준비하는 데 유리할 수도 있다. 이를 입증하듯 2009년 법학전문대학원 합격자 비율에서 법학 비전공자들이 전체 합격자 중 66%를 차지하였다.*

* '지방 로스쿨 합격자, 절반 이상 수도권대 출신', 법률신문(2008.12.8)을 참조하였다.

또한 각 법학전문대학원별로 전문화되고 특화된 법조인 양성을 지향하고 있는 상황에서 특성화 분야를 전공하고 변호사 자격시험 합격 후 변호사로 활동할 경우에는 전문 지식을 갖춘 변호사가 더 유리할 것으로 기대된다. 가령 IT법 분야의 경우 공학을 학부 과정에서 전공했던 사람이, 기업 컨설팅 및 M&A 분야에서는 경영학과 출신이 법학과 출신보다 유리하다.

그리고 각 법학전문대학원에 신입생을 대상으로 프리로스쿨Pre-Lawschool을 운영하고 있다는 점도 주목할 필요가 있다. 즉 로스쿨 입학생의 상당수가 비법학 전공자인 상황에서 각 법학전문대학원은 비법학 전공자와 법학 전공자 간의 학력 격차를 줄이고 신입생들의 기본 실력 향상과 용이한 수업 진행을 위하여 신학기가 시작하기 전에 헌법·민법·형법 중심의 교육 프로그램을 마련하고 있다. 특히 연세대와 동아대, 건국대, 서강대, 전북대 등은 이들 헌법·민법·형법 이외에 법조 실무나 국제 거래, 국제 통상법 등의 과목을 병행해 개설하고 있어 이를 활용할 수도 있다.

그렇다면 법학전문대학원에 진학하기 위해서는 반드시 법학전문대학원이 설치된 대학의 학부 과정을 마쳐야 할까? 다소 유리한 면이 있다는 점은 인정하더라도 반드시 그러한 것은 아니다. 당해 법학전문대학원이 설치된 대학 외의 대학에서 학사 학위를 취득한 자가 차지하는 비율이 입학 정원의 3분의 1 이상이 되도록 선발해야 하기 때문이다.

2_ 법조인이 되기 위한 첫 번째 관문, 법학 적성시험*

법학 적성시험이란?

법학전문대학원에 진학하기 위해서는 '법학 적성시험'을 치러야 한다. 법학 적성시험Legal Education Eligibility Test ; LEET은 법학에 관한 지식을 평가하기 위한 시험이 아니라 법학전문대학원 교육을 이수하는 데 필요한 수학 능력과 법조인이 될 수 있는 기본적 자질과 적성을 측정하기 위한 시험이다. 법학전문대학원에 진학하고자 하는 자는 의무적으로 이 시험에 응시하여야 한다.

시험은 언제, 어디서 치러지나?

2010학년도 법학 적성시험의 경우 2009년 8월 23일에 시행되었다.

수험생은 원서를 접수할 때 서울, 수원, 부산, 대구, 광주, 전주, 대전, 춘천, 제주 등 9개 지구 중 하나의 지구를 선택해야 하며, 반드시 선택한 지구에서만 응시할 수 있다. 원서 접수 마감 후에 시험 지구를 변경하는 것은 허용되지 않는다.

시험 장소는 수험표 교부 기간에 시험 지구별로 지정하여 법학 적성시험 인터넷 원서 접수 홈페이지(http://www.leet.or.kr)에 고지된다. 하나의 시험에 지구 내 두 개 이상의 시험 장소가 정해지는 경우에는 무작위 추출에 의하여 시험 장소가 배정된다. 시험 응시료는 23만 원이다.

---

* 법학 적성시험 홈페이지(http://www.leet.or.kr)를 참조하여 인용하였다.

시험 준비물
- 신분증 : 주민등록증, 운전면허증, 공무원증, 여권 등 공인된 신분증이 있어야 한다.
- 수험표 : 수험표 출력 기간 이전에 출력한 접수증은 사용할 수 없다.
- 펜 : 객관식 기입을 위한 OMR 컴퓨터용 사인펜과 논술용 흑색 필기구로 지워지거나 번지지 않는 필기구만 사용할 수 있다.
- 기타 : 객관식 답안지의 경우 수정 테이프를 이용한 답란 수정은 허용되나 수정액은 사용이 금지된다. 논술 답안지를 수정하고자 하는 경우 두 줄을 긋고 수정하거나 원고지 사용법에 따른 교정 부호를 사용해야 하며, 수정 테이프나 수정액 등은 사용이 금지된다.

어떠한 형태의 시험인가?

문제지는 홀수형과 짝수형으로 제작되며, 수험 번호 끝자리가 홀수인 수험생은 홀수형을, 짝수인 수험생은 짝수형 문제지를 풀어야 한다. 언어 이해 영역과 추리 논증 영역은 5지 선다형이며, 논술 영역은 서답형*이다.

법학 적성시험은 어떠한 영역들로 이루어져 있나?

법학 적성시험은 크게 언어 이해 영역, 추리 논증 영역, 논술 영역으로 나뉜다. 전공 영역에 대한 세부 지식이 없더라도 대학 교육 과정을

---

* 필기시험 문제 형식의 하나이다. 주어진 물음이나 지시에 따라서 답안을 작성하게 하는 방식으로, 완결형(完結型)·단답형(單答型)·논문형(論文型)이 있다.

정상적으로 마쳤거나 마칠 예정인 수험생이면 주어진 자료에 제공된 정보와 종합적 사고력을 활용하여 문제를 해결할 수 있도록 문항이 구성되어 있다.

(1) 언어 이해 영역(35문항, 80분)

출제 범위는 특정 분야에 제한되지 않으며 인문, 사회, 과학·기술, 문학·예술 분야의 다양한 학문적 소재를 활용하여 법학전문대학원 교육에 필요한 언어 이해 능력, 의사소통 능력 및 종합적인 사고 능력을 측정한다.

1) 내용 영역

분야	내용
국어	어휘력과 문장 구사 능력을 측정할 수 있는 국어 자료
인문	인간의 본질과 문화에 대한 탐구와 설명을 목적으로 하는 인문적 텍스트
사회	사회 현상에 대한 탐구와 설명을 목적으로 하는 텍스트
과학·기술	자연 현상, 기술 공학에 대한 탐구와 설명을 목적으로 하는 텍스트
문학·예술	문학, 음악, 미술, 영화, 연극 등 예술 분야와 스포츠 등을 내용으로 하는 텍스트

2) 인지 활동 유형

분야	내용
어휘	어휘의 의미와 용법을 이해하고 바르게 사용하며, 문장 및 문단 수준에서 어법(규범)에 맞는 언어를 사용하는 능력이다.
분석	어휘(단어), 문장, 텍스트 수준에서 의미를 이해하고, 각각의 수준에서 대상을 그 구성 성분으로 분해하고, 그 부분 간의 관계와 그것이 조직되어 있는 방식을 발견해내는 능력이다.
추론	주어진 자료들로부터 미루어 알 수 있는 정보나 결론을 도출해내거나 태도, 관점, 의도 등을 추론하는 능력이다.
비판	텍스트의 내용과 형식, 사고의 과정, 반영된 현실에 대하여 내적·외적 준거를 바탕으로 그 정당성이나 적절성 또는 가치 및 우열에 대하여 평가하는 능력이다.
창의	분석, 추론, 비판을 바탕으로 하여 창의적으로 사고할 수 있는 능력이다.

(2) 추리 논증 영역(35문항, 110분)

출제 범위는 특정 학문 분야에 제한되지 않으며, 사실이나 견해 또는 정책이나 실천적 의사 결정 등을 다루는 일상적 소재와 논리학·수학, 인문학, 사회 과학, 과학·기술 등 다양한 분야의 학문적인 소재를 활용하여 법학전문대학원 교육에 필요한 추리$_{\text{reasoning}}$ 능력과 논증 $_{\text{argumentation}}$ 능력을 측정한다.

1) 추 리

① 내용 영역 : 인문학, 사회 과학, 자연 과학 및 기술 공학 등의 학문 분야를 포함하며, 논리학과 수학을 한 영역으로 덧붙인다.

② 인지 활동 유형

구 분	내 용
언어 추리	일상어를 통하여 이루어지는 추리이다.
수리 추리	수리적인 자료로부터 수리적으로 이루어지는 계산이나 추리 논리 게임으로 연역적인 추리 능력을 검사하는 전형적인 논리 퍼즐이다.

2) 논증

① 내용 영역

구 분	내 용
이론적 논변	인문학, 사회 과학, 자연 과학 및 기술 공학의 각 학문 분야들에서 생산되고 논의되는 논변이다.
실천적 논변	행동 내지 행동 방침이나 의도를 결론으로 갖는 일상적인 실천적 논변, 도덕적 문제에 관련한 논변, 정책 결정이나 의사 결정과 관련한 논변, 법적인 판단과 관련한 논변 등이 있다.

② 인지 활동 유형

구 분	내 용
분석 및 재구성	논증의 주장과 제시된 근거를 파악하기, 논증이 기반하고 있는 원리나 가정 등을 파악하기, 논증에서 생략된 전제 찾기, 논증의 구조를 분석하거나 논증 유형 비교하기 등이다.
비판 및 반론	논쟁의 쟁점을 파악하거나 공통의 가정 내지 전제를 파악하기, 주어진 논증에 대하여 반론을 제기하기, 비판이나 반론에 대하여 논증을 수정·보완하거나 재구성할 방안을 찾기, 갈등이나 역설의 논리적 기반을 파악하거나 그 해소 방안 찾기 등이다.

구 분	내 용
판단 및 평가	논증이 범하고 있는 오류를 파악하기, 귀납 논증에서 결론의 정당성을 강화하거나 약화하는 사례 내지 조건을 파악하기, 논증에 대하여 종합적으로 평가하기, 평가의 원리 내지 가정을 파악하기 등이다.

(3) 논술 영역(2문항, 120분)

논술 영역은 법학전문대학원 교육을 이수하는 데 필요한 논리적·비판적·분석적 사고력과 문제 해결력 등 종합적인 고등 사고력을 측정하는 시험으로 논술 영역의 제시문은 인문학, 사회 과학, 자연 과학 등 다양한 분야에서 선정된다.

1) 내용 영역

인문학, 사회 과학, 자연 과학 등 다양한 분야의 학문적 또는 학제적 텍스트 위주이다.

2) 인지 활동 유형

구 분		내 용
분 석		이해를 바탕으로 사고하는 능력을 말한다.
	논제 분석	주어진 논제의 의도와 그것이 요구하는 과제의 성격을 정확히 파악할 수 있는 능력이다.
	제시문 분석	주어진 제시문을 이해하고 그 내용과 형식에 대하여 논리적으로 사고할 수 있는 능력이다.

구 분	내 용	
구 성	사고를 구성하여 글로 완성하는 능력을 말한다.	
	논 증	논리적으로 사고를 구성하는 능력이다.
	창 의	새롭고 적절한 사고를 구성하는 능력이다.
	표 현	적절한 언어를 사용하여 글로 표현하는 능력이다.

시험 준비

법학 적성시험은 말 그대로 '적성시험' 이다. 법학 지식 대신 사고력과 문제 해결 능력을 평가하므로 단순한 법학 지식이나 '벼락치기' 공부로는 풀 수 없다는 점이 특징이다.

법학 적성시험은 어떤 지식을 알고 있느냐의 여부가 아닌 지문에 주어진 정보를 가지고 해결할 수 있느냐가 중요한 관건이다. 당연히 이러한 능력은 학습을 통해 얻어지는 것이 아니라 훈련을 통해 얻어지며, 평상시 광범위하고 풍부한 독서를 통해 배경 지식을 넓히는 것이 중요하다.

법학 적성시험이 논리적·비판적·분석적 사고력과 문제 해결력을 평가한다고 해서 반드시 논리학이나 철학과 같은 단편적인 학문에 집중해서는 안 된다. 법학 적성시험의 제시문은 논리학·수학, 인문학, 사회 과학, 문학·예술, 과학·기술 분야의 다양한 학문적 소재가 활용되므로 어느 특정 분야에 치중하기보다는 다양한 분야의 서적들을 깊이 있게 읽으면서 분석적·통합적 사고를 하는 것이 도움이 된다.

특히 장차 법조인을 꿈꾸는 중고생이라면 일찍부터 역사서나 사회 과학서 등을 통하여 논리력을 키우고 인문학적 교양을 쌓아두는 것이 법학전문대학원을 가는 데 도움이 될 것이다.

출제 기관인 한국교육과정평가원은 2008년 4월 21일 시험 대비 요령 등을 소개한 안내문을 법학 적성시험 홈페이지(www.leet.or.kr)를 통해 공개한 바 있는데 그 주요 내용은 다음과 같다.

영역 구분	시험 대비 요령
언어 이해	① 어휘·어법 : 단어와 속담, 관용 표현, 어문 규범, 바른 문장과 문단 쓰기 등을 익힐 필요가 있다. ② 독 해 • 다양한 지문들이 제시되므로 평소에 특정한 전공 영역에 제한되지 않는 폭넓은 독서를 하는 것이 좋다. • 독서를 할 때에는 다음과 같은 인지 활동을 습관화하는 것이 좋다. - 제시된 정보를 정리하며 읽기 - 객관적 사실과 필자의 의견 구분하며 읽기 - 개념 간의 관계 파악하기 - 관점 간의 유사성과 차이점 파악하기 - 내용에 대해 내적·외적 기준을 적용하여 비판하기 - 글을 읽은 후 새롭게 알게 된 것, 깨닫게 된 것 정리하기
추리 논증	① 추 리 • 언어 추리Verbal Reasoning : 하나의 문장 또는 몇 개의 주어진 문장들이 담고 있는 정보로부터 미루어 알 수 있는 정보를 도출, 추리, 추측, 유추하는 연습을 한다. • 수리 추리Mathematical Reasoning : 간단한 대수식을 이용하거나 도형의 관계, 표, 그래프, 다이어그램의 형태로 주어진 자료에서

영역 구분	시험 대비 요령
추리논증	필요 정보를 추출하거나 추리하는 능력을 길러야 한다. • 논리 게임Logic Puzzles : 전형적인 유형에 따라서 배열하기, 속성 연결시키기, 분류하기, 진실 또는 거짓 퍼즐 등 다양한 형식의 퍼즐들을 풀어보는 훈련을 한다. ② 논 증 • 분석 및 재구성Analysis & Reconstruction : 제시문 속에 나타난 명제들을 논리식으로 표현해보고, 논리 구조를 파악하는 훈련을 한다. • 비판 및 반론Criticism & Refutation : 글을 읽으면서 발견하는 논증들에 대하여 반론을 제기해보고, 그 반론에 대하여 글쓴이의 입장에서 다시 반박하는 방법을 찾아보는 등 비판하는 습관을 기른다. • 판단 및 평가Judgment & Evaluation : 논증들이 흔히 범하는 오류들의 유형을 정리해두고 중요한 주장들 또는 논증들 간의 논리적 관계(동일함, 한편이 다른 편으로부터 추론됨, 양립 가능함, 모순됨, 논점이 상이함, 다른 주장이지만 공통의 전제를 갖고 있음 등)를 파악하는 연습을 한다.
논 술	① 분석 : 독서 중 또는 독서 후에는 텍스트 이해를 이끌어주는 질문들을 스스로 해보는 것이 필요하다. 그런 질문들의 예는 다음과 같다. • 이 텍스트가 다루고 있는 논쟁점 혹은 중심 물음은 무엇인가? • 이 텍스트의 결론 혹은 주장은 무엇이며, 어떤 과정을 거쳐서 도출되거나 형성되었는가? • 이 텍스트의 결론(주장) 도출을 위해 필요한 전제(근거)는 무엇인가? • 이 텍스트의 핵심 개념은 무엇인가? • 이 텍스트의 결론 도출 과정, 개념 사용 등에 비판할 점은 없는가? ② 구성 : 독서 경험과 병행된 혹은 밀착된 논리적 글쓰기 연습을 하되, 다음과 같은 다양한 글쓰기 유형을 연습한다. • 텍스트의 일부분 또는 전체를 다양한 분량으로 요약하는 글 • 텍스트의 논지 전개 과정을 적절하게 재구성하는 글

영역 구분	시험 대비 요령
논술	• 텍스트의 논증(논지 전개 과정, 즉 전제로부터 결론으로의 이행 과정)에 대해 비판 또는 평가하는 글 • 텍스트의 관점, 아이디어, 논증 방식, 결론 등을 현실 상황 혹은 현실 문제에 응용하는 글 • 위 유형들 중 두 가지 이상이 복합되어 있는 글

이외에 각 대학의 경우 법학전문대학원 진학을 목표로 준비 중인 본교 재학생(졸업생 포함)에게 도움을 주기 위하여 법학 적성시험 대비 특강 프로그램 운영, 전문가 상담 등 법학전문대학원 진학을 준비하는 학생들을 위한 지원 프로그램을 운영하는 곳도 있으니 이를 활용해보는 것도 좋다.

모의고사 등을 통하여 실전 연습을 하는 것이 필요하며, 중요 개념 또는 핵심적인 내용의 경우 기출 문항이라 하더라도 계속 출제될 수 있으므로 이를 활용하는 것이 바람직하다. 출제 문제 및 답안은 법학 적성시험 홈페이지에서 다운로드 받을 수 있다.

3_ 법학전문대학원생은 어떤 방식으로 선발되나?

선발 전형

법학전문대학원별로 세부 선발 일정 및 선발 방식에는 차이가 있으나, 보통 다음의 일정에 의하여 학생 선발이 이루어진다.

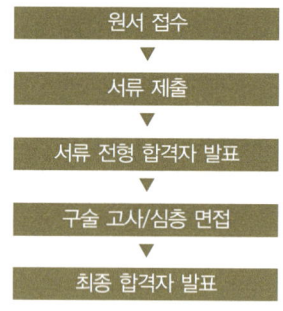

　법학전문대학원은 일반 전형 이외에 학생 선발에 있어서 법학전문대학원이 정하는 장애인 및 신체적 또는 경제적인 여건이 열악한 사회적 취약 계층을 대상으로 특별 전형을 통하여 학생을 선발한다. 각 법학전문대학원별로 특별 전형 대상자의 자격에 차이를 두고 있으나 대체로 다음의 하나에 해당하면 된다.

① 특수교육대상자 : 『장애인 복지법』 제32조에 의하여 장애인등록 (1~3급)이 되어 있는 자
② 국가유공자 : 『국가유공자 등 예우 및 지원에 관한 법률』 제4조 및 제6조에 의해 등록이 되어 있는 국가유공자
③ 기초생활수급권자 등 : 『국민 기초 생활 보장법』 제5조 또는 제5조 2의 국민기초생활보장수급권자 및 동법 제2조 제11호, 동법 시행령 제3조 2의 차상위 계층 해당자 및 그 자녀
④ 경제/문화적 소외 지역 출신 : 법학전문대학원에 따라 농·어촌 지역(읍·면)에 소재하는 중등학교를 졸업한 자에 대하여 일정 요

건을 충족하는 자

⑤ 북한 이탈 주민 : 서류 제출 마감일 현재 『북한 이탈 주민의 보호 및 정착지원에 관한 법률』 제8조에 의거 북한 이탈 주민으로 등록된 자

⑥ 국내 거주 외국인 등
- 서류 제출 마감일 현재 『출입국관리법』 등에 의하여 국내 교육기관에서의 수학이 허용된 외국인으로서 경제적으로 취약한 자
- 『출입국관리법』 제76조 2의 규정에 따라 정부로부터 난민 지위를 인정받은 자
- 다문화 가족 자녀 : 부 또는 모가 외국인이거나 또는 외국인이었던 자로 이루어진 가정의 자녀로서 경제적으로 취약한 자

또한 일부 법학전문대학원이 실시하는 '우선 선발' 제도라는 것도 살펴볼 필요가 있다. 서울대학교 법학전문대학원, 고려대학교 법학전문대학원, 연세대학교 법학전문대학원, 성균관대학교 법학전문대학원 등의 경우 서류 전형을 통해 학업 성취도가 우수하다고 인정된 지원자에 대해서는 지원자 중 심층 면접 중 서면 질의를 면제하며, 대면 질의로 합격 가부만을 결정하거나 구술 면접 심사에서는 합격 또는 불합격 여부만을 최종적으로 판단하는 우선 선발 제도를 운영하고 있으므로 본인이 자격이 된다고 생각하는 경우 이 제도를 활용해보는 것도 바람직하다.

반드시 제출해야 할 서류

법학전문대학원에 응시하는 경우 구비해야 할 서류가 적지 않다. 각 법학전문대학원별로 다소 차이는 있으나 대체적으로 다음과 같은 서류가 필요하며, 특히 해당자에 한하여만 요구되는 별도의 서류가 있는 경우 이를 꼼꼼히 살펴야 한다.

특히 자기 소개서는 매우 중요하며 여러 차례의 수정을 요하므로 시간을 충분히 두고 작성하는 것이 바람직하다. 자기 소개서를 통하여 자신의 강점을 전략적으로 부각시키고, 본인이 법학전문대학원에서의 수학과 이후 법조인으로 성장에 적합한 인물임을 밝혀야 한다. 또한 법학전문대학원 입학과 졸업 후 진로를 진지하게 고민한 흔적이 자기 소개서에 나타나야 한다.

〈법학전문대학원 응시 서류〉

제출 서류	비고
입학 지원서	인터넷 접수 후 출력본
성적 증명서 및 졸업 증명서	학사 과정 이상 전 학년 성적 증명서 및 졸업(예정) 증명서
자기 소개서	각 법학전문대학원별 소정의 양식에 맞게 작성
법학 적성시험 성적	
외국어 능력 증빙 서류	• 지원서 접수 마감일 기준 2년 이내 취득한 공인 영어 점수(TEPS, TOEFL CBT, TOEFL iBT, TOEFL PBT 및 IELTS(Academic Module))

제출 서류	비고
외국어 능력 증빙 서류	• 한국외국어대학교의 경우에는 한국외대 외국어능력시험(Foreign Language Examination)도 인정 • 제2외국어 능력을 증빙할 수 있는 공인된 서류(해당자에 한함) ※ 다만, 법학전문대학원별로 영어권 대학(원)에서 학사 학위 이상 (LL.M., MBA 등 포함)을 취득한 자는 TEPS 또는 TOEFL 성적의 제출이 면제되는 경우가 있으므로 미리 확인해야 한다.
기 타	• 사회 활동 · 봉사 및 경력 증명서 • 수학 및 졸업 후 활동에 관한 계획서 • 각종 수상 및 자격에 관한 증빙 자료 • 장학금 수혜 증명서 원본 1부 • 연구 업적물(논문 원본 또는 별쇄본 등)
특별 전형 지원 자격 증빙 서류 일체	해당자에 한함

지원자들의 평가 방식은?

신입생을 선발함에 있어서 25개의 법학전문대학원별로 반영하는 전형 요소 및 배점 비율에는 차이가 있다. 따라서 자신이 지원하는 법학전문대학원의 전형 반영 요소 및 배점에 학습 방법을 맞춰 법학전문대학원 진학을 준비할 필요가 있다. 마찬가지로 자신의 최대 강점이 부각될 수 있는 법학전문대학원이 어디인지 잘 살펴보아야 한다. 가령 영어보다 일본어가 능통한 지원자의 경우 제2외국어 능력이 반영되는 법학전문대학원을 선택하는 것이 공인 영어 능력 성적만을 반영하는 법학전문대학원에 지원하는 것보다 유리할 수 있다.

〈전형 반영 요소 및 배점〉

지역	학교명		전형 1단계				전형 2단계		
			대학성적	외국어성적	LEET	기타			
서울	건국대학교		20%	공인 영어성적	30%	서류 전형	논술	공인 영어성적	심층 면접
				30%		20%	40%	40%	20%
	경희대학교	가군	15%	공인 영어성적	25%	서류 평가 (자기 소개서 및 학업 계획서)	1단계 성적	논술	심층 면접
		나군		10%		10%	60%	15%	25%
	고려대학교		15%	15%	15%	자기 소개서	수학 및 졸없 계획서	1단계 성적	서면 질의	대면 질의
						10%	5%	60%	20%	20%
	서강대학교		30점	공인 영어성적	30점	서류 평가 (자기 소개서 및 기타 서류)	1단계 성적의 합	논술	면접
				20점		20점	100점	30점	20점
	서울대학교	일반 전형	100점		80점	적성 평가 (영어 성적, 제2외국어, 자기 소개서 및 경력 계획, 사회 활동 및 봉사 활동 경력 등)	면접 및 구술 고사		
		특별 전형				120점	200점 ※ 우선 선발의 경우 탈락 여부만을 결정		

지역	학교명		전형 1단계				전형 2단계			
			대학 성적	외국어 성적	LEET	기 타				
서 울	서울 시립 대학교		20%	공인 영어 성적	60%		1단계 전형 성적	서류 평가 및 구술 면접	논술	심층 면접
				20%			50%		10%	20%
	성균관 대학교		20%	10%	20%	서류 심사 (자기 소개서, 제2외국어 능력, 경력, 각종 수상 경력, 자격증, 국가고시 합격 사항, 각종 사회 활동, 학사 이후 학력 증명서 등을 토대로 평가)	2단계		3단계	
							1단계 성적	논술	서면 면접 및 심층 면접	
						20%	70%	10%	20% ※ 우선 선발의 경우 P/F 여부만을 판단	
	연세 대학교	일반 전형	15점	공인 영어 성적	15점	서류 평가 (자기소개서, 학업 계획서, 제2외국어 능력, 사회 활동 · 봉사 및 경력, 각종 수상 및 자격에 관한 증빙 자료 등 제출된 서류를 토대로 평가)	1단계 성적의 합	구술 면접		
							논술 (법학 적성 시험에 포함된 논술 영역의 평가) 80점	※ 우선 선발의 경우 합격/불합격 여부만을 최종적으로 판단		
				15점		25점	10점 ※ 우선 선발의 경우 입학 전형			

지역	학교명	전형 1단계					전형 2단계	
		대학성적	외국어성적	LEET	기타			
서울	연세대학교	일반전형	15점	15점	15점	25점	관리위원회가 정하는 최저기준 점수 이상을 얻지 못한 경우 일반 선발 전형 대상자로 분류함	80점	20점
		특별전형	15점	공인 영어성적	15점	25점	10점	1단계 성적의 합	구술 면접
				15점				80점	20점
	이화여자대학교	가군	15%	공인 영어성적	30%	20% (자기 소개서를 종합적으로 판단한 성적)		1단계 성적	심층 면접
				15%				80%	20%
		나군		공인영어성적				1단계 성적	논술	심층 면접
				합격/불합격				65%	15%	20%
	중앙대학교		20%	P/F ※ 영어 이외에 일본어, 중국어, 독일어, 프랑스어, 스페인어, 러시아어 능력시험 포함	30%			1단계 성적	논술	심층 면접
								50%	30%	20% ※ 자기 소개서 및 학업 계획서는 심층 면접 자료로 활용

지역	학교명	전형 1단계				전형 2단계			
		대학 성적	외국어 성적	LEET	기 타				
서울	한국외국어대학교	100점	100점 ※ 영어 이외에 일본어, 중국어, 독일어, 프랑스어, 스페인어, 러시아어 능력 시험 포함	100점		1단계 성적의 합	논술	면접	
						300점	100점	100점	
	한양대학교	가군	공인 영어성적	200점	300점	1단계 성적의 합	종합 인성 능력	논술	심층 면접
						700점	200점	100점	P/F
		나군		200점		1단계 성적의 합	종합 인성 능력	논술	심층 면접
						700점	50점	100점	150점
경기	아주 대학교	일반 전형	20%	20%	40%	1단계 성적	서면 평가	대면 평가	
						80%	10%	10%	
		특별 전형	15%		35%	1단계 성적	서면 평가	대면 평가	
						70%	15%	15%	

지역	학교명		전형 1단계					전형 2단계		
			대학 성적	외국어 성적	LEET	기 타				
경기	인하대학교		20%		20%	학업계획서	1단계 성적	논술	심층 면접	
				20%		15%	75%	5%	20%	
충청	충남대학교		50점	공인 영어성적	250점		1단계 성적의 합	심층 면접		
				100점			400점	100점		
	충북대학교		100점	영어 성적	200점		1단계 성적의 합	심층 면접		
				100점			400점	100점		
영남	경북대학교	가군	100점	공인 영어성적	200점		1단계 성적	논술	면접	
		나군		100점			400점	100점	100점	
	동아대학교	가군	30%	20%	30%		1단계 성적	일반 면접	심층 면접	
							80%	10%	10%	
		나군	20%				1단계 성적	일반 면접	심층 면접	
							70%	10%	20%	
	부산대학교		100점	영어	200점	서면 평가	1단계 총점을 50점 만점으로 환산한 점수	논술	면접	자기 소개서
				100점			50점	20점	20점	10점
	영남대학교		200점	자격 여부 검사	300점 (언어 이해 및 추리 논증)	200점	1단계 성적의 합	논술	구술 면접	
							700점	100점	200점	

지역	학교명		전형 1단계				전형 2단계			
			대학성적	외국어성적	LEET	기타				
호남	원광대학교	일반전형	10점	영어 20점	20점		1단계 성적의 합	논술	심층면접	제2외국어
							50점	24점	24점	2점
		특별전형		20점			1단계 성적의 합	논술	심층면접	
							50점	25점	25점	
	전남대학교		20%(100점)	20%(100점)	20%(100점)		1단계 성적		논술	면접
							60%(300점)		20%(100점)	20%(100점)
	전북대학교		15%	20%	30%		1단계 성적		논술	심층면접
							65%		15%	20%
강원	강원대학교		100점	100점	100점		1단계 성적의 합	논술	사회 경력·사회 봉사 및 면접 평가 성적	
							350점	100점	150점	
제주	제주대학교		30%	20%	50%		1단계 점수의 합을 80점 만점으로 환산		면접	
							80		20	

4_ 달라지는 변호사 시험

법학전문대학원을 졸업한다고 해서 바로 변호사가 될 수 있는 것은 아니다. 변호사 시험을 치를 수 있는 응시 자격이 주어지는 것일 뿐이다. 변호사가 되기 위해서는 법학전문대학원 졸업 후 변호사 시험에 합격하여야 한다.

변호사 시험은 어떻게 다른가?

변호사 시험은 법학전문대학원 석사 학위 취득자에 한하여 응시 자격이 부여된다. 일반인에게 법학전문대학원 석사 학위 취득자와 동등한 응시 자격을 부여하는 소위 '예비 시험' 제도는 인정되지 않는다. 법학전문대학원 재학생 및 졸업생의 경우 2017년까지 변호사 시험과 함께 병행하여 치러지는 사법 시험에 응시가 금지된다.*

변호사 시험은 선택형(기입형 포함) 및 논술형(실무능력 평가 포함) 필기시험과 별도의 법조 윤리 시험으로 실시된다. 선택형 필기시험과 논술형 필기시험은 수험생의 부담을 고려하여 혼합하여 출제되나 전문적인 법률 분야에 관한 과목에 대하여는 논술형 필기시험만 실시한다.

선택형 필기시험은 공법(헌법 및 행정법 분야), 민사법(민법, 상법 및 민사소송법 분야), 형사법(형법 및 형사소송법 분야) 등 3개 과목으로 구성되어 있다. 논술형 필기시험은 위 선택형 필기시험 3과목 및 전문적 법률

---

* 2009년도 입학생 중 사법 시험 1차 또는 2차 합격자에 한하여 응시가 허용되며 변호사 시험 응시 횟수에 삽입된다.

분야에 관한 선택 과목 1과목 등 4과목으로 구성되고, 선택 과목에는 국제법, 국제거래법, 노동법, 조세법, 지적 재산권법, 경제법, 환경법 등이 있다. 한편 시험의 각 과목에 대하여는 출제 범위를 정하여 시험을 실시할 수 있는데, 각 과목과 범위는 다음과 같다.

- 국제법 : 국제 경제법을 포함한다.
- 국제거래법 : 『국제사법』과 『국제물품매매 계약에 관한 유엔협약』으로 한다.
- 노동법 : 사회보장법 중 『산업재해보상보험법』을 포함한다.
- 조세법 : 『국세기본법』, 『소득세법』, 『법인세법』 및 『부가가치세법』으로 한다.
- 자격재산권법 : 『특허법』, 『실용신안법』, 『디자인보호법』, 『상표법』 및 『저작권법』으로 한다.
- 경제법 : 『소비자기본법』, 『전자상거래 등에서의 소비자 보호에 관한 법률』, 『독점규제 및 공정거래에 관한 법률』, 『약관의 규제에 관한 법률』, 『할부거래에 관한 법률』 및 『방문판매 등에 관한 법률』로 한다.
- 환경법 : 『환경정책기본법』, 『환경영향평가법』, 『대기환경보전법』, 『수질 및 수생태계 보전에 관한 법률』, 『폐기물관리법』, 『토양환경보전법』, 『자연환경보전법』, 『소음·진동규제법』 및 『환경분쟁조정법』으로 한다.

시험의 합격은 선택형 필기시험과 논술형 필기시험의 점수를 일정한 비율로 환산하여 합산한 총 득점으로 결정한다. 선택형 필기시험과 논술형 필기시험 간의 환산 비율은 1 : 2, 각 과목별 배점 비율은 민사법 : 공법 : 형사법 : 선택 과목 = 1.5 : 1 : 1 : 0.5이다. 필기시험의 합격 최저 점수는 만점의 40%이고, 단 각 과목 중 어느 하나라도 합격 최저 점수 이상을 취득하지 못한 경우에는 불합격으로 한다. 법조 윤리 시험은 합격 여부만을 결정하고, 그 성적은 총 득점에 산입하지 않는데 법조 윤리 시험의 합격 점수는 만점의 70%이다.

이와 관련하여 향후 변호사 시험 문제 유형 연구 T/F가 구성되어 문제 유형 개발 및 공표가 이루어질 예정*이므로 이를 주시할 필요가 있다.

변호사 시험 합격 후 나의 진로는?

그동안 법학전문대학원이 고소득과 사회적 지위를 보장해주는 길로 인식되어 온 것은 사실이다. 그렇다면 법학전문대학원에 진학하여 변호사 자격시험에 합격하고 나면 정말로 억대 연봉과 안락한 외제차가 보장되는 것일까? 꿈과 희망에 차서 법학전문대학원에 진학하려는 사람들에게는 냉정한 말처럼 들리겠지만 대답은 'No'이다.

변호사 자격증을 가진 연수원생이 매년 1,000명씩 쏟아져 나오기 시작하면서 법조계의 불황은 기정화된 사실이었다. 더욱이 이런 불황은 일시적 현상에 그치지 않고 2012년 2,000명의 로스쿨 수료생이 배출되고 나면 더 심화될 것으로 보인다.

그러나 위기가 기회라는 말이 있듯이 법조계의 불황에도 불구하고

---

* 법무부 보도자료(2009.4.29)를 참조하였다.

자신만의 특화된 전문 지식을 갖추고 틈새시장을 공략한 소위 '개인기'가 확실한 법조인은 살아남을 수 있다. 따라서 법학전문대학원 졸업 후 변호사 시험에 합격한 뒤의 장밋빛 미래만을 꿈꾸기보다는 무한 경쟁의 시대에 자신의 장점과 진로를 정확히 파악하고, 법학전문대학원 준비 과정에서부터 집중할 필요가 있다. 특정 분야의 전문 변호사로 활동하고 싶은 사람은 법학전문대학원 재학 중 특성화 교육 프로그램을 통하여 전문 지식과 현장 감각을 미리 길러야 한다.

한편 기업체 및 금융 기관 등에서도 변호사 채용을 늘리고 있어 해당 기업 및 기관의 사내 변호사로 입사할 수도 있다. 대부분의 법학전문대학원은 외부 기업이나 기관과의 협력을 통하여 다양한 인턴십 프로그램을 운영하고 있다. 법학전문대학원 재학 중 인턴십 과정을 통하여 구축하게 된 네트워크를 활용하여 졸업 후 진로를 결정할 수도 있다. 더욱이 법학전문대학원 졸업생 중 많은 수가 법학 이외의 다양한 전공에 대한 전문 지식을 갖고 있다는 점과 특성화된 전문 교육을 받았다는 점을 고려해볼 때 법학전문대학원 졸업생의 진출 분야는 과거보다는 훨씬 다양하다고 할 수 있다.

그리고 정부 부처나 공단과 같은 공공 분야에 진출할 수도 있다. 2008년 설립되어 공공 부문의 법률 서비스를 제공하고 송무를 담당하는 정부법무공단의 경우 2009년 현재 변호사 실장 1인, 국내 변호사 20인, 미국 변호사 2인이 소속되어 있으며, 2010년 변호사 40명, 사무직 44명 등을 확충할 예정이다. 이외에도 법률구조공단, 감사원, 국방부, 국가보훈처, 특허청 등 각종 정부 및 공공 기관에 진출하거나 국선 변호사로 활동할 수 있다. 특히 개방형 직위에 변호사 자격을 요하는 중앙 부처 및 광역 자치 단체의 공무원 및 감사 책임자 등으로 채용될 수 있다.

법학전문대학원 졸업 후 국내가 너무 좁게 느껴진다면 취업 시장을 국제 무대로 넓혀 보자. 누군가의 말대로 세계는 넓고 할 일은 많은 법이다. 다른 분야에서와 마찬가지로 법률 시장 분야에서도 국경은 더 이상 의미가 없어지고 있으며, 우리나라의 국력이 신장됨에 따라 한국의 법조인을 필요로 하는 분야도 늘어가고 있다. 특히 우리나라가 세계 시장을 선도하고 있는 IT 분야의 경우 관련 전문 지식을 바탕으로 변호사 자격증까지 갖춘 경우 해외에 진출할 수도 있을 것이다. 이외에 한-미 FTA 및 한-EU FTA 타결에 따라 국내에 진출하게 되는 세계적인 규모를 자랑하는 미국과 영국 등의 대형 로펌에의 취직도 철저히 준비만 한다면 결코 가능성 없는 일은 아니다.

그리고 법학전문대학원 졸업 후 당장은 아니더라도 관련 분야에서 경력을 쌓은 후 UN 산하 국제기구에 진출할 수도 있다. UN 산하에는 다양한 기구들이 있는데 가령 법학전문대학원에서 인권법을 전공한 졸업생은 UNHCR*에서, 지적재산권법을 전공한 사람은 WIPO**에서, 노동법을 전공한 사람은 ILO***와 같은 기구에 진출할 수 있다. UN 산하 국제기구 이외에도 관련 NGO에서 legal officer 등으로 활동할 수도 있다.

---

* UNHCR(국제연합난민고등판무관) United Nations High Commissioner for Refugees.
** WIPO(세계지적재산권기구) World Intellectual Property Organization.
*** ILO(국제노동기구) International Labour Organization.

국제 무대나 외국계 로펌에 진출하고자 하는 사람은 법학전문대학원 진학 단계에서부터 외국의 로스쿨 및 국제기구와의 협력이 긴밀한 법학전문대학원을 선택하는 것이 바람직하다. 국제 무대의 진출을 희망하는 사람은 해당 외국어 능력의 구비는 선택이 아닌 필수라는 점도 명심해야 한다.

Chapter

법학전문대학원을 가기 위해 길러야 할 학업 능력*

    법학전문대학원에 진학하기 위해서, 또는 진학하였다고 할지라도 특별한 공부 방법이나 학습 능력이 요구되는 것은 아니다. 예를 들어 정치학, 사회학, 경제학 등 다른 사회 과학 분야나 심지어 자연 과학 분야와 비교해 보아도 공부 방법이 다르지 않다. 다만, 일반 대학원생과 달리 법학전문대학원생의 경우 법학전문대학원을 수료하고 난 후에는 법조인으로 활약하여야 하기 때문에 이와 결부된 학습 방법이나 태도, 그리고 실무 능력을 구비하여야 한다.

    법학이라는 학문을 통해 진정한 법조인으로 거듭나기 위해서는 이해력, 독해력, 문장력, 통찰력 등 이 네 가지 능력은 최소한 필요하지 않을까 한다.

* 이 장은 부산대학교 법학전문대학원의 계승균 교수가 집필하였다.

물론 이러한 능력 외에 외국어 능력을 구비하고 있다면 금상첨화이다. 현대 사회에 있어서 외국어의 중요성, 특히 영어를 자유롭게 구사할 수 있는 능력과 국제적 감각, 기업에서의 근무 경험 등 사회적인 경험까지 더해진다면 법학전문대학원 과정뿐만 아니라 수료 후 법조인으로서의 활동에도 상당한 도움을 줄 것이다.

1_ 이해력(논리적 사고방식)

이해의 의미와 순서

　법학전문대학원에서 필요한 첫 번째 능력은 이해력이다. 이해력이라고 표현한 것은 오랫동안 우리나라 사람들이 법학에 대해 가져왔던 오해 때문이다. 법학을 공부한다고 하면 으레 사법 시험을 준비하는 것으로 생각하는 경향이 있으며, 사법 시험 또한 법조문을 달달 외워 치르는 시험으로 착각한다.

- 법학은 암기할 수도 없고, 암기할 필요도 없는 학문이다. 암기하기에는 양이 너무 많아서 평생 암기해도 다 할 수 없다.
- 법학은 논리적이고 체계적이기 때문에 이해를 하면 자연스럽게 암기도 되는 학문이다.
- 따라서 체계적이고 논리적인 사고방식을 갖추도록 노력하는 것이 법학을 공부하는 방법이다.

- 모든 법학은 연계되어 있기 때문에 체계적·논리적으로 이해되었다면 서로 응용할 수 있는 특성을 가진다.
- 일반법과 특별법, 실체법과 절차법, 기초법과 응용법 등이 서로 연결되어 있고 서로에게 영향을 미치고 있는 학문이다.

즉, 법학은 전체적인 체계와 구체적인 내용이 서로 연계되어 있다. 전혀 관계가 없을 것 같은 민법과 형법만을 떼어놓고 예를 들더라도 형법을 제대로 공부하기 위해서는 민법의 각종 기초 개념을 이해해야 한다. 특히, 재산 범죄에 관련해서는 민법의 기초 지식이 중요한 역할을 한다. 민법을 잘 이해했다면, 이에 관한 분쟁을 다루는 민사 소송 제도를 이해하기 쉬우며, 더 나아가 상거래와 관련된 상법이나 상법상의 각종 제도에 관한 이해에도 비교적 쉽게 다가갈 수 있다. 최근에 유행하는 첨단법인 금융법과 관련된 내용도 민법의 기초 이론과 연계되어 있다. 정확하게 표현하자면 민법의 각종 담보 제도와 연계되어 있다. 마찬가지로 한 사회의 범죄와 이에 대한 처벌을 규정하고 있는 형법과 형벌을 부과하는 절차를 다루고 있는 형사소송법도 서로 연결되는 고리가 많다. 예를 들어, 죄형법정주의*, 고소와 관련된 것은 양 법률이 실체법과 절차법이기는 하지만 서로 연계되어 있어 양법을 모두 이해하여야만 완전하게 안다고 할 수 있다.

따라서 법학을 학습하고자 할 때에는 먼저 이해하려는 노력이 필요

* 어떤 행위가 범죄인가 아닌가, 또는 그 범죄에 대하여 어떤 형벌을 내릴 것인가 하는 것은 법률에 의해서만 정할 수 있다는 원칙을 말한다.

하다. 처음부터 암기하겠다는 생각을 가지고 법학에 접근하는 것은 절대 금물이다.

필자의 경험에 의하면, 이해의 첫 출발점은 법학에 나타난 수많은 개념에 대한 정확한 정리이다. 어떤 개념에 대한 정확한 이해와 그 개념의 존재 이유, 즉 취지를 정확하게 파악하는 것이 필요하다.

예를 들어 헌법이나 행정법에 자주 등장하는 '국가'라는 개념과 '정부'라는 개념을 이해하고자 한다면, 국가 내지 정부라는 개념이 왜 필요한지, 언제부터 등장하였고, 그 기능 내지 역할이 무엇이었는지, 국가의 정치 체제가 어떻게 발전해왔고, 그것이 현재 대한민국이라는 국가의 정치 체제와 그 구성원인 나의 삶과 어떤 연관성이 있는지를 이해해야 한다. 개념을 정확히 이해하여야만 자신이 경험하지 못한 다양한 사건과 예측하지 못한 사실에 대해서 자신이 이해한 법학 개념을 응용할 수 있다.

기초 개념에 대한 이해를 바탕으로 한 응용력은 법조문이나 법률 현상에 대한 해석 능력을 의미한다. 사실 법학전문대학원에서 배우는 것은 해석 능력, 구체적으로 말하면 법조문에 대한 해석 능력을 배우는 것이다. 여기서 말하는 법조문이란 성문법상의 법전에 나타난 조문뿐만 아니라 추상적인 의미의 법, 사회적 규범으로서의 도덕, 윤리, 종교적 규범을 제외한 법 규범에 대한 해석 능력을 기르는 것이다. 이러한 점에서 법학은 철학, 윤리학, 신학 등 해석을 위주로 하는 학문과 그 방법론에 있어서 가까운 편이다.

해석을 위주로 하는 학문이기 때문에 기초 개념에 대한 이해가 필수적이다. 개념을 이해했다는 의미는 원리를 이해하였다는 의미이며, 이 원리를 이해했다는 것은 이를 응용할 수 있는 힘을 길렀다는 것이다. 즉 법학을 이해하는 단계라고 말할 수 있다. 거듭하여 말하지만 법학은 암기할 수 없고, 암기할 필요도 없는 분야이다. 철저하게 이해하여야만 하는 학문이다.

법학전문대학원에 입학하여 전문가가 되려고 마음먹었다면 대학에서의 학습 태도와는 달라져야 한다. 법학전문대학원에 입학하여 공부한다는 것은 전문가가 되어 자신이 행한 일에 대해서 스스로 책임질 수 있는 지위를 얻기 위한 과정이라고 할 수 있다. 그러므로 요령을 피운다든지, 타인의 눈치를 보면서 공부하는 것은 바람직하지 않으며, 철저하게 책임감을 느끼면서 학습에 임하는 것이 좋다.

이해력 형성의 순서와 단계

학습 태도와 관련하여 또 한 가지 첨언해두고 싶은 것이 있다. 등고자비(登高自卑)라는 말이 있다. 높은 곳에 오르고자 하면 낮은 곳에서 시작하여야 한다는 말로, 즉 일에는 순서가 있다는 말이다. 우리 속담에도 "천리 길도 한 걸음부터"라는 말이 있듯이 체계적이고 논리성을 강조하는 법학을 공부할 때는 천천히, 기초부터 철저하게 공부하고 이해하려는 노력이 필요하다. 마음이 급한 나머지 기초를 소홀히 한다면 시간이 흐를수록 자신에게 부메랑이 되어 돌아온다.

대부분의 법학전문대학원 교과 과정은 학생들이 법학의 기초 지식부터 시작해서 점차 응용력을 함양할 수 있도록 구성되어 있다. 그렇지만 그 의미나 과정을 이해할 필요는 있다. 만약 여러분이 법학전문대학원에 입학하게 된다면 다음과 같은 순서로 법학을 연마하는 것을 염두에 두었으면 한다.

(1) 실체법을 먼저 듣고 절차법을 후에 듣자

공부를 할 때 실체법을 먼저 시작하는 것이 좋다. 예를 들어 민법이나 상법을 먼저 수강한 후 이에 대한 기초 개념을 이해하고, 그 후에 민사 소송에 관한 법을 수강하자. 마찬가지로 형법을 수강한 후 형사 소송법 강의를 듣도록 하자.

역사적으로는 절차법에서 실체 법규가 발전해왔지만, 현대에 와서는 굳이 이 역사적 발전 단계를 따를 필요는 없다. 실체법을 먼저 이해하는 것이 법학 공부의 정도라고 생각된다. 실체법상에서 어떠한 권리들이 보장되고 어떤 행위를 하였을 경우에 침해가 이루어지는지를 알고 난 후에 이러한 실체적 권리들이 어떠한 절차를 통해서 구체적으로 구현되는지를 이해하는 것이 필요하다. 그리고 나서 절차법을 공부하면 실체법에서 이해하지 못한 것도 이해하게 된다.

(2) 먼저 일반법을 수강한 후 특별법을 듣자

'특별법 우선의 원칙', '특별법은 일반법을 깨뜨린다' 라는 법 격언이 있다. 이 말은 효력에 있어서 특별법이 일반법에 우선한다는 것이다. 그렇다고 해서 특별법만 알면 된다는 의미는 물론 아니다. 법을 공부하는 사람에게는 기초에 해당되고 더 보편적인 법률 내용을 담고 있기 때문에 특별법보다 일반법이 더 중요하다. 겉이 화려한 집이라고 할지라도 그 건물의 기초가 모래 언덕이라면 비나 바람이 세차게 불면 건물이 무너질 수밖에 없다. 마찬가지로 첨단 법률 지식을 습득하고자 한다면 그 기초에 해당하는 법 공부는 필수이다.

예를 들어 금융 전문 변호사 또는 지적 재산권 전문 변호사가 되어 법정이나 협상 장소에서 자신의 고객을 위하여 멋진 옷과 멋진 말로 변론 내지 협상하고자 한다면, 금융법이나 지적 재산권법의 일반법에 해당되는 민사법 지식을 충분히 갖추고 있어야 한다. 채권법이나 물권법에 관한 기초 개념을 공부한 후에 금융법이나 지적 재산권법을 공부해야 한다. 따라서 먼저 민법을 수강한 후 특별법인 상법을 듣자. 민법에 나타난 각종 개념들을 제대로 이해해야 상법도 제대로 쉽게 이해할 수 있다. 특별법의 효력을 제대로 이해하기 위해서는 일반법의 내용과 효력을 이해하여야 한다. 그래야 특별법이 왜 특별한 효력을 가져야 하는지를 알게 된다.

또 다른 예로 요즘에 사람들의 관심을 끌고 있는 지적 재산권법을 제대로 공부하기 위해서는 민법 총칙의 법률 행위 개념, 물권, 계약법에 대한 이해가 있어야 한다. 권리에 대한 지배를 내용으로 하는 특허·상표·저작권에 대해서는 우선 눈에 보이는 유체물에 대한 지배를 어떻게 하고 있는지를 파악하고 난 후라면 훨씬 이해가 쉬워진다.

(3) 민사법을 먼저 수강한 후 형사법을 듣자

민사법과 형사법은 그 내용이나 목적이 다르기 때문에 무엇을 먼저 수강하여야 하는지에 관해서 논의할 필요는 없다. 다만 그 공부 방법에 있어서 어떤 순서가 더 효율적인지를 생각해보면 아무래도 민사법이 먼저이지 않나 싶다.

개인적인 경험에 따르면 재산 관계를 다루는 민사법에 대한 개념 이해가 있어야 형사법의 재산 범죄 부분(형사법에서 가장 어려운 부분 중 하나)을 제대로 이해할 수 있다. 그리고 실제에서도 형사법의 범죄 구성 요건을 해석함에 있어 민사법의 도움을 많이 받고 있다.

(4) 총론을 먼저 듣고 난 후 각론을 듣자

각론에서 공통적으로 나타난 사항을 총론에서 다루고 있으므로 각론을 이해하기 위해서는 총론에 나타난 공통된 분모를 먼저 공부하는 것이 중요하다. 물론 이러한 공통 개념을 풀어헤쳐 개별적인 내용과 함께 이해하는 것도 도움이 될 수 있다.

예를 들면 고난이도의 법률 행위 개념을 어렵게 이해한 후에 계약법을 공부하는 것보다 법률 행위의 대표인 계약이라는 개념을 통하여 법률 행위를 추론하는 형태로 이해하는 방법도 있다. 현재까지 우리 법전상의 체제는 총론과 각론이라는 구분 방식을 취하고 있는 경우가 많기 때문에 당분간 이 방식을 따르는 것도 도움이 될 것이다.

(5) 추상적이고 일반적인 법규에서 구체적이고 특수한 법 과목으로 수강하자

국제법의 경우도 최소한 헌법, 민법 총칙상의 각종 개념, 물권법,

계약법 등에 대한 지식이 있어야 비교적 쉽게 이해할 수 있다. 또한 환경 행정법을 이해하기 위해서는 가능하면 수강의 순서가 헌법, 행정법 일반 이론, 환경법으로 하는 것이 비교적 체계적인 학습 방법이라고 생각된다.

(6) 이론 과목으로 개념 정리 후 응용, 사례 문제를 다루는 과목을 수강하자

기초 지식 없이 바로 사례를 다루거나 연습 과목을 수강하면 단편적으로는 이해할 수 있겠지만 전체적인 이해를 하지 못할 가능성이 높다. 앞서 언급한 대로 우리의 법학은 기본적으로는 원리나 원칙을 이해하고 습득하여 이를 응용할 수 있는 힘을 길러주는 것에 있기도 하지만, 응용할 경우에는 법질서 전체에서 바라보아야 하기 때문에 바로 단편적인 사례만을 다룬 과목을 기초 개념에 대한 이해 없이 수강하는 것은 결코 바람직하지 못하다.

(7) 기초 과목의 수강도 중요하다

법철학, 법제사, 법사상사, 법사회학 등은 법학 공부의 깊이를 더해준다. 이러한 과목들은 수험 과목도 아닌데다가 강의 과목으로 들어도 그다지 호감이 가지 않는다고 생각하는 학생이 있을 수 있다. 법학전문대학원에 와서 법조인이 되려고 마음먹었다면 깊이 있고 수준 높은 법학 지식을 갖추는 것이 필요하다.

법학 지식에 깊이와 생각의 단서를 제공해주는 것이 이러한 기초 과

목들이다. 그리고 종합적이고 체계적인 사고를 갖게 하는 최고의 방법 중의 하나가 역사적으로 어떻게 발전해왔는지를 아는 것이다. 법학도 마찬가지다. 법학의 발전은 역사의 변화와 결코 무관하지 않기 때문이다. 개인적인 경험에 따르면 대학 시절에 머리를 싸매고 법철학이나 법사상사를 수강한 것이 시간이 지난 후 법학을 이해하는 데 많은 도움이 되었다. 또한 기초 과목은 법률적이고 지적인 상상력을 계속 유지시켜주는 묘한 매력이 있다.

이해력(법률적 마인드) 형성의 방법

필자는 법과 대학이나 법학전문대학원 수업 시간에 학생들에게 앞으로 30년 후에 대법관이 되거나 유능한 법조인이 되는 공부방법을 가르쳐준다고 하면서 다음과 같은 이야기를 한다. 법학전문대학원을 준비하는 학생 또는 법학전문대학원에 입학이 확정된 학생도 이 공부방법을 한번쯤 고려해보는 것이 좋을 듯싶다. 가령 어떤 법률문제에 접하거나 해결해야 할 경우에 다음과 같은 순서대로 해결 방법을 찾아보는 것이다.

(1) 자기 생각을 정리하여 문제를 해결하도록 최대한 노력한다

법학은 체계적이고 논리적인 학문이므로 체계적인 사고를 하도록 훈련을 할 필요가 있다. 앞서 이야기한 대로 이것은 암기하는 것과 구별된다. 따라서 문제를 보았을 때 백지 상태에서 자신의 법률 지식을 총 동원하여 이 사례에 가장 정확한 해결 방법이나 해결 논리를 모색

하는 것이 중요하다.

(2) 문제에 가장 가깝게 적용할 수 있는 법조문을 찾는 연습을 한다

그 사실에 적용할 수 있는 가장 가까운 법조문을 찾았다면 문제는 사실상 70% 이상 해결한 것이나 다름없다. 경우에 따라서는 100% 해결한 것일 수도 있다. 특히 일반법 조항과 특별법 조항을 구분하여 문제에 맞는 법조문을 찾을 수 있다면 금상첨화이다.

그런데 여기서 법조문이라고 하는 것은 단지 성문법만을 의미하는 것은 아니다. 시행령, 시행규칙, 상관습, 각종 예규, 행정부 내의 지침 같은 것도 포함되는 개념이다.

(3) 이와 가장 유사한 사례를 다룬 판례를 찾는다

판례는 항상 구체적 사실에 있어서 조금씩 다르므로 판례에 나타난 결론이 그대로 이 사건에도 적용될 것이라고 생각하면 안 되고, 판례의 취지를 항상 살펴보아야 한다. 판례는 정적인 법률 조문을 동적인 법률 현상으로 바꾸어주는 역할을 하기도 한다. 따라서 판례의 동향이나 판례에 대한 해석 등을 분석하는 노력도 필요하다.

여기서 판례란 대법원 판례나 항소심, 1심 판결도 의미하지만 항소심이나 1심 판결인 경우에는 그 판결이 확정된 판결인지를 확인하여야 한다. 우리나라의 판례뿐만 아니라 외국의 판례도 검색하여 참고할 수 있으면 더욱 좋다. 그런데 경우에 따라서는 법원의 판례뿐만 아니라 행정부 내의 결정문 같은 것도 참고해야 할 경우도 있다.

(4) 필요할 경우 교과서, 주석서 등 각종 문헌들을 검색한다

판례까지 찾아보아도 문제 해결이 어렵다면 교과서, 주석서 등 각종 문헌들을 검색하여 위 사례에 대해서 학자들이 어떻게 설명하는지, 학설이 있는지 여부 등을 살펴보아 문제 해결에 참고가 되도록 하여야 한다. 여기서도 국내 문헌뿐만 아니라 외국 문헌을 참고할 수 있으면 좋다.

사실 지금까지 우리나라의 법과 대학에서의 법학 교육은 이 단계를 정확히 거꾸로 하였다고 해도 과언이 아니다. 법과 대학 학생은 교과서나 수험서를 먼저 보고 그 다음에 법전을 참고하는 형태의 공부를 하였다. 심지어는 법조문조차 확인하지 않는 학생도 많이 있다. 판례는 교과서에 기술된 간단한 내용만 보거나 판례의 전체 취지를 확인하지 않는 경우도 많다.

그러나 법학전문대학원에서 공부하고자 하는 학생은 이렇게 수동적이고 제한적인 태도로 공부하면 전문가가 될 자격이 없다고 본다. 가능하면 이에 관한 자신의 생각을 정리하고 이를 순서화하며 가장 정확한 해결책이 무엇인지를 자신이 먼저 판단하는 습관을 지니도록 노력하는 것이 유능한 법조인이 되는 길이다.

(5) 현행 법조문에 얽매이는 법실정주의자가 되는 것이 좋다

법학전문대학원에서는 기본적으로 법률문제에 관한 해결 능력을 배운다. 법조인은 법률문제에 관해서 조언, 검토, 상담, 문서 작성, 소송 등을 행하는 전문 직업인이기 때문이다. 법률문제는 과거와 현재의 사

실을 다루지만 그 의미는 미래를 향한 것이다. 그래서 법학은 항상 현재진행형이다. 그런 까닭에 법학을 처음으로 시작하거나 관심이 있는 사람은 우선 현행 법조문에 얽매이는 법실정주의자가 되는 것이 좋다. 즉 법조문에 얽매여서 공부하는 습관을 가지는 것이 좋다. 이렇게 시작하는 것이 법학이라는 건물을 건축함에 있어 기초 공사를 튼튼히 할 수 있기 때문이다.

처음부터 기초 없이 너무 앞선 생각을 한다든지 법조문에 없는 내용을 함부로 상상하는 등의 공부는 위험하다. 어느 정도 법학의 궤도에 올랐다고 판단이 들면 그때부터 정책, 법철학, 방법론적인 면, 법의 연혁 등을 다양하게 생각하고 비교·비판을 통해 체계적인 해석, 목적적인 해석을 시도해보는 것도 좋다. 또한 판례나 법조문의 행간을 읽는 노력을 기울여야 한다. 법학은 앞서 언급한 대로 개념에 대한 철저한 이해로부터 시작한다고 해도 과언이 아니다.

(6) 전체적인 법질서와의 연관성을 염두에 두고 법조문이나 법률 해석을 한다

법률은 일종의 사회적 도구라고 할 수 있다. 분쟁 조절이나 범죄 진압 수단으로도 활용될 수 있고, 사회적 이익 조절의 기능도 수행한다.

앞서 법학전문대학원의 교육은 법 해석 능력을 배우는 것이라고 했다. 따라서 해석도 그 법률의 성격에 맞게 해석해야 하고, 특히 전체적인 법질서와의 연관성도 항상 염두에 두고 법조문 해석이나 법률 해석을 시도하여야 한다. 한 사건에서는 결론이 타당할지 모르지만 다른

사건에서 부정이 되는 경우도 있다. 물론 한 사건이 대표성이 있어서 그 사건의 정의가 모든 사건의 귀감이 되는 경우도 있다.

2_ 독해력(분석 능력)

법학전문대학원에 진학하면 법조문, 판례, 교과서, 논문 등을 쉬지 않고 보아야 하기 때문에 상상했던 것 이상으로 많은 독서량에 허덕이게 된다. 법학전문대학원을 수료한 후 법조인이 된다는 의미는 다른 말로 표현하자면 앞으로 끊임없이 공부하겠다는 말과도 일맥상통한다. 즉 자기 계발을 쉬지 않고 해야 한다는 이야기이다.

조금 더 부연하자면 법조인으로서 새로운 법의 개정, 판례 공부, 이에 대한 논문 확인, 각종 세미나 참석, 학회 활동, 회사나 정부, 개인에 대한 자문 등을 하기 위해서는 끊임없이 자기 계발을 하여야 하는데, 자기 계발의 대표적인 것 중의 하나가 독서라고 할 수 있다. 법조인은 평생 법조문, 판례, 법학 관련 논문 등을 읽거나 작성하는 행위를 반복한다. 이것이 법조인의 일상이라고 할 수 있다. 따라서 독서를 싫어하는 사람은 기본적으로 법학도로서, 나아가 법조인으로서의 생활이 상당히 힘들어질 가능성이 있다. 법정 영화에서 나오는 것처럼 변호사가 밤새 사건과 관련된 문헌이나 판례, 사건 서류 등을 읽고 생각하는 장면을 연상해보면 이해가 쉬울 것이다.

다양한 법학 분야의 도서와 각종 서적들을 통하여 두루 배우되 독서의 태도는 책의 내용을 자세히 읽는 데 있어야 한다. 행간에 나타난 의미도 파악하면서 읽어야 한다. 그런 다음 깊은 생각을 하여 책 내용에 나타난 원리나 원칙, 개념과 취지, 필요성 등을 명백하게 분별할 수 있는 능력을 기른 후에, 성실하고 진실된 마음으로 배운 것을 실천하는 자세가 필요하다.

　법학전문대학원 학생이 가장 많이 보거나 참조해야 하는 것은 법률 내지 법조문과 판례일 것이다. 법조문은 인간 삶의 현장과 역사 내지 가치관, 가끔씩은 삶의 지혜가 묻어 있고, 판례는 인간 행위에 대한 구체적 판단을 한 것이다. 이런 까닭에 법학전문대학원에 입학하여 법조문이나 판례를 볼 때는 구체적으로 전체와 부분을 생각하면서 비판적으로 독해하여야 한다.

　법조문이나 판례를 볼 때에는 약간의 분석적인 태도 또한 필요하다. 법조문과 판례는 기본적으로 법학을 공부하지 않은 사람은 평소 접하기 힘든 형태의 문장이나 형식을 갖추고 있는 정보이다.

　법조문은 기본적으로 조건문 형태로 규정된 경우가 많다. 앞의 조건이 충족되면 뒤의 결과가 발생하는 또는 발생되는 형태로 되어 있다. 즉 "만약 ~이라면, 그렇다면 ~이다." 여기서 앞의 전단 부분을 '구성 요건'이라 하고, 뒷부분을 '법률 효과'라고 부른다.

　만약 구성 요건의 전제 사실 X가 충족된다면, 갑은 을에게 행위 Y를 청구할 수 있다. 다른 말로 표현해서 구성 요건, 전제 사실이 충족되었다면,

　→ 갑은 을에게 행위 Y를 청구할 수 있는 권리가 있다.

→ 을은 갑에게 행위 Y를 이행하여야 할 의무가 있다.

법학전문대학원에서 가장 중요한 과목인 민사법과 형사법에 관한 예를 들어보자.

"고의 또는 과실로 인한 위법 행위로 타인에게 손해를 가한 자는 그 손해를 배상할 책임이 있다."(민법 제750조)

예 을이 운전 중 횡단보도를 건너고 있는 갑을 치었다.

- 누가 – 을이
- 무엇을 – 신체, 생명, 재산권, 기타 권리를 (보호 법익을)
- 누구의 – 갑의 (타인의)
- 위법하게 – 을은 그러한 행위를 하지 않았어야 했다.
- 고의 또는 과실로 – 을은 자신의 행위를 인식하고 있었고, 회피할 수 있었다.
- 손해를 가했다 – 전치 6주의 상처를 신체에 입혔다.

→ 갑은 을에게 손해 배상 청구권을 행사할 수 있다.

을은 갑에게 손해 배상을 하여야 할 의무가 있다.

형사 사건의 경우에는 어떤 시민이 어떤 행위를 하면, 그 행위에 대하여 국가 형벌권을 행사하여 그 시민에게 형벌을 부과한다.

"타인의 재물을 절취한 자는 6년 이하의 징역 또는 1천만 원 이하의 벌금에 처한다."(형법 제329조)

예 갑은 을의 지갑을 갖고 싶어 훔쳤다.

- 누가 – 갑이
- 타인의 재물 – 을의 지갑을
- 절취 – 훔쳤다.
- 고의로 – 갑은 을의 지갑을 원했다.
- 불법 영득의 의사로 – 자신에게 가지고 와서 소지하고 있다.
- 위법성 – 위법성 조각 사유, 즉 정당화 사유가 존재하지 않는다.
- 책임 – 책임 면책 사유가 존재하지 않는다.

→ 국가는 갑에게 6년 이하의 징역이나 1천만 원 이하의 벌금에 처할 수 있다.

소설이나 평론과 같은 글에서는 이렇게까지 분석하면서 글을 읽을 필요가 없지만 법학도는 법조문을 읽을 때에는 문장이나 단어, 어구 등을 분석하여 의미를 파악하는 태도를 가져야 한다. 대부분의 법학도서라고 하는 법률 문헌은 이러한 구성 요건과 법률 효과를 구체적으로 설명해놓고 있다고 해도 과언이 아니다. 따라서 법조문이나 법률 문헌을 읽을 때에는 위와 같이 분해·분석하고 결합하여 전체를 이해하는 형식의 독서 태도가 필요하다.

판례를 볼 때 유의할 점

법학전문대학원 학생은 법조문을 구체적으로 적용하고 해석한 판례를 많이 접하게 된다. 판례 그 자체에 대해서 분석하는 방법이나 내용은 법학전문대학원 교육 기간 중에 구체적으로 배우게 된다. 일반적으로 판례를 볼 때 다음과 같은 점에 주의해야 한다.

- 먼저 사실 관계를 파악하자(실제에 있어서 사실 관계 파악이 힘들다).
- 이에 관한 법리가 무엇인지 살펴보자. 법조문에 대한 해석을 어떻게 하였는지를 중심으로 살펴보자. 만일 법조문에 없는 요건을 덧붙이는 경우도 있다. 왜 그렇게 하였는지를 생각해보자.
- 확립된 판례인지 확인하자.
- 확립되고 있는 판례인지 알아보자(첫 번째 사건인지, 아니면 유사한 내용의 사례를 다룬 판례가 있는지 확인해보자).
- 판례가 변경되었다면 법률을 공부하고 있는 사람으로서는 반드시 읽어야 한다. 그 변경된 이유에 대해서 곰곰이 생각해보자. 사실 관계에 대한 판단 변화 때문인지, 아니면 그동안 법 정책에 대한 반성인지를 구분하여 변경 이유를 살펴보자.
- 법리적인 판례인지, 아니면 사회 현실을 고려한 정책적인 판례인지 판단하자.
- 판례가 사회생활이나 법률관계에 미칠 수 있는 효과 내지 영향력에 대해서 생각해보자.
- 판례 내용의 구성이나 법리에 모순이 있다고 판단되면 의문을 가지고 항상 비판적 시각으로 바라보자.
- 우리나라의 판례뿐만 아니라 일본 판례, 미국 판례, 독일 판례 등 자신의 언어 능력이 허락하는 한, 법학 선진국들의 판례들을 비교 검토하는 것도 중요하다. 외국에서는 우리나라에서 아직 발생하지 않은 새로운 분쟁들이 많이 발생하고 있고, 이 분쟁을 해결하기 위해 판사들이 많은 고민을 한 흔적이 판례에 나타나 있다.

특히 미국, 일본, 독일 등의 판례는 세계적으로 leading case에 해당하는 사건들을 많이 취급하고 있으므로 중요하다.

따라서 법률 문헌, 법률, 판례 등을 참조할 때에는 내용 파악을 하는 독해력도 물론 갖추어야 하지만 전체와 부분을 분해하여 분석하고 비교하는 태도도 필요하다. 또한 법리와 사실 관계를 아울러서 분석하는 힘도 필요하다.

3_ 문장력(표현 능력)

법학전문대학원생으로서 갖추어야 할 능력 중에서 다른 분야의 전문가보다 강조되는 것이 바로 문장력이다.

법학전문대학원 교육 과정에는 교수가 내준 페이퍼나 실무와 관련된 서식 작성 등 문서 작성이 있고, 그리고 법조인이 되고 나서는 기본적으로 글로써 자신의 의사를 표시하는 경우가 많기 때문에 문장력은 법조인이 갖추어야 할 능력 중에서도 중요한 요소라고 할 수 있다. 또한 법조인은 자신의 의사를 다른 사람보다 명확하게 논리적으로 표현할 수 있어야 한다. 법조인이 작성하는 글 중에는 이해관계에 관련된 것이 많기 때문에 무엇을 말하는지 명확하고 간결하게 표현하는 능력을 길러야 한다.

우리가 흔히 말하는 법률 문장이라는 것이 있다. 법률 문장이란 법률가가 작성한 문서, 예컨대 대표적인 법률 문서인 판결문에 사용하는 문장이다. 판결문 외에도 공소장, 준비 서면, 변론 요지서 등을 작성하거나 법학과 관련된 논문, 자신의 의견을 나타낼 때에 사용하는 어투라든지, 단어의 사용 등은 법률 문장이라고 말할 수 있다. 법률 문장을 익힐 때는 훌륭한 법학자들이 쓴 논문이나 교과서 등을 충실히 읽고, 법조문이나 판례 등을 볼 때에도 유심히 분석하면서 읽는다면 훌륭한 법률 문장을 구사할 수 있다.

또한 법률에서 사용하고 있는 문장도 법률 문장이라고 할 수 있다. 따라서 법률을 공부하는 사람은 법전이나 판례에서 사용하고 있는 단어, 문구, 문장도 주의 깊게 보아야 한다.

법률 문장은 무미건조한 문장이 주류를 이룬다. 소설에 나타난 문장처럼 기술하면 논점이 흐려질 가능성이 있기 때문이다. 또한 법률적으로 의미 있는 내용만이 담긴 문장이 기술되어 있다. 즉 단순하게 서술하고, 법률적 의미를 담고 있는 부분만 정확하게 전달하는 형태의 문장이 주류를 이룬다.

법률 문장은 주로 명사와 동사로만 이루어진다. 형용사와 같은 수식어를 싫어하며, 가끔씩 부사가 사용되기도 한다. 즉 불필요한 용어를 배제한다는 의미이다. "형용사는 명사의 적이다."라는 볼테르의 말은 법학을 공부하고자 하는 사람들이 새겨들어야 할 명언이라고 생각한다.

법률 문장은 단정적인 경우가 많다. 겸양의 의미로 추측을 나타낼 수도 있지만, 보통의 경우에는 단정적으로 사용하여야 한다. 특히 사실 판단 시에는 확신에 찬 단정적인 언어를 주로 사용한다. 그리고 법률적 판단을 내릴 때에도 정의(定義)하는 형식으로 기술하는 경우가 많다. 따라서 소설이나 시에서 상상을 불러일으키는 다의적이고 철학적인 표현은 법률 문장에서는 사실 찾아보기 힘들다. 이렇게 표현하면 자신의 주장을 다른 사람에게 정확히 전달하기 힘들기 때문이다. 또한 법률 문장 중에는 과거 사실, 예를 들어 과거의 범죄 사실을 묘사하는 경우가 있는데 이때에도 단정적으로 기술한다.

가능하다면 한 문장이 한 의미를 담도록 기술하여야 한다. 즉 짧지만 분명한 의미를 갖는 문장을 쓰도록 노력해야 한다.

법률 문장으로 구성된 법률 문서를 작성할 때는 『법원사무관리규칙』을 참조하여야 한다. 『법원사무관리규칙』 제10조에는 다음과 같이 규정하고 있다.

제10조(문서 작성의 일반 사항) ① 문서는 『국어기본법』 제3조의 규정에 의한 어문 규범에 맞게 한글로 작성하되, 쉽고 간명하게 표현하고, 뜻을 정확하게 전달하기 위하여 필요한 경우에는 괄호 안에 한자, 그 밖의 외국어를 넣어 쓸 수 있으며, 특별한 사유가 있는 경우를 제외하고는 가로로 쓴다.

② 문서에 쓰는 숫자는 특별한 사유가 있는 경우를 제외하고는 아라비아 숫자로 한다.

③ 문서에 쓰는 날짜의 표기는 숫자로 하되, 연·월·일의 글자는 생략하고 그 자리에 온점을 찍어 표시하며, 시·분의 표기는 24시각제에 따라 숫자로 하되, 시·분의 글자는 생략하고 그 사이에 쌍점을 찍어 구분한다. 다만, 특별한 사유로 인하여 다른 방법으로 표시할 필요가 있는 경우에는 그러하지 아

니하다.

④ 문서의 작성에 쓰이는 용지는 특별한 사유가 있는 경우를 제외하고는 가로 210밀리미터, 세로 297밀리미터의 종이를 세워서 쓰는 것을 원칙으로 한다.

이 조문을 처음 보는 사람은 웃을지도 모르겠지만, 공직 사회에는 문서 작성도 법으로 규정하고 있다. 법조인으로서 법률 문서를 작성할 경우 이 규정을 참고하여 가능하면 규정에 맞추어 작성하도록, 그리고 문어체보다는 구어체에 따른 일반 상용어를 사용하도록 한다. 또한 문법에 맞게 기술하면서 문체는 논리적이며, 의미가 함축되고 간결하면서도 명료하여야 한다.

이렇다 보니 법률 문장은 문장가나 문학도들의 시각에서는 일반인이 사용하지 않는 문장을 무슨 특권인 양 사용하는 것이 한심하다고 느낄지도 모르겠다. 더 나아가서는 권위주의적이라고 생각할 수도 있다. 그러나 법학이라는 특성상 법조인의 일이 사회적 이해관계를 조정·예방·규율해야 하므로 소설이나 시처럼 표현하는 것을 금기시한다.

특히 입법과 관련해서는 법률생활의 안정성, 예측 가능성, 명확성 등을 보장하여 국민들로 하여금 가능하면 분명한 의미를 이해하도록 하는 것이 중요하기 때문에 자신만이 이해하고 타인이 이해하지 못하는 용어를 사용하는 것은 지양되어야 한다. 또한 법학을 공부하는 입장에서는 가능하면 법률에서 사용하고 있는 단어나 용어들을 사용하는 것이 좋다. 따라서 난해한 용어라든지, 의미가 다의적으로 사용되는 용어 등은 지양하고, 가능하면 평이하고 일반인에게 익숙한 용어를 사용하는 것이 좋다. 이미 입법 과정에서 일반화된 법률 용어가 있는 경우에는 그 용어를 사용하여야 한다. 그리고 다른 법령에서 이미 확립되어 있는 용어라고 하면 그 용어를 계속해서 사용하는 것이 좋다. 연산군이 한글을 박대한 이유는 한글이 쉽기 때문에 일반 서민들이 한글을 익혀 자신을 비난하는 것을 방지하기 위해서였다. 민주 사회에서는 가능하면 법률 용어나 법률은 시민들이 쉽게 접근하고 이해할 수 있도록 하는 것이 민주주의 원리와도 일치한다.

법학을 공부할 때에는 법률 용어를 정확하게 익혀서 문장에 사용 하여야 한다. 일반인은 그냥 비슷한 의미로 이해하고 사용하지만 그 의미가 완전히 다른 경우가 많기 때문이다.

법률 행위의 취소와 철회, 계약의 해제와 해지 등이 그 좋은 예라고 할 수 있다. 보통 사람은 일상적인 용어로서 이 단어들을 서로 구별하여 사용하지 않지만 법적인 의미에서는 확실히 구별하여 사용되어야 하고, 그 효과 또한 확실히 구분된다. 취소(取消)라는 것은 흠(하자)이 있어도 법률 행위가 일단 유효하게 성립하고 후에 특정인이 그 흠을 주장하면서 비로소 소급하여 법률 행위의 효력이 제거되는 것을 말한다. 철회(撤回)는 법률 행위의 효과가 확정적으로 생기기 이전에 행위자 자신이 그 효과 발생을 원치 않기 때문에 그 법률 행위가 없었던 것으로 하는 일방적 행위를 말한다. 따라서 취소와 철회는 구별되는 용어이다. 또한 해제(解除)는 유효하게 성립한 계약의 효력을 일방 당사자의 의사 표시에 의해 처음부터 계약이 존재하지 않은 것과 같은 상태로 되돌리려고 하는 것이기 때문에 취소와는 명백히 구별된다. 해지 (解止)는 계약의 소멸에 있어서 장래에 대해서는 효력이 발생한다는 점에서 해제와 다르고 계약에 인정되기 때문에 취소와 구별된다. 또한 해제 사유와 해지 사유는 서로 다르다. 따라서 법률 용어를 정확히 익혀서 분명히 구별하여 사용하도록 한다.

그리고 어법과 맞춤법에 맞는 문장을 구사하도록 한다. 띄어쓰기나 철자법에도 유의해야 한다. 구두법도 단어처럼 문장의 한 부분이기 때문에 정확하게 사용하여야 한다. 쉼표의 위치나 조사에 따라 의미가 달라지는 경우가 허다하기 때문에 당사자의 권리관계가 변경될 수도 있다. 따라서 정확한 국어 어법이나 맞춤법에 따라 문서를 작성하는 것이 기본이라고 할 수 있다.

법률 문서를 작성함에 있어 번역을 한 것과 같은 표현은 지양되어야 한다. 법조인이 대체로 외국의 입법이나 판례, 문헌 등을 많이 참조하다 보니 자연스럽게 일본식이나 영미식의 문장에 젖어들게 된다. 수동태나 단·복수, 비교급 등 영미식의 문장 스타일은 우리 국어 어법에는 어울리지 않는다. 쇼펜하우어는 표현을 정확하게 하는 힘이야말로 모국어에 가치를 부여하는 유일한 방법이라고 하였다. 한국의 어법이나 문장에 맞게 쓰도록 노력하여야 한다.

법률 문서의 내용은 논리적·체계적이어야 한다. 사안에 따라 문서의 내용이 달라져야 한다. 자신이 말하고자 하는 것을 일정한 순서에 따라 흐름이 자연스럽고 앞뒤의 내용이 일맥상통하도록 작성해야 한다. 이렇게 되어야 문서의 내용에 힘이 있고 설득력이 생긴다.

각종 문서를 작성함에 있어서 주의할 점은 표절이다. 표절은 남의 글을 마치 자신이 작성한 글처럼 가져다 쓰는 것을 말한다. 표절은 학문의 세계에서는 중요한 범죄 행위라고 할 수 있고, 옛날에는 명예와 관련하여 판단된 사안이었다. 전문가로서의 법조인은 기본적으로 표절에 대한 인식을 가지는 것이 중요하다. 법조인이 되기 이전에 법학전문대학원에서 각종 페이퍼를 제출할 때에도 가능하면 자신이 이해한 대로 자신의 언어로 표현하는 습관을 가지도록 의도적으로 노력하여야 한다.

4_ 통찰력 = 삶(사회)에 대한 관심

중등학교 교과서에도 나올 법한 격언 중의 하나가 "사회가 있는 곳에 법이 있다."라는 것이다. 이 말은 인간이 공동생활을 하는 순간에 규범, 즉 법이 생긴다는 의미이다. 법을 공부한다는 것은 인간과 인간 사이에 지켜야 하는 규범을 공부한다는 것인데 이 말의 이면에는 사회에 대한 인식, 국가에 대한 인식, 인간의 삶에 대한 인식, 인간 행위에 대한 인식을 하면서 공부를 해야 한다는 의미이다. 여기서 말하는 법은 우리가 흔히 알고 있는 성문법전에 나와 있는 법률뿐만 아니라 사회가 유지되기 위하여 또는 인간의 삶이 정상적으로 유지되기 위해서 지켜야 하는 규범의 일종을 의미한다.

법학전문대학원에서 수학하는 법학은 정치학, 경제학, 사회학 등 사회 현상을 다루는 사회 과학 분야에 속한다는 것이 전통적인 시각이다. 그러나 정치학, 경제학, 사회학 등이 '있는 상태'를 연구하는 것이라면 법학은 '있어야 할 상태'를 연구하는 것이다. '있어야 할 상태'가 위에서 말한 규범이라고 말할 수 있다. '있는 상태'와 '있어야 할 상태'는 관념상 명확히 구별될 것 같지만 실상 힘들다. 가능한 한 법학도는 법학을 공부하면서 이 양자를 구별하도록 노력하여야 한다. 따라서 법학도는 동시대적인 정치·경제·사회·교육·문화·통상·인권 현실 등 '있는 상태'에 대한 심도 있고 끊임없는 관찰을 바탕으로 비판적인 분석과 예리한 통찰력을 가져야 한다. 이를 위해 이것이 사회가 추구하는 정의 내지 형평성과 일치하는지를 살펴서 어떠한 상태가 '있어야 할 상태'인지 판단하여 이를 구현해야 한다. 구현하는 방법은 자신의 위치에 따라 달라질 것이다. 법관은 판결을 통하여, 검사는 국가의 검찰권 행사를 통하여, 변호사는 변론이나 변호를 통하여, 법학자는 연구 등을 통하여 자신의 위치에서 사회를 바라보고 이에 대한 의견을 제시한다. 사회를 바라보는 눈에는 그동안 자신이 살아온 배경이나 환경, 가치관, 인생관, 신앙 등과도 연관성을 가지게 된다.

그런데 먼저 '있어야 할 상태'를 설정해놓고 '있는 상태'를 규율하고자 하는 경우가 있다. 이러한 경우는 대개 도덕·윤리 규범이나 종교 규범의 영역에 속한다. 그중 일부는 법 규범과도 일치하지만 법 규범은 가능하다면 종교적인 색채는 물론이거니와 윤리적인 색채를 탈색하고 싶어한다. 특정 이념이나 사상이 사회를 지배하지 않게 하기 위해서이다. 인류는 이미 역사를 통해 이런 경험을 충분히 하였다. 이러한 역사적 경험에 따른 반성이 우리가 학습하고 있는 법 규범에 많이 반영되어 있다. 따라서 법학도는 통시대적(通時代的)인 시각도 갖출 필요가 있다.

　법학전문대학원에 입학한 법학도 혹은 입학하고자 하는 예비 법학도는 다양한 수학을 통해 동시대적이고 통시대적인 시각, 즉 통찰력을 갖출 수 있도록 생각하고 준비하고 노력하여야 한다. 가능하면 법학의 논리와 어울리지 않는 시각, 생각, 태도 등을 버리고 법학의 관점, 즉 규범학에 기초를 둔 시각에서 사회를 바라보는 능력을 갖추어야 하기 때문이다.

　또한 미시적으로 법을 바라보자면 법은 오로지 인간의 행위에만 관심을 갖는다. 법의 주요 관심 대상은 인간의 행위라는 점이다. 그래서 법을 행위 규범 내지 행위의 준칙이라고 한다. 지진이나 자연재해와 같은 천재지변 등을 법은 '불가항력'이라고 부른다. 이런 현상은 신의 영역에 속하는 것이지 인간의 행위 영역, 즉 법 규범의 영역에는 포함시키지 않는다. 그런 까닭에 "법은 불가능한 것을 강요하지 않는다."라는 말이 가슴에 와 닿는다. 그러면서도 법은 인간 행위와 관련된 모든 것에 관심을 갖는다. 그러므로 법학을 공부하겠다는 것은 인간 삶의 내용과 형태, 과정, 관계뿐만 아니라 이의 외연인 사회, 국가, 국제적인 관계에도 관심을 갖겠다는 것이다. 따라서 법학전문대학원에 입학하여 법학을 공부할 때에는 인간의 행위, 사회, 국가, 국제적 현상에 대해서 관심을 갖고, 관찰과 분석을 하고 고민하는 태도가 필요하다고 본다. 조금 거창하게 이야기하자면 인간 삶에 대한 통찰력을 가지고 공부에 임하면 공부하는 태도도 달라질 것이고 더 진지하게 법학을 바라보게 될 것이다. 이러한 태도를 갖게 될 때 법을 문자 그대로 이해하지 않고 법의 내면 내지 이면에 있는 정신이나 이념 등도 함께 이해할 수 있다.

법학에서 흔히 회자되는 단어인 인권, 환경, 소수자 보호, 정의, 형평, 공정, 존엄사, 안락사, 사형 제도 등은 법학도의 사회에 대한 고민을 담은 용어라고 할 수 있다. 무엇이 정의인지, 어떻게 하는 것이 형평성에 해당하며, 공정한 판결은 무엇인지, 왜 환경이 법률문제로 다루어져서 인간의 삶에 영향을 미쳐야 하는지는 인간의 삶과 행위에 대한 깊은 관찰과 분석, 통찰력이 수반될 때 비교적 정확한 의미를 파악할 수 있다. 시대에 따라 인권과 환경의 개념이나 취지가 달라지기도 하고, 누가 소수자에 해당되는지, 소수자를 왜 보호하여야 하는지에 관한 사회적 합의와 공감도 시대와 공간에 따라 달라진다.

법 그 자체가 우리가 달성하여야 할 하나의 목적이 되는 것은 아니다. 법도 우리가 살고 있는 사회 내지 공동체의 문화의 일부이고, 공동체의 목적을 이루기 위한 도구 내지 수단에 해당된다. 따라서 법학도는 규범적인 측면에서 바라볼 때 어떤 상태가 최적인지를 고민하여야 한다. 아마도 법학의 근본적인 문제이며, 모든 법학자가 해결하고자 옛날부터 고민해왔고, 지금도 각 분야에서 연구하고 고민하고 있으며, 미래에도 다양한 형태로 연구가 진행될 것이다.

법학전문대학원에서 공부한다고 하여 이러한 통찰력이 저절로 길러지는 것은 아니며 또한 무슨 특정 과목을 통하여 배울 수 있는 것도 아니다. 어쩌면 부분적으로, 개별적으로 가르치거나 암시가 될지 모르겠다. 또한 모든 법학자나 실무가들도 부분적으로만 이해하고 있을지 모른다. 하지만 평생 법학도로서 고민하고 또 고민해야 할 문제가 법을 통해 사회를 바라보는 눈이 아닐까 싶다. 법학전문대학원에서 법학을 공부하고자 하는 예비 수험생도 사회를 보는 눈과 힘을 기르는 것이 중요하다.

  기존의 고시를 통한 법조인 선발 시스템에서 교육을 통한 법조인 양성이라는 법학전문대학원 제도의 도입 취지도 사회 각층에서 교육이나 경험을 통해 통찰력을 가진 다양한 유형의 사람들이 법학 교육을 통해 전문가인 법조인이라는 직업을 갖게 하는 것에 있다. 즉, 우리 사회의 분쟁 예방, 분쟁 해결, 이익 조절 등 인간의 삶 또는 사회를 더욱 풍성하고 윤택하게 하자는 것이다. 이런 측면을 경제적 또는 산업적으로 바라보자면 국가 경쟁력, 산업 경쟁력을 법학적 내지 법률 문화적인 측면에서 더욱 강화시키자는 의미도 포함된다.

- Chapter 4 법조인이 되는 과정
- Chapter 5 판사들의 고민과 고뇌
- Chapter 6 검사의 추진력
- Chapter 7 변호사의 매력
- Chapter 8 이런 법조인이라면 좋겠다!

PART 2

법조인의 삶 속으로

Chapter 4
법조인이 되는 과정

1_ 이 늦은 나이에 과연 할 수 있을까?

 법학전문대학원 기간 중 무엇을 해야 할까? 앞으로 진로 선택은 어떻게 해야 하고, 올바른 실무 수습 방법은 무엇일까? 이런 궁금증은 살아오면서 '법'을 공부해보지 않은 사람들이 법조인으로 거듭나기 위하여 풀어야 할 기본적인 과제이다.

 법학전문대학원에서의 3년이란 시간 내에 모든 것을 마스터할 수 있을 것이라는 생각에서 벗어났다면 그 사람은 이미 훌륭한 법조인의 자질을 갖춘 것이나 다름없다. 당신이 만일 3년 동안 의술을 수련해서 세상 모든 사람들의 온갖 병을 다 치료할 수 있다면, 아마 당신은 히포크라테스 이후 의술의 현신이거나 사이비 교주일 것이다.

 마찬가지다. 사람의 몸이 아픈 경로, 형태, 그리고 치료 과정에서 발생하는 다양한 경우의 수가 수만 가지이듯 사람과 사람의 관계, 사람과 국가의 관계 등 사회생활 속에서 맺어진 수많은 관계 속에 숨어 있는 사회적 병리, 치료(재판 등) 과정에서 일어나는 경우의 수 또한 수만 가지이다. 마찬가지로 모든 재판의 과정과 결과를 장담하는 사람은 테미스themis(정의의 여신)의 현신이거나 아니라면 흔히들 말하는 '브로커'에 불과할 뿐이다.

이제 여러분은 '법조인'이라는 타이틀을 달기 일보 직전에 와 있다. 많은 사람들이 여러분에게 법률 상담을 의뢰할 것이다. 일례로 당신의 친척이 당신에게 다음과 같은 질문을 한다고 가정해 보자.

"어이 명변(明辯)군, 잘 지내는가? 하나만 물어보겠네. 내 친구가 전세를 내줬는데, 보증금은 1,000만 원에 월세 50인가? 하여간, 그 세입자가 계약 기간이 끝난 지 벌써 20개월이 다 되어 가는데 나가라고 아무리 얘기를 해도 나가기는커녕 집주인에게 소리만 지르고 나갈 생각을 않는다네. 이거 좀 해결할 방법이 없겠는가?"

"······."(대략 난감하다.)

오랫동안 고민한 후 이렇게 말한다.

"명도 청구하세요."

명도든 인도든 갑자기 쏟아진 질문에 진땀을 흘렸다. 그런데 그 친척분 법원에 한번 다녀오더니 또 집요하게 묻기 시작한다.

"아니 글쎄, 친구가 그러는데 어렵사리 소송을 진행했더니, 그 집에 다른 사람이 살고 있다는 거야. 이거 어떻게 해야 하나? 그리고 자꾸 시간만 지나가서 밀린 월세가 보증금을 까고도 많은데 이건 어떻게 하지?"

가상 친척의 질문이지만 저 정도의 질문이면 간략하게 법적 요지를 잘 추려냈다고 할 수 있다. 위와 같은 질문을 받는다면 '내가 아직 이것밖에 안 되는 건가'라며 자책할 수도 있다.

이제 갓 수료한 사람에게서 만족스러운 대답을 기대하기는 어렵다. 물론 대단한 정답과 진리가 숨어 있는 것도 아니다. 솔직히 고백하건대, 필자는 사법 연수원 1년차를 마치고서도 위 질문에 대하여 속 시원한 대답을 하지 못했다(사법 시험 과목 중에 민사집행법이 없었던 탓도 있다). 지금 모든 것을 대답해줄 수 있느냐고 반문한다면 역시 소송의 결과에 대하여 자신 있는 대답은 할 수 없다. 밀린 임차료를 추가로 청구하면 되겠지만, 피고의 태도나 재판부의 심증에 따라 조정의 가능성도 많을 뿐더러 집행 가능성에 대하여 선뜻 판단이 서지 않기 때문이다. 실제로 다른 사람들이 묻는 질문은 상당히 구체적인 액수, 시간과 관련되어 있으므로 막연한 '명도 청구' 등의 대답은 그들의 막힌 하수구와 같은 답답한 마음을 뚫어주지 못한다.

이제 시작일 뿐이다. 노력했다고 하여 모든 것을 한순간에 다 알 수 있다는 돈오점수(頓悟漸修)* 식의 사고는 수험생의 태도를 망친다. 실무에 종사하는 한 점오점수(漸悟漸修)**식의 사고를 통해 유연한 태도를 길러야 한다.

---

* 불교에서 돈오(頓悟), 즉 문득 깨달음에 이르는 경지에 이르기까지는 반드시 점진적 수행단계가 따른다는 말이다.
** 점점 깊이 깨닫는 것을 말한다.

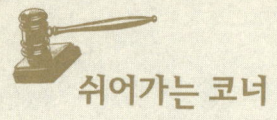
쉬어가는 코너

[로스쿨 자퇴설?]

필자가 최근 어렵사리 입학한 법학전문대학원을 자퇴한다는 기사를 접한 적이 있다. 더 나은 학교에 진학하기 위하여, 불투명한 미래 때문 등 이유는 다양했다.

그래도 업계에 '일반인'들보다는 오래 있었던 사람으로서 조목조목 따져봤다. 제목이 '자퇴'라 적잖이 놀랐으나 기자가 보여준 숫자는 다소 실망스러웠다. 로스쿨 총 정원 2,000명 중 군 입대 40명을 포함한 휴학생 62명, 자퇴생 15명, 등록 포기생 7명 등 84명의 결원이 발생하였다는 것이다. 사법 연수원 정원은 대략 1,000명인데, 보통 학사나 개인적 사유로 한 해 휴학생이 60~100명 정도에 달한다. 사법 연수원에 들어온 남자는 법무관으로 가든, 이미 군 복무를 마쳤든 병역 문제를 어떤 방식으로든 해결하였으므로 일반적인 대학생, 대학원생들과 달리 군 휴학은 없다. 통상 대학·대학원 과정, 선행 학습을 위한 휴학이 많다.

따라서 로스쿨 재학생과 사법 연수생의 휴학 사유는 다를 수밖에 없다. 그럼 올해 나타난 결원 84명 중 군 휴학 40명을 제외한 나머지 44명 정도가 자의에 의한 결원인데, 전체 로스쿨 정원 2,000명의 2.2% 정도에 불과하다. 사법 연수생의 한 해 휴학생 비율은 앞서 본 바에 따르면 6~10% 정도이다. 수치로만 놓고 보면 사법 연수생의 휴학 비율이 더 높다. 이 수치가 통계적으로 의미를 가지려면 일반 대학원생들의 휴학 비율이나 의학전문대학원생들의 휴학 비율과의 비교, 그리고 휴학 등 결원된 법학전문대학원생들의 휴학 등 사유를 조금 더 구체적으로 살펴 유형화할 필요가 있다. 주관적인 느낌으로는 정원의 2.2% 결원율은 개인적인 사정에 따라 어느 곳에서나 나타날 수 있는 현상으로밖에 보이지 않는다.

오히려 올해 법학전문대학원 지원자가 줄어들었다는 점에 주목할 필요가 있다. 이것은 상당 부분 제도가 제대로 정착되지 않았기 때문으로 보인다. 병역 의무를 마치지 않은 남자들 중 어디까지 법무관으로 편입할지, 변호사 시험 과목은 무엇인지, 변호사 시험을 통과하였다면 어떤 절차를 거쳐 판검사로 임용될 것인지, 별도의 실무 수습 교육을 어느 정도 받을 것인지 등 우리는 많은 부분에 대해 모르고 있다. 대한민국 건국 후 법조인 양성의 큰 틀을 바꾸는 작업이 하루아침에 완성될 수 없기에 기존 법조인, 학계, 시민 단체와의 이해관계 조절도 아직 완벽한 것이 아니다. 당장 내일을 걱정하는 지원자들은 이런 것들에 대하여 모두 불안해한다.

필자는 아직 로스쿨 제도의 미비점이 많다는 사실을 알고 있음에도 불구하고 큰 물줄기는 이제 새로운 법조인 양성 제도를 향해 가고 있다는 사실을 직감하고 있다. 일본의 경우 신사법 시험 시스템으로 인한 문제점이 노출되고 있으나 아직까지 대세는 로스쿨 체제이다.

왜 미국과 일본에 비추어 우리나라 미래의 법조인 양성 제도를 결정하여야 하는지 의문을 가지는 사람이 있을 것이다. 우리나라는 다른 분야는 차치하고 적어도 우리 업계는 미국(예전에는 독일), 일본의 제도 현황을 아주 좋은 참고서로 활용해왔다. 그러니 적어도 지금 당장 답은 분명하다. 그래서 아직 제도가 덜 정비되고 혼란스러운 지금이 기회라고 생각한다.

그러나 휴학, 자퇴한 사람들이 지방대 법학전문대학원을 나와서 향후 변호사로서의 한계가 있지 않을지, 서울의 로스쿨 교수진이 더 훌륭하지 않을까 하는 걱정에 대해서는 이해가 된다. 오직 변호사로서의 인생만을 기준으로 놓고 보면 한국 사회에서 지방대를 나오는 것보다는 서울대 나오는 것이 낫다. 지금의 기준에 따르더라도 서울대 법대, 사법 시험, 사법 연수원 수석, 서울중앙 지방법원, 서울중앙 지방검찰청, 김앤장과 같은 대형 로펌 입사의 커리어는 당신에게 최소한 보장된 수준의 인생을 제공할 것이다. 사법 연수원을 나온 법조인들 사이에서도 그들은 선망의 대상이다. 그러나 필자가 여러 사람을 만나 술잔을 기울이며 이야기하고 느낀 결과 그곳에 있는 모든 사람들이 행복한 것 같지는 않다.

 세상만사에 절대 선과 절대 악은 거의 없다. 우리가 어릴 때부터 '우등생'을 절대 선으로 받아들인 탓이 크지만, 앞으로 꾸려나갈 삶이 럭비공처럼 어느 곳으로 튈지 모르는 다양한 변수가 상존하고 있다는 점을 명심해야 한다. 법조인으로서 자신의 삶을 꾸려나갈 이정표, 즉 미래상과 자신의 인생관을 잘 세워야 한다. 책, 이야기, 무엇을 통해서든 자신의 미래를 꼼꼼히 체크하라. 그래도 종종 인생은 어긋난다. 우리가 법조인을 하든, 다른 일을 하든 어떤 가치를 두고 달려갈 것인지에 대한 고민은 매우 중요하다.

2_ 변호사 시험 문제는 어떨까?

변호사 시험에 출제될 만한 문제 유형을 살펴보기 이전에 2009년 시행된 제51회 사법 시험 형법 제1문을 한번 살펴보자. 1문항에 50점이니 이론상으로만 놓고 보자면 1시간, 통상 두 번째, 세 번째 설문이 짧으므로 1시간 20분 내로는 반드시 풀어야 할 문제이다.

여러분들도 시간과 범위에 구애받지 말고 설문을 찬찬히 읽어보고 무슨 죄가 떠오르는지 한번 생각해보자.

[설문]

A가 경영하는 공장에서 비인간적인 대우를 받으며 일하다가 며칠 전 해고를 당한 갑은 자신보다 먼저 해고를 당한 을과 술을 마셨다. 갑이 신세 한탄을 하면서 을에게 "이렇게 당하고만 살 거냐? 공장에 불이라도 질러버리자."라고 말하였고, 을은 갑에게 "불을 지르면 동료들에게도 피해가 생기니까 사장 A를 몰래 죽여버리자."라고 제안하였다. 을이 갑에게 시간이 늦었으니 집에 가자고 하였으나 갑은 이를 거절하고 을이 집으로 돌아간 후에도 계속해서 혼자 술을 마셨다. 만취한 갑은 집으로 가는 길에 공장 앞을 지나다가 공장 안에 불이 켜져 있는 것을 보고는 을에게 전화를 걸어 "A가 아직 퇴근을 하지 않고 공장 안에 있는 것 같으니 공장으로 와서 함께 보복을 하자."라고 제안하였고, 을은 A를 몰래 죽이자는 말로 이해하고 공장으로 향했다.

을이 약속 시간에 나타나지 않자 갑은 A가 퇴근할 것을 우려하여 혼자서 공장 주변에 휘발유를 뿌리고 불을 질러 공장은 삽시간에 불길에 휩싸였고, 이 광경을 지켜보고 있던 갑은 불길 때문에 공장 안에서 바깥으로 나오지 못하고 우왕좌왕하고 있는 사람이 A가 아니라 평소 갑 자신과 원한 관계에 있던 공장장 B라는 사실을 알게 되었다.

갑이 뒤늦게 도착한 을에게 다가가 약속 시간에 오지 않아 먼저 일을 시작했다고 말하자, 을은 이렇게 된 바에야 어쩔 수 없으니 뒤탈이 없도록 일을 마무리하자고 말했다. 이에 갑은 을을 이 범행에 끌어들이기 위하여 을에게 A가 공장 안에 있다고 거짓말을 하면서, "불은 내가 질렀으니 너는 우리를 그토록 괴롭히던 A가 공장 밖으로 나오지 못하게 출입문을 막아라."라고 하였다. 사장 A가 몇 달 동안 임금을 주지 않는 바람에 수술비가 없어 어머니를 잃었던 을은 갑의 말에 따라 출입문을 막아 B는 결국 공장 밖으로 나오지 못하고 질식사하였다.

1. 갑의 죄책을 논하시오. (단, 만취 상태 부분은 논외로 함)
2. 만취 상태가 갑의 죄책에 미치는 영향과 관련하여 갑에게 유리한 주장과 불리한 주장을 각각 전개하시오.
3. 만약 위 사안에서 갑이 공장 안에 있는 A를 살해할 의도로 공장 주변에 휘발유를 뿌리고 라이터로 불을 붙이려는 순간, 공장 안에 있는 A가 이를 보고 밖으로 뛰어나와 막는 바람에 공장에는 불이 붙지 않았으나, 갑과 A가 실랑이를 벌이는 과정에서 A가 자신의 옷에 뿌려진 휘발유로 인해 화상을 입고 사망한 경우라면 갑의 죄책은 어떠한가?
4. 갑의 죄책과 관련하여 을에 대하여 승계적 공동 정범을 인정할 수 있는지에 대해 논하시오.

문제를 읽고 쟁점을 파악하는 것은 20분 내외가 적당하다. 이 글을 읽는 여러분들이 20분 내외로 각 설문에 해당하는 논점을 파악하기는 어려울 것이다. 20분 내외로 논점을 파악했다면 이 책을 읽고 필자가 제시하는 정답을 찾을 것이 아니라 고시 잡지 등에 실린 교수님들의 강평을 읽어보아야 할 것이다.

경제 불황인 가운데 체불 임금을 두고 공장주와 노동자가 펼치는 갈등의 드라마를 생각해보자. 사실 일상생활 속에서 일어나는 수많은 일들을 민사상 법률 행위나 형법상 행위로 포섭시킬 수 있다. 법학전문대학원에 들어가려는 사람은 시시콜콜한 행위 하나에 대한 의문점을 그것이 법적인 의문이든 상식적인 의문이든 상관없이 가져야 한다. 그리고 법학전문대학원을 수료하려는 사람은 이러한 행위에 지금까지 배운 법적인 '제목'을 붙이려는 노력을 보이면 충분하다.

이제 책을 덮고 지식 검색창에 물어보든, 국회 도서관을 뒤지든 과연 무슨 죄가 성립할지 곰곰이 생각해보자. 본인이 문제를 해결하려는 의지 없이 고시 잡지 등에 나와 있는 모범 답안을 보는 것은 아무런 의미가 없다.

갑과 을이 사람이 있는 건물에 불을 질렀다. 왠지 해서는 안 되는 일을 한 것 같다. 형법 조문을 펼쳐놓고 한번 찾아보자. 물론 한자어로 되어 있는 조문에 호감이 가지는 않을 것이다. 그러나 법조인이 되기로 마음을 먹은 이상 꾹 참고 법조문에 나와 있는 목차, 조문들을 한번 훑어보자. 형법 제13장은 방화와 실화의 죄를 규정하고 있다. 불을 질렀다니 '방화'가 아니겠는가. 한편 형법 제24장은 살인의 죄를 규정하고 있다. 결국 A를 죽이려고 했든, B를 죽이려고 했든 사람이 죽고 말았으니 '살인'을 한 것 같다. 독자 여러분들은 공부를 하면 할수록 이와 같은 조문 검색의 시간이 줄어들고 정확도가 늘어나는 것을 느끼게 될 것이다. 정확한 조문은 형법 제164조 제2항에 숨어 있다.

불을 지르고 사람을 죽였지만 갑과 을이 이해가는 구석도 있다. 물론 이해된다고 하여 불을 지르고 사람을 죽이는 행위가 정당화될 수는 없지만 을은 임금을 제때 받지 못하여 어머니가 돌아가시게 되었고, 갑은 공장에서 비인간적인 대우를 받다가 해고당하지 아니하였는가. 그럼 그들은 무죄인가? 아니면 무죄까지는 아니더라도 유죄를 선고하되 그들의 잘못을 한 80% 정도로만 인정해볼까? 그냥 노동자 갑, 을을 비호해줄까?

사법 시험에서는 이와 같은 사고를 절대 용납하지 않는다. 시험에 한정해서 엄격히 말하자면 길어야 1시간 20분 내에 마무리지어야 하는 문제에서 위와 같은 사유가 갑과 을의 행위를 정당화하는지 논증하는 것은 헛수고일 뿐이다. 그러나 실무에서는 비슷한 사고가 통용된다. 필자가 직접 고용상 처우 불만, 체불 임금 등으로 인하여 사람을 불 질러 죽인 사례를 경험하지는 못하였지만, 실무에서는 행위자의 행위 동기가 양형을 산정하는 데 있어 매우 중요한 요소로 작용한다. 사람을 죽이면 살인죄로 처벌받지만, 원한 관계로 인하여 계획적으로 사람을 죽인 것과, 의붓아버지로부터 계속적인 강간 내지 학대를 이기지 못하여 사람을 죽인 것을 같은 잣대로 판단할 수는 없는 노릇이다. 물론 실무에서 피고인의 행위 잘못을 80%로 한정한다는 식의 판결은 없다. 실제 판결에서는 통계나 이론상 명백하게 말하긴 어렵더라도 주심 판사의 인생관·세계관, 피해자의 유책성 및 피고인의 범행 동기가 피고인의 양형을 결정짓는 요소로 작용하고 있음을 부인하기는 어렵다.

한편 갑과 을은 이미 범행 이전에 술에 꽤 취한 것 같다. 주사가 심한 모양이다. 필자 주위에도 주사가 심하거나 술을 마시면 꼭 필름이 끊기는 사람들이 있다. 신기하게도 그 다음날 물어보면 자신이 한 일을 기억하지 못한다는 것이다. 이 사건의 갑과 을도 그런 사람들일지 모르겠다.

이제 형법 제10조를 살펴보자. '심신 장애'라는 말을 제법 들어본 적이 있을 것이다. 정말 술을 많이 마시고 필름이 끊겨 다음날이 되면 내가 무슨 일을 하였는지 기억하지 못한다면 '심신 장애' 아닌가? 그런데 이 심신 장애에 해당하여 '사물을 변별할 능력이 없거나 의사를 결정할 능력이 없다면 벌하지 않는다.' '벌' 하지 않는다는 의미가 무엇인지 자세히는 모르겠지만, 생각에 생각이 꼬리를 물면서 무엇인가 이상하다는 생각이 지워지지 않는다. 갑과 을이 힘없는 노동자 같기도 한데, 술까지 마시고 얼마나 어려웠으면 그랬을까. 무죄로 할까? 일단 사법 시험의 모범 답안을 기준으로 말하자면 설문에서 '술을 마셨다는' 기재만으로 심신 장애를 인정하면 안 된다. 이는 실무의 태도도 마찬가지다. 굳이 법리를 들이대지 않더라도 이걸 인정해주면 우리나라는 바야흐로 '알코올 공화국'이 되어버릴 것이다.

그러나 다방면으로 생각해보는 것은 꼭 필요하다. 여러분들이 가져봄직한 궁금증들은 '법'이 생활과 상식을 뛰어넘어 존재할 수 없기에 다른 법학자, 실무가들도 한 번쯤은 가져봤을 법한 궁금증이다. 그러니 그 호기심과 궁금증을 스스로 무시하지 말고 꼭 소중히 여기길 바란다. '술만 마시면 필름이 끊기고 폭력 성향이 있음을 잘 알고 있는 사람'이

술을 마시고 범행을 저지른 것과 '그런 사정을 전혀 몰랐던 사람'이 우연찮게 과한 술을 마셔 범행을 저지른 것이 법적으로 똑같이 평가할 수 있는지도 생각해보기 바란다. 형법은 어떻게 이야기하는지 살펴보기 바란다.

그런데 불을 질러 A를 죽였나 싶어 '희희낙락' 하고 있었는데, 난데없이 연기 속에 나타난 사람은 B였다. 이제 좀 문제가 복잡해졌다. 여러분이 지금 판사라 가정해보자. 피고인이 법정 앞에서 "난 A를 죽이려고 했지, B를 죽일 생각이 없을 뿐만 아니라 아무 감정이 없었다. 굳이 인정하자면 사람을 잘못 알아본 나의 실수이다." 이렇게 항변한다면 어떻게 할 것인가. 어렵다고 좌절하지 말자. 어려우니 매번 사법 시험에 나오지 않을까. 여담이지만 사법 시험에 나오는 형법상 행위자들은 저런 '착오'에 빠지지 않은 사람이 거의 없다. 실무에서는 다들 머리가 좋은 덕에 저런 착오의 유형을 찾아보기 어렵지만 사법 시험의 단골손님들은 항상 무언가 착각에 빠져 있다.

여러분은 경우의 수를 생각해볼 수 있다. 굳이 힌트를 준다면 A에 대한 죄책과 B에 대한 죄책을 나누어 한번 생각해보자. A를 죽이려고 한 것이나, B를 죽이려고 한 것이나 사람을 죽인 것은 마찬가지이므로 B에 대해서도 사람을 죽인 '살인죄'가 성립한다고 생각해보자. 피고인 입장에서는 좀 억울할 것 같기도 하다. '사람을 죽인 것이 매한가지라면' A를 죽이려고 하다가 B를 죽였는데 B가 사람이 아닌 동물인 경우 어떻게 할 것인가. 그럼 그때에는 피고인은 봐줄 것인가.

한편 이런 생각도 가능하다. A를 죽이려고 하였을 뿐이니 결과가 그렇게 되지 않은 이상 B에 대해서는 살인죄를 물을 수 없다고 생각해보는 것이다. 사실 B가 재수 없었을 뿐 아닌가. 그러나 역시 무엇인가 이상하다.

여기에 대해서 형법 학자들은 많은 이론을 제시하고 있다. 여러분들은 위와 같은 의문을 갖고 어느 하나의 방향으로 견해를 정리하면 된다.

마지막으로 '승계적 공동 정범'이 무엇일까? 조금 어려운 이야기라 흥미가 떨어질지 모르지만, 일단 어려울수록 돌아가라고 형법 조문을 찾아보자. '승계적 공동 정범'이라는 말은 없지만, '공동 정범'이라는 말은 있다. 형법 제30조를 보면 '2인 이상이 공동하여 죄를 범한 때에는 각자를 그 죄의 정범으로 처벌한다.'는 규정이 있다. '승계(承繼)'라는 말은 쉽게 말해 이어 내려온다는 의미의 '계승'과 유사한 말이다.

위의 사례에서 을은 처음부터 갑과 같이 범행을 분담하지는 않았다. 을은 공장이 불이 탄 다음에야 현장에 도착했다. 을이 도착한 다음, 갑과 같이 한 행위는 형법 제30조의 공동 정범에 해당하여 처벌받는 것은 당연할 것 같다. 그러나 을에게 도착하기 이전에 갑이 저지른 일까지 다 책임지도록 해야 할까? 형법 조문은 이에 대하여 침묵하고 있다. 이에 대하여 학설과 판례는 다양하게 논의되고 있다. 여러분은 어떻게 생각하는가.

지금까지의 간단한 문제 제기와 해설을 읽고 공감하며 책을 찾아보고자 하는 의욕이 불끈 달아올랐다면 그것으로 충분하다고 생각한다. 굳이 이곳에서 정답을 찾아 논설할 필요는 없지 않은가.

이렇게 무엇인가 이상해하고 더 따져보려는 그 느낌, 그 찌릿찌릿한 느낌을 결코 잊지 말기 바란다. 대부분 그런 느낌은 어처구니없는 혼자만의 상상으로 끝날 때가 많지만 그런 엉뚱한 상상이 당신을 매 순간 업그레이드시키고 있다는 사실 또한 명심해야 한다.

3_ 이런 문제 유형도 살펴라

앞으로 치르게 될 시험의 유형이 앞의 경우와 같다고 단정할 수는 없다. 오히려 실무가를 직접 양성해낸다는 제도의 취지상 새로운 유형의 문제가 나타날 것이라 보는 것이 더 적절할 것이다.

그러나 필자는 그런 새로운 문제는 사법 시험 문제 유형을 뛰어넘은 별천지의 문제가 아니라 주어진 사례를 법적으로 판단하고 해결하는 사법 시험의 출제 유형을 바탕으로 할 것이라 생각한다. 전에도 그래왔듯이 앞으로 시행될 제도에 대하여 선진 각국이 취하고 있는 태도를 살펴보면 선견지명과 타산지석의 지혜를 얻을 수 있다.

2009년 시행된 일본 신사법 시험 형법 문제를 살펴보면 대강 이러하다.

첫째, 지문이 비교적 길다. 지문이 한 페이지가 넘어가면 그 속에 있는 무수한 자구들 속에 무엇이 쟁점인지 선뜻 파악해내기 어려울 때가 있다. 지엽적인 문구에 얽매여 귀중한 시간을 할애하는 것도 그러한 경우 중 하나다. 무엇이 중요한 쟁점이고, 무엇이 그렇지 않은지 빨리 판단해내는 일이 결코 쉬운 일은 아니다.

둘째, 쟁점이 많다. 지문이 긴 만큼 요구하고 있는 쟁점이 많다. 사례형 문제에 다양한 쟁점을 포함하고 있어 개별적인 주제만을 기가 막히게 암기하고 있다고 해서 요행수로 시험을 잘 보기 어려워 보인다. 쟁점이 많은 경우 시간 안배와 관련하여 수험생들이 애를 먹는 경우가 많은데 우리나라의 현행 사법 시험의 경우 논점 일탈과 시간 안배 실패로 인한 과락을 막기 위하여 큰 문제 아래 세부 문제와 쟁점을 던져주고 이에 대하여 논술을 요구하는 방식의 문제가 많다.

셋째, 일본의 신사법 시험 문제는 좀더 실제에 가깝다고 보면 된다. 아직까지 우리나라의 경우 일반 형법이 아닌 특별법이 적용되는 문제는 잘 출제되지 않는 경향이 있다. 최근 소식에 의하면 우리나라에서 앞으로 시행될 변호사 시험에는 특별법 위반의 점도 검토하여야 할 문제가 출제될 예정이다. 실제 일어나는 사건들은 대부분 그보다 경미하고 간단한 사건이다. 신사법 시험 문제는 몇 개의 사건들을 연결해두었다고 보면 될 것이다.

넷째, 물론 시험 출제 기술상 사실 인정의 문제를 포함시키지는 않았다. 그러나 복잡다기한 문제를 빠른 시간 내에 법적 요지를 추려내어 답안지에 현출시키도록 요구하는 출제자의 의도는 우리나라의 현행 사법 시험과 크게 다르지 않다고 본다.

결국 일본 신사법 시험 역시 시험 시간 내에 다양한 쟁점에 대한 수많은 이론 설시보다는 자신이 주장하는 이론에 따라 구체적 결론이 어떻게 달라지는지 서술하는 것이 중요해 보인다. 실제로 필자도 오랜 사법 시험 수험 생활 동안 여러 이론들을 보고 암기해왔으나, 정작 시험 시간에 답안지에 현출한 이론의 내용은 극히 제한적이었음을 밝혀 둔다. 이 글을 처음 읽은 독자 여러분들이 위와 같은 문제 의식을 가지지 못하였다고 절망할 필요는 절대로 없다. 무엇인가 이상하다는 생각과 함께 관련 책을 찾아볼 자세만 있으면 충분하다. 인내심을 갖고 최근 출제된 일본의 신사법 시험 문제를 한번 살펴보자. 답을 찾으려고 부단히 노력할 필요는 없다. 뒤이어 서술하겠지만, 앞으로 시행될 우리의 변호사 시험은 적어도 형식상 일본의 시험 유형과는 다를 것으로 보인다. '이런 문제가 나오는구나.' 라는 느낌만 갖고 문제를 읽어보길 권한다.

[설문]

이하 사례에 근거해 갑 및 을의 죄책에 대해 구체적인 사실을 지적하며 논하시오. (특별법을 위반한 점은 제외하시오.)

1. 갑은 고리의 대출 업무를 영위하는 A신용 회사에 고용되어, 대출 업무에 종사하고 있었다. 갑은 A신용의 개업 시부터 종업원이며, A의 신뢰가 두터웠기 때문에 대출 업무의 영업에 대해서 신규 대출의 성사 여부, 대출 금액, 대출 조건 등을 판단해, 그 판단에 따라서 고객과의 사이에 금전 소비 대차 계약을 체결, 대출을 실행하는 사무를 실시하고 있었다. 그 외에도 대금 업무의 자금 관리에 대해 현금 출납, 거래처에 대한 지불이나 A신용 명의의 은행 예금 계좌(이하 'A의 계좌'라고 한다) 예금의 출납, 장부 등 경리 관계의 서류 작성·보관 등의 사무를 실시하고 있었다. A신용에서는 A계좌의 통장(이하 'A의 통장'이라고 한다) 및 그 신고표,

동 계좌의 현금 카드(이하 'A의 카드'라고 한다)를 사무소 내의 금고에 보관하여, 금고의 열쇠는 갑이 소지하고 있었다.

갑은 A계좌 예금의 출납을 하는 경우에는 스스로 금고의 열쇠를 열어서 A의 카드 및 통장을 꺼내 이것을 갑의 부하인 경리 담당 사무원에게 전한 후, 금액이나 출금처 등을 지시, 예금의 출납에 관한 사무를 실시하게 하고 있었다. 또한 A신용에서는 거래처에 대한 경비의 지불은 A의 계좌로부터 거래처의 은행 계좌에 직접 불입하기로 했지만, 고객에 대한 대출은 그 요청에 따라 은행 계좌로 입금 외 현금을 직접 고객에게 전해 실시하기도 했다. 또 갑은 스스로 금전 소비 대차 계약서, 청구서, 영수증 등을 확인해 장부를 기재, 자기 책상 서랍에 넣어 보관하고 있었다.

한편, A는 거의 매일 사무실 회의 등에 참석하지만, 갑이 작성·보관하는 장부 및 A의 통장을 살펴보아 수입·지출의 상황을 확인하는 것만 하고 있어, 장부와 금전 소비 대차 계약서, 청구서, 영수증 등을 확인할 일이 없었다.

을은 갑의 부하로서 영업을 담당하는 사무원이며, 고객과의 계약 교섭, 대출금의 회수 등을 행하라고 했지만, 경리사무는 담당하고 있지 않고, A의 카드의 비밀번호를 몰랐다.

2. 갑은 애인과의 유흥 때문에 낭비가 계속되어 점차 금전에 궁한 참에 A가 장부 및 통장을 대충 훑어보는 것으로 판단하고 통장 기재에 맞는 가공의 출금 사유를 장부에 기재해두면, A의 카드를 사용하고 금전을 손에 넣어도 A에게 발각될 것은 없다고 생각했다.

갑은 유흥비로 200만 엔을 A의 계좌로부터 갑 자신이 대표자가 되어 스스로 통장 신고표 및 현금 카드를 보관하고 있는 B회사 명의 은행 계좌(이하 'B사의 계좌'라고 한다)에 임의로 입금하는 한편, 장부에 광고 선전비로 해서 B사에 200만 엔의 지불을 기재하는 것으로 했다. 단, 경리 담당 사무원은 A신용의 거래처에 B사가 없는 것을 알고 있었기 때문에 그에게 B사의 계좌로 입금을 하면 의심을 받을 우려가 있었다. 따라서 갑은 영업 담당 사무원인 을이라면 경비 지불처에 대하여 자세한 것은 모를 것이라 생각하고 의심받을 여지는 없다고 여겨 경리 담당 사무원이 없을 때를 노려 을에게 입금을 실시하게 하였다.

3. 어느 날 경리 담당 사무원이 휴가를 얻어 자리를 비우자 갑은 위 계획을 실행하기로 하고 스스로 금고를 열어 A의 카드 및 A의 통장을 꺼내 사무실에 있던 을에게 "오늘은 경리 담당이 없기 때문에 대신 은행에 가줘. B사로부터 지불 청구가 와 있기 때문에 B사의 계좌에 200만 엔을 넣고, 잊지 않고 장부에도 기입해."라고 지시하며 A의 카드 및 A의 통장을 건네 A카드의 비밀번호, B사의 계좌 번호 등을 함께 전했다.

4. 한편, 이 지시를 받은 을은 일찍이 갑의 책상 안에 B회사 명의 통장이 있는 것을 본 적이 있었다. 그리고 다른 영업 담당 사무원으로부터 B사는 갑이 대표자로 되어 있는 실체가 없는 회사이므로 A신용과 거래 관계가 발생할 수 없다고 들었던 적이 있었으므로, 갑이 B사 계좌에 입금하여 부정하게 200만 엔을 손에 넣으려 한다는 사실을 알았다.

그러나 을은 자신의 상사이므로 우선 그 지시에 따라 갑으로부터 받은 A의 카드 및 통장을 가지고 은행으로 향했다. 그런데 자기 빚을 갚기 위한 자금이 궁했던 을은 은행에 가는 도중에 경리사무 책임자인 갑이 200만 엔을 부정하게 손에 넣으려 하고 있으니, 그 범위 내에서라면 경리 관계의 서류를 속일 수 있을 것이라고 생각해 자신도 금전을 손에 넣었다. 을은 금방이라도 120만 엔의 빚을 갚기 위한 자금이 필요했기 때문에 A의 계좌로부터 120만 엔을 빼내어 자기의 빚을 갚기 위한 자금으로 충당하고, 갑으로부터 지시받은 금액과의 차액 80만 엔은 갑의 지시대로 A의 계좌로부터 B사 계좌에 입금했다.

5. 은행에 도착한 을은 A의 카드를 자동 현금 인출기(이하 'ATM'이라고 한다)에 삽입해 우선 80만 엔을 A의 계좌로부터 B사 계좌에 입금한 후, 곧바로 같은 ATM에 A의 카드를 다시 삽입해 A의 계좌로부터 현금 합계 120만 엔을 인출해 자기 주머니에 넣었다.

   그리고 을은 A의 통장에 B사에 대한 80만 엔의 입금과 120만 엔의 현금 출금의 거래를 기장한 후, 즉시 같은 은행의 창구에 가서 자기 빚을 갚기 위해 현금 120만 엔을 채권자의 은행 계좌에 입금하는 절차를 실시했다. 그 후 을은 은행에서 A신용의 사무실로 돌아와 A의 카드 및 통장을 갑에게 건네주었다.

6. 을로부터 A의 통장 등을 받은 갑은 A의 통장 기장 내용을 보고, B사에 80만 엔밖에 불입되지 않은 것을 확인하고 120만 엔의 현금 출금에 대해 을에게 따져 물었다. 을은 갑에게 "120만 엔은 제 빚을 갚는 데 사용했습니다. 당신도 같은 일을 하고 있지 않습니까? 나의 몫도 어떻게든 해주세요."라고 했다. 갑은 을이 자신의 부정을 알고 있다고는 생각하지 못했고, 또 을이 그러한 부정을 행하리라고는 예상도 하지 못했다.

   갑은 을이 지시에 따르지 않고 120만 엔을 빼서 써버린 것에 화가 났지만, 이것이 A에게 발견되면 자신의 부정도 발각되어 폭력 조직과 관계가 있는 난폭한 A의 눈 밖에 날지 몰라 그러한 사태는 어떻게 해서든지 피하지 않으면 안 된다고 생각했다. 갑은 을에게 "알았다. 네가 빼낸 120만 엔은 이번은 어떻게든 해주지만, 더 이상 두 번 다시 이런 일은 하지 마라."라고 했다.

7. 갑은 A신용에서 위에서 발생한 거래처에 대한 경비의 지불에 대해서 A의

계좌로부터 B사의 계좌에 불입된 80만 엔에 대해서는 당초의 계획대로 장부에 가공의 광고 선전비를 계상해두면 A에게 발각되지 않고 끝나겠지만, 120만 엔에 대해서는 현금 출금이기 때문에 가공 경비의 계상을 가장해 속이는 것은 어렵다고 생각했다.

8. 며칠 후 갑은 을에게 "네가 쓴 120만 엔은 출금일의 10일 안에 갚는 것을 조건으로 하여 병에 대출했던 것으로 되어 있다. 네가 병이 살고 있는 C맨션에서 병으로부터 수금해 돌아가는 도중에 지하 주차장에서 강도에게 습격당해 수금한 돈을 빼앗겼던 것으로 하고 싶다. 그러니 너는 자동차의 트렁크에 들어가 줘. 내가 테이프로 너의 손발을 묶고, 입을 막을게. 그러면 강도에게 습격당한 것처럼 보인다. 30분 정도 후 내가 경찰에 신고할 거니까 괜찮을 것이다. 경찰에게는 권총을 가진 강도에게 습격당했다고 말해줘."라고 말했다. 을은 자기 빚을 갚는 데 충당한 금전의 뒤처리이긴 하나 A가 난폭한 인간인 것을 생각하면, 갑이 말하는 대로 하는 것이 가장 좋다고 생각해 이를 승낙했다.

아울러 갑은 경찰의 병에 대한 수사에 대비하여 병에 대해 위와 같은 사정을 일절 말하지 않고, "A신용으로부터 120만 엔을 빌려 10일 후에 갚은 것으로 해줘. 폐는 끼치지 않을게."라고 부탁했다.

9. 120만 엔을 갚기로 한 날, 갑과 을은 C맨션의 지하 주차장에서 합류했다. 을은 평소 수금 시 사용하고 있는 영업용 자동차를 타고 와서 지하 주차장에 주차하고 있었다. 갑은 그 자동차의 트렁크 안에 누워 있는 을의 양쪽 손목과 발목을 테이프로 묶고, 입을 테이프로 꽉 막아, 을이 코로 호흡할 수 있게 한 후, 트렁크 문을 닫고 그 자리를 떠났다.

10. 그리고 약 30분 후, 갑은 익명으로 경찰에 전화를 걸어 "C맨션의 지하 주차장에 주차 중인 차의 트렁크 안에서 덜거덕덜거덕 의심스러운 소리

> 가 나니 조사하면 좋겠다."라고 신고했다.
>
> 을은 이 통보를 받고 얼마 뒤 주차장으로 달려간 경찰관에 의해 발견되었다. 을은 경찰관에게 "권총을 가진 강도에 습격당해 병으로부터 수금한 현금 120만 엔과 그 이자를 빼앗기고 자동차의 트렁크에 갇혔다."라고 설명했다.

여기에서 일본 신사법 시험 문제 해답을 도출하는 것은 여러분들에게 큰 의미가 있어 보이지는 않는다. 문제를 완벽하게 풀어내리면 상당한 수준의 법학 지식에 도달해야 할 뿐만 아니라 비록 아직 그 능력이 갖추어지지 않았다고 하더라도 시간이 갖추어지면 다 도달할 수 있는 능력이기 때문에 미리 능력의 부재를 탓해가며 좌절할 필요는 없다.

이제 위 문제를 차분히 꼼꼼히 읽어보고(아무리 지문이 길다고 하더라도 시험 문제를 속독 속해하면 안 된다), 각 번호마다 그 주제가 무엇인지 살펴보자. 단순히 문장의 주제가 아닌 법적으로 무엇이 문제가 될지 곰곰이 생각해보자.

1. 갑이 A회사의 직원으로서 평소 예·출금을 어떻게 하는지, 통장과 열쇠의 보관은 어떻게 하는지 기술되어 있다. 을이 비록 갑의 부하 직원이지만, A의 카드 비밀번호를 모르고 있다. 결국 갑이 장부, 금전 소비 대차 계약서, 청구서, 영수증 등을 독자적으로 관리하고 있다고 봐야 한다. 갑이 A와 신뢰가 두터웠기 때문에 이렇게 한 것이며 이 자체로 법적인 문제점을 발견하기는 어려워 보인다.

2. 갑이 유흥비 탕진으로 돈이 필요하게 되자 A의 카드를 사용하고,

허위 출금 사유 기재를 생각하고, 이를 을을 통해 실행에 옮겼다. 생각만 하는 것을 가지고 법적으로 문제 삼을 수 있을까? 예를 들어 누구를 죽이겠다는 생각을 하면 살인죄는 아니더라도 미수 혹은 그에도 못 미치는 예비의 규정에 따라 처벌할 수 있을까? 정답은 'No'이지만 예비의 뜻을 다시 한 번 생각해볼 필요는 있다. 궁금하면 형법 제28조를 읽어보고, 그래도 이해가 안 되면 책을 찾아보길 바란다.

갑이 A의 계좌에서 자신이 대표 이사로 되어 있는 B회사 명의로 돈을 이체하였다. 남의 돈을 허락 없이 내 계좌로 옮겼다면 분명 법적으로 문제가 될 것이다. 다만, 나 자신이 직접 하지 않고 을을 통하여 일을 하였다면 어떻게 봐야 할까? 1에서 살펴본 바에 따르면 을은 갑의 경리 업무에 대해서는 거의 모르는 것 같다. 직접 실행한 사람이 나쁘니 갑은 공범*이라고 보아야 할까, 아니면 물정도 모르는 을을 시켜 이런 일을 했으니 갑을 정범**으로 보아야 할까? 이 사건과 관련하여 갑의 공범 문제는 법적으로 매우 어려운 문제이므로 여기까지 기술하고, 다만 문제 제기를 위와 같이 해본다.

---

* 2인 이상의 의사 연락으로 범죄를 실현시키는 일을 의미한다. 공동 정범(형법 제30조), 교사범(형법 제31조), 종범(형법 제32조)으로 나눌 수 있으며, 좁은 의미로는 범죄의 실행 행위를 직접 하지 않는 교사범, 종범만을 의미하기도 한다.

** 범죄의 실행 행위를 한 것을 의미하며, 범죄의 실행 행위를 교사하거나 방조한 공범과 대립된다. 정범은 단독으로 범행을 한 단독 정범과 여럿이 공동으로 범행을 한 공동 정범, 직접 스스로 범행을 한 직접 정범과 처벌되지 않는 타인을 일방적으로 이용하여 범행을 한 간접 정범으로 나누어진다. 그러나 어느 정범이든 그 책임에 차이가 있는 것은 아니다.

3. 갑은 생각해둔 대로 을에게 A의 카드 및 통장을 금고에서 꺼내주었다. 갑이 진정 원하는 것은 A의 돈이지 A의 카드 및 통장 그 자체가 아니므로 카드, 통장에 대한 범죄 성립 여부는 중요한 논점이 아닐 것 같다. 카드, 통장에 대한 범죄가 성립하지 않는 것 같은데, 그 이유가 무엇일까.
4. 그런데 을은 바보가 아니었다. 갑으로부터 부탁받은 바와 달리 120만 엔은 자신의 빚을 갚기 위하여 자기가 가져가고, 나머지 80만 엔만 B회사에 입금하였다.
5. 을은 갑으로부터 부탁받은 200만 엔 중 80만 엔은 계좌 이체를 통하여 B회사로 입금하였고, 나머지 120만 엔은 현금으로 인출하여 가져갔다. 을은 우선 자신의 빚을 갚기 위해서 가져간 120만 엔 부분에 대하여 책임을 져야 할 것인데, 어떻게 책임을 져야 할까? ATM 기계를 잘못 조작하여 돈을 가져간 것으로 볼까, 단순히 ATM 기계를 관리하는 은행이 갖고 있는 돈을 가져간 것으로 볼까? 왜 하나의 사실에 대하여 다른 재구성이 필요할까? 형법 제347조의 2(컴퓨터 등 사용 사기)와 형법 제329조(절도)를 읽어보면 위 사실을 어디에 끼워넣어도 그럴 듯한 대답이 나오기 때문일 것이다. 을이 80만 엔 부분에 대해서는 어떤 책임을 져야 할까? 을은 갑이 A의 돈을 속칭 '떼먹는다'는 사실을 알면서도 계좌 이체를 실행하였다. 일반적으로 절도라면 남의 물건을 빼앗아 손에 쥐어야 하는데, 온라인상으로만 돈이 왔다갔다한 것을 절도라고 보기에 어색한 것 같기도 하다.

한편, 갑은 을에게 분명 200만 엔을 B회사로 이체할 것을 지시하였음에도 불구하고 80만 엔만 B회사로 이체되어 결국 갑은 120만 엔의 이익은 얻지 못하게 되었다. 갑이 80만 엔을 떼먹은 것은 분명하니 그에 대해서 책임을 져야 함은 당연할 것 같지만, 시키기는 했어도 떼먹지 못한 120만 엔에 대해서도 갑이 책임을 져야 할까? 을이 주도면밀하게 떼먹은 120만 엔을?

6. 이제 갑과 을의 관계가 분명히 드러난다. 갑은 을이 갑의 범행 계획을 전혀 모르고 있었을 것이라 생각하지만, 을은 치밀하게도 갑의 계획을 사전에 감지하고 있었고, 이제 갑 앞에서 당당히 자신의 몫을 요구한다. 당황한 갑은 어쩔 수 없이 을의 행위를 용서하고 불문에 붙일 것을 요구한다. 이로 보아 갑이 물정을 모르는 을에게 범행을 지시한 것 같지는 않다. 그럼 갑이 을에게 일방적으로 범행을 지시한 것인가, 아니면 갑과 을이 함께 짜고 범행을 같이 한 것인가?

7. 갑의 생각이다. 애초에 말했듯이 범죄를 생각하는 것만으로 처벌받게 된다면 이론상 대한민국 모든 국민이 범죄자가 되지 않을까 싶다.

8. 갑은 을에게 허위로 을이 강도로 피해를 당한 것으로 위장하자는 제의를 했고 을은 이를 승낙했다.

9. 사건 당일 갑은 을의 승낙을 받아 을의 양쪽 손목과 발목을 테이프로 묶고, 입을 테이프로 막아 차 트렁크 안에 가둔다. 내가 만일 상대방의 승낙을 얻고 물건을 가져간다면 절도(형법 제329조)일까?

아니다. 남의 허락을 받고 물건을 가져가는데 무슨 범죄가 될까. 그럼 상대방의 허락을 받고 그 상대방을 죽이면 어떻게 될까? 본인은 아무 생각이 없었는데, 상대방이 죽여달라고 애원을 하다시피 하여 어쩔 수 없이 했다면, 처벌 받을까? 같이 자살하기로 하여 일가족 모두 연탄가스를 마셨는데, 일부만 살아났다면 살아난 사람은 처벌 받을까? 내 생명 내가 마음대로 하여 다른 사람에게 죽여달라고 하는데, 왜 다른 사람이 처벌 받아야 할까? 형법 제252조를 보자. 내가 내 마음대로 생명을 처분할 수 없도록 되어 있다. 타당한 생각일까? 그럼 우리 사건과 같이 생명까지는 아니지만 '갑이 을의 허락을 받아 을의 양쪽 손목, 발목을 테이프로 묶고 입을 테이프로 묶은 경우'는 어떻게 봐야 할까 생각해볼 문제이다. 한편 을은 자기 자신을 저렇게 해달라고 승낙하여 실제로 그런 일을 당했다면 아무런 책임이 없을까? 갑과의 공모 관계는 어떻게 평가받아야 할까?

10. 갑이 이후 익명으로 경찰관에게 전화를 걸어 허위 신고를 하고, 을 또한 출동한 경찰관에게 허위의 진술을 하였다. 많이 들어봤을 법한 범죄인데 이러한 행위가 위계에 의한 공무 집행 방해(형법 제137조)죄에 성립될까? 위계의 의미가 무엇이고, 실무는 위계를 어떻게 해석할까?

허술하지만 문제를 가지고 위와 같은 문제 제기를 할 수 있다. 물론 문제를 더 세심하게 읽다 보면 위에서 발견하지 못한 새로운 논점이 발견될 수도 있다. 지금은 문제를 읽고 법적으로 문제가 될 것 같다는 느낌과 주어진 문제 제기에 어떤 방향으로 답을 하여야 할지, 한 가지 방향을 선택하였다면 왜 그런 방향을 선택하였는지 조리 있게 말할 수 있으면 된다. 배우는 과정에서 습득하겠지만 기본적인 법조문 및 그에 대한 해석론을 알고 있어야 문제 제기도 더 쉽게 이루어질 수 있다.

한편, 최근에 앞으로 시행될 변호사 시험의 내용과 수준에 대한 발표가 있어 주목을 끌고 있다. 우선 선택형 시험은 사시 1차와 같은 5지 선다형 문제가 출제될 것으로 보인다. 필자가 사법 시험 1차를 치를 때에만 해도 헌법과 같은 과목은 부속법령이나 헌법 각 규정에 나타난 국회 정족수(예를 들어 출석 과반수인지, 1/3인지 등)를 꼼꼼히 외워야만 고득점이 가능한 과목이었다. 앞으로 변호사 시험의 1차 선택형 시험에서는 이런 지엽적인 법률 규정의 암기력을 묻는 문제는 사라질 전망이다. 사법 시험 합격 이후 출제되는 사법 시험 문제를 꼼꼼히, 그리고 유심히 살펴보지는 못했지만 다양한 사례와 판례를 묻는 출제 경향에 적지 않게 놀랐던 기억이 난다.

전반적으로 지금 시행되고 있는 사법 시험 1차의 문제 유형을 크게 벗어나지는 않을 듯하다. 다만, 그 난이도에 있어서는 사법 시험의 난이도보다는 쉽게 출제될 것이라고 생각한다. 문제는 논술형 시험인데, 사법 연수원 1년생 수준을 기준으로 하고 있다는 점이 놀랍다. 법적 지식만을 놓고 사법 연수원 1년생과 2년생의 차이가 무엇인지 잘 알 수는 없지만, 사법 연수원을 마친 사람으로서 생각하기에는 오히려 '이론적인 면'에서만 볼 때에는 사법 시험 2차 시험보다는 더 쉬운 문제가 출제될 것으로 보인다. 사법 연수원 시험은 판례 여러 개를 사례화하여 기록으로 만들어 놓은 문제다. 그래서 앞으로는 더더욱 판례의 중요성이 부각될 듯하다. 사법 연수원 시험도 그렇지만 비슷한 사실관계를 두고 사실 관계를 잘 확정하여 어느 판례와 이론에 대입하느냐에 따라 상이한 법적 결론에 도달하는 경우가 많다. 정말 살 떨리는 순간이기도 하다. 그만큼 평소에 판례에서 말하는 법적 결론에 이르기까지 사실 인정과 결론 도출 과정을 스스로 체화하는 수밖에 없다.

기록 시험의 경우 형식면에서는 일단 지금 사법 시험에서 A4 1~2장에 사실 관계를 요약하여 두고 구체적인 논점을 던져주는 방식이 사라질 것이다. 사법 연수원 시험처럼 100쪽이 넘는 기록은 아니겠지만, 수십 장에 달하는 소송 서류를 검토하여야 할 것이다. 물론 수십 장에 달하는 소송 서류에 나타난 자구 하나하나를 모두 꼼꼼히 읽어야 할 필요는 없다. 서류가 기록에 함께 편철된 이유를 찾아내면 그뿐이다. 예를 들어 구속영장과 같은 경우, 언제 구금되었는지 날짜 정도만 파악하면 충분하고, 소장이 법인 직원 누구에게 송달되었다는 서류는 송달일자 정도만 파악하면 충분하다. 물론 사실 관계를 도출해낼 서류들은—예를 들어 '조서'—처음부터 잘 읽어두어야 한다. 그렇게 사실 관계를 도출해낸 다음, 머릿속에 숨겨진 판례를 끄집어내 대입하여 결론을 도출하여야 한다.

위에서 한 말이 손에 잡히듯 팍팍 느낌이 올 것이라 생각하지는 않는다. 구속 영장이나 송달 서류, 기타 수사 서류는 무엇인지 보지 않고서는 답답할 것이다. 여러분과 글로서만 만날 수밖에 없고 한계가 있어 좋은 기록들을 보여줄 수는 없지만 말이나마 여러분에게 사건 기록을 볼 기회가 있으면 최대한 많이 활용해두길 권장한다. 아마 법학전문대학원 재학 중에 국가 기관이나 로펌 등에서 짧은 기간이라도 실무 수습을 받을 것인데, 그 기간 중 가능한 한 많은 기록들을 보고, 서류가 무엇이고, 기록이 무엇인지, 친숙해두길 권한다. 잘된 기록을 보면 그 자체로 소송 절차에 관한 좋은 공부가 될 것이다.

그러나 실질적인 면에 있어서는 기존의 사법 시험과 큰 차이를 보이지 않을 수도 있다. 1980년대에만 해도 하나의 주제를 던져주고 이에 대하여 논술하라는 식의 문제가 많았지만, 2000년대에 들어와서 그런 문제는 사라지고 구체적인 사례를 가지고 구체적인 결론을 도출하는 문제가 많았다. 하지만 아무래도 실무에서 자주 일어나는 문제를 그대로 출제하지는 못했다(판례를 중심으로 출제하였지만 이론적으로 문제가 되는 판례, 그리고 약술형 문제가 여전히 존재하였기 때문이다). 위에서도 말했지만 세상에 '내가 쏜 총이 표적을 스치고 살짝 빗나가 뒤에 있는 다른 사람을 맞히는 경우', '내가 주스에 독약을 타 그것을 마신 상대방이 곧 죽는데, 죽기 전에 상대방이 탑승한 비행기가 폭발하는 경우'가 얼마나 있을까. 차라리 번개를 맞을 확률이 더 높지 않을까. 결국 이론적으로만 다툼이 되는 문제는 앞으로 출제되기 어려워 보이며 변호사 시험의 취지상 타당한 출제 방향이라 본다. 세상에는 그보다는 음주 운전이나 술 먹다가 맥주 들고 상대방을 때리거나, 사업하다 발행한 수표였는데, 나중에 수표 자금이 없어 결제가 되지 않아 고발된 경우가 훨씬 더 많이 일어난다. 안타깝게도 지금 사법 시험에서는 일반 형법이 아닌 『도로교통법』, 『폭력행위 등 처벌에 관한 법률』 등 특별법이 출제되지 않는데, 실무에서는 일반—특별의 구분이 아무 의미 없으므로 위와 같은 법률들도 얼마든지 출제될 수 있다. 물론 『형법』이나 『형사소송법』을 잘 알고 있는 사람이라면 『도로교통법』, 『폭력행위 등 처벌에 관한 법률』에 겁을 먹을 필요는 없다.

결국 다 배우고 하기 나름이니 사법 연수원 1년차의 정체불명의 시험 난이도라 하여 미리 겁먹을 필요는 전혀 없다. 사법 시험보다 더 어려울 것도, 쉬울 것도 없다.

재판의 과정은 3단 논법과 마찬가지로 '사실의 인정 — 법 해석 — 해석된 법의 사실 관계 적용'으로 나누어볼 수 있다. 그중 실무에서 가장 치열하게 다투어지는 부분은 '사실의 인정'이다. 그러니까 실무가 양성을 목표로 한 변호사 자격시험 또한 '사실의 인정' 과정에 많은 비중을 두고 있지 않을까 싶다. 필자 또한 그러한 시험 방식에 대해 생각해본다.

그러나 시험의 속성상 다양한 사실의 조각들을 아무런 규칙 없이 나열하고, 그중에서 필요한 사실 관계만을 잘 추려내어 적절한 사실을 인정하는 것은 시험 기술상 어려운 문제라고 보인다. 사실 관계란 증거에 따라 판단하는 사람의 심증에 따라 정반대로 인정될 수도 있어, 결국 하나의 답과 기준을 요구하는 시험에서 정반대의 사실을 인정하게 되면 뒤이어서 중점적으로 판단하고자 하는 법리에 대한 판단 및 적용마저 전혀 정답과는 무관한 방향으로 흘러갈 가능성이 농후하다. 이런 경우 사실 인정의 차이로 0점 또는 100점을 낳는 결과가 되어 불합리하기 때문이다.

일본 신사법 시험 또한 마찬가지이다. 신사법 시험 체제하에서 종전 사법 시험보다 문제의 길이가 늘었으며, 사실 관계를 잘 추려내어야 하는 변화가 생겼다. 그러나 실무에서 자주 접하는 사실 인정, 즉 당사자들 진술이 엇갈려 둘 중 한 사람의 진술이 거짓이라 판단하여야 하는 경우, 관련 증거를 종합하여 인정하는 문제가 그대로 시험에 출제되지는 않을 듯하다. 우리 변호사 시험 또한 사실 인정 문제를 두고 치열하게 다툴 것 같지는 않다.

4_ 합격의 암초, '과락 제도'

운전면허 시험과 같은 사소한 시험이라도 발표 순간의 긴장은 늘 존재한다. 시험의 존재 이유와 매력은 결국 발표 순간의 긴장감에 있다 하더라도 과언이 아니다. 필자 또한 사법 시험에 도전하여 많은 낙방을 거듭한 다음에야 합격의 영광을 안았기에 시험이라는 것이 소수 합격의 영광 뒤에 수많은 사람의 눈물과 회한이 존재한다는 사실 또한 잘 알고 있다.

수년 뒤 치를 시험에 낙방할 수도 있고, 합격할 수도 있다. 여러분의 짧지도 길지도 않은 인생 중 정말 간절하게 무언가를 원할 때 그것이 쉽게 손에 들어오던가? 제도가 바뀌었다고 한들 마찬가지다. 하나만 확실히 하자. 내가 처음 이 길을 들어오게 된 이유, 그리고 내가 앞으로 갈 길, 이 두 가지만 생각하자. 여러분 소신에 대한 믿음이 강하다면 순간의 낙방은 인생의 다양한 경험을 뒷받침해줄 자양분이 될 것이다.

　사법 시험에는 소위 '과락 제도'가 있다. 각 과목 100점 만점에 40점이 되지 않으면 다른 과목의 점수 여하를 불문하고 사법 시험에 불합격이 되도록 하는 제도이다. 언뜻 보기에는 '100점 만점에 40점이 되지 않을까. 정말 기초가 약한 사람이구나.'라고 생각할 것이다. 그러나 조금만 관심을 가지고 2차 사법 시험 커트라인을 살펴본다면 커트라인 50점을 넘는 경우가 거의 없다는 것을 알게 될 것이다. 커트라인이 50점이 되지 않는 것은 과락 제도의 덕도 크다. 교수님들의 채점 후기를 읽으면 "법학의 기본이 되어 있지 않은 자들이 예상 밖으로 너무나 많아 깜짝 놀랐다."는 취지의 글이 많다. 한편 수험생들 사이에서 이른바 '과락'을 피하기 위해서는 "글씨가 예뻐야 한다.", "무조건 답안지를 다 채워야 한다."는 주장도 많다. 최근에는 상당히 많이 개선되었지만, 예전에는 특정 교수님이 채점에 들어가서 그 교수님이 주장하는 학설을 개진하지 아니하였던 경우 황천길 직행버스 티켓을 끊었던 경우도 없지 않았다.

　한편 변호사 시험은 합격 정원과 합격률을 정해두고 시험을 치르는 것이다.* 그러니 난 별 탈 없을 거라고 생각한다면 큰 오산이다. 물론 사법 시험 경쟁률보다는 낮은 상태에서 시험을 치를 것이다. 그러나 생

---

* 2009. 8. 시행되는 『변호사시험법』은 시험 과목, 시험 성적 산출 등에 대해서는 대통령령인 변호사시험법 시행령에 위임해두고 있고, 동법 시행령은 합격 성적 산출 방법, 합격 최저 성적 등의 산출에 대해서 규정하고 있으며, 나머지 사항에 대해서는 법무부령에 위임해두고 있다. 제도적으로 완비된 것은 아니지만, 로스쿨 제도의 취지에 비추어 상대평가가 아닌 절대평가 방식으로 시험이 처러질 것이지만, 세월이 지나 불합격자가 누적된다면 일본과 같이 합격률과 합격 정원에 현실적인 제한을 가하지 않을 수 없을 것이다.

각보다 많은 암초가 도사리고 있음에 유의하자.

일본 로스쿨 학생들의 신사법 시험 합격률이 매년 떨어지는 이유는 무엇일까? 하나는 합격률이 아닌 합격생 숫자의 고정이다. 언뜻 보면 합격률 고정과 비슷한 결론 같지만 세부적으로 살펴보면 매우 다르다. 합격생 숫자만 고정하면, 불합격자들은 계속 누적되어 결국 합격률은 떨어지는 결과를 낳게 된다. 한편 합격률을 고정하면 불합격자들이 누적되어 전체 응시자가 늘어나더라도 합격률은 일정하므로(따라서 합격자 숫자 자체가 늘어난다), 수험생 누적으로 인한 합격률 하락의 문제는 비교적 줄어든다.

다음으로 '과락' 문제이다. 합격자 수를 일정하게 정하기 때문에 과락 비율을 조정할 가능성이 매우 크다. 그러나 원칙적으로 채점은 당해 문제 출제 위원의 자유재량이라 돌발 사태 가능성이 없다고 볼 수 없다. 실제 45회 사법 시험 행정법의 경우 수험생에게 지엽적인 문제가 출제되어 응시자 2/3 정도가 40점이 되지 않는 '과락'에 해당되어 과락 제도가 문제되었다.

그러니 해를 넘기면 넘길수록 유리한 것만은 아니다. 빨리 결정하고, 최선을 다하여 한번에 합격하는 것이 가장 좋다.

합격 발표의 순간

모두가 최선을 다하여 응시하더라도 모두가 합격하는 것은 아니다. 만일 그렇다면 애당초 그런 제도를 '시험'이라 부르지 않았을 것이다. 물론 이는 우리나라의 시험 제도가 응시자의 '불합격'을 전제로 하고 있기 때문이기도 하다. 여러분 또한 붙을 수도 있고, 떨어질 수도 있다. 다만, 변호사 자격시험이 현행 사법 시험보다 경쟁률이 낮은 만큼 확률적으로는 편한 시험이라는 것이다.

여러분들 모두는 아마 법조인으로 거듭나 재조, 재야 어느 분야에서든 얽히고 얽혀 자주 보게 될 사람들이다. 그리고 다른 사람의 운명을 좌우할 판결에 다양한 방면으로 관여할 사람들이다. 내가 떨어지더라도 다시 잘못된 점을 고쳐 새롭게 정진하여 합격하면 될 뿐이고, 한두 해 먼저 간 동료들을 축하해주면 된다. 혹 내가 붙었더라도 떨어진 친구들이 결국 미래의 동료들이라 생각하고 그들을 격려하며 스스로에게 한없이 겸손할 수 있도록 하자.

5_ 로스쿨 나오면 이렇다고 하더라

이제 어설프지만 법조인이라는 타이틀을 갖게 되었으니, 그 타이틀이 줄 매력이 무엇인지 한번 살펴보자. 사람들은 흔히들 '카더라'를 좋아한다. 남의 이야기니까 재미있기도 하고, 남의 이야기니까 책임지지 않아도 되기 때문이다. '법조인이 되면 이렇다고 하더라'에 관해 필자도 많은 이야기를 들어봤고, 꿈에 부푼 기대도 있었으며, 이야기와 다른 현실을 겪기도 하였다. 허황된 이야기도 많았지만 뜻밖의 이야기도 많았다.

선남선녀가 줄을 선다고 하더라

고등학교 때 선생님이 항상 하시던 말씀이 기억난다. "서울대 들어가면 여자들이 줄을 선다더라." 어린 마음에는 정말 그럴 것도 같았다. 선생님의 선의의 거짓말은 그것뿐만이 아니다. "대학에 가면 실컷 놀아도 된다." 등 물론 공부에 지친 아이들에게 희망을 주기 위한 말씀이었겠지만, 이 글을 읽는 여러분들은 위의 말들이 얼마나 허구인지 잘 알 것이다.

답은 무엇일까? '사람 나름이다.' 법학전문대학원을 나온다고 배우자 후보들이 줄을 선다고 생각하는 건 일종의 착각이다. 인기가 좋은 친구들은 사법 연수원 내에서도 많은 염문을 뿌리고 다녔지만 대부분의 학생들은 조용히 사법 연수원 과정을 마쳤다.

사람마다 다르기는 하지만, 위에서 본 것처럼 선남선녀들이 줄을 서는 것 같지는 않다. 그러나 사법 시험에 합격하면 여러 경로를 통하여 맞선을 보고자 하는 사람들의 문의가 들어오는 것은 사실이다. 통상 사법 연수원에 입소하자마자 사법 연수생들의 인적 사항이 담긴 수첩이 발간되어 사법 연수생들에게 배포되기 때문에 그것을 통하여 연락이 온다고 보나, 간혹 알 수 없는 어둠의 경로를 통하여 연락이 오기도 한다.

대부분 양가집 규수로 잘 자라나신 분들이지만, 대개는 만나기 이전에 그 사람의 됨됨이나 다른 요소를 알 수 없으므로 집안의 재력과 사회적 지위 혹은 개인적 능력을 기준으로 하여 맞선 의사 여부를 타진한다. 주위를 둘러보면 그런 방식으로 성혼에 이르는 경우는 많지 않아 보인다. 결혼에 이르는 길이 그만큼 어렵기 때문이 아닐까.

간혹 '돈'과 '권력'의 결탁이 아닐까 생각하는 사람들도 있지만, 우리 사회에서 '결혼'이란 단순히 사람과 사람의 사랑의 결합을 넘어서 다양한 요소에 의하여 좌우되는 것이 현실이다. 어떠한 종류의 결혼을 한다고 하여 반드시 행복이나 불행이 보장되지 않으며, 결혼이란 결국 개개인의 인생관에 따라 결정할 문제이므로, 어떤 선택에 대하여 당부를 논하는 것은 옳지 않다고 생각한다.

좋은 사람을 만나려면 길을 가다 우연히 마주칠 수도 있고, 나쁜 사람을 만날 수밖에 없다면 억만금의 금은보화로 포장하였다 하여도 이를 피할 수는 없지 않겠는가. 모두 그 사람의 인생 운이다. 다만, 보다 많은 사람을 만날 기회가 있음은 분명하니 이는 분명 법조인이 된 덕분이다.

한편 여자 변호사는 문호가 더 좁은 것 같다. 비슷한 수준의 남자를 만나는 것이 쉽지 않을 뿐더러 그렇지는 않더라도 여자 변호사를 만나려는 상대방 남자들이 지레 겁을 먹는 경우가 있다고 한다. 요즈음 이런 경향은 많이 줄어든 것 같지만, 같은 남자 법조인과 여자 법조인만을 두고 비교한다면 역시 불리한 것은 여자이다.

3대가 먹고 살 돈을 벌어간다더라

아주 예전에 사법 시험에 붙으면 3대가 먹고 살 돈을 벌어간다는 말을 들어본 적이 있다. 그때는 필자가 어렸기 때문에 돈의 의미를 잘 몰랐으나 지금 생각해봐도 사법 시험의 위력이 어느 정도였는지 놀라울 따름이다. 또 50살 이전에 붙으면 그동안 공부에 투입된 비용보다 앞으로 벌어들일 수입이 더 많다고도 하였다. 그러나 이제 이런 말들은 모두 '호랑이 담배 피우던 시절' 이야기가 되었다.

그러나 여전히 경제적인 면에서는 사법 시험이 매력적인 것은 사실이다. 위의 말들을 2010년 버전 정도로 바꾸면 아마 3대가 먹고 살 돈은 못 벌더라도 '자기 세대 정도는 건사할 수 있을 정도로 번다.' 혹은 '40살 이전에 붙으면 본전이다.' 정도일 것이다. 물론 주관적인 느낌일 뿐이다. 돈을 버는 것은 공부를 잘 하는 것과 또 달라 개인의 사업과 관련된 다양한 아이디어, 영업 능력, 재운 등과 관련되기 때문에 지금 사법 시험을 통과하더라도 얼마든지 몇 대가 먹고 살 돈을 모을 수도 있다. 이런 능력은 나이와는 특별히 상관관계가 없는 것으로 보이기 때문에 시험 합격의 손익 분기점은 더 이상 의미가 없을 수도 있다. 특출한 사람을 기준으로 판단하지는 말자. 우리 업계 월급 명세서를 들여다보면 대충 이렇다.

(1) 월급쟁이와 자영업자

법조인을 크게 대표 변호사 밑에서 법무 법인과 고용 계약을 맺고 소속 변호사associate lawyer로 일을 하는 변호사, 국가로부터 녹봉을 받고 일을 하게 되는 판검사와 직접 자신이 대표가 되어 의뢰인과 직접 수임 계약을 체결하고, 사무실 비용을 처리하고 직원들 월급도 지급하며 사무실을 운영하는 변호사인 개업 변호사로 구별할 수도 있다.

통상 '월급쟁이'들은 남들로부터 매달 월급을 받으니 경기 불황 등 외적 요소에 수입의 증감이 없어 안정적이나 월급이 적어 불만이 있다. '자영업자'들은 자신이 직접 수입원을 발굴하기 위해 직접 발로 뛰어다녀야 하고, 때론 적자를 감수할 수도 있어야 하는 등 위험을 직접 감수하는 반면, 일정한 비용을 지출하고 남은 이익을 모두 가져갈 수 있어 매력적이다. 무엇이 좋은지는 본인의 성향을 잘 살펴본 다음 결정하자.

한편 우리 업계의 '월급쟁이'들이 통상적인 월급쟁이와 같다고 생각하면 조금 오산이다. 소속 변호사들은 법무 법인으로부터 월급과 상여금 등을 받고 그 액수 또한 일반 직장인들 월급보다 훨씬 많지만, 보장된 정년은 없으며 모든 것은 자신의 능력에 따라 대우를 받게 된다. 공무원인 판검사는 물론 실적에 따라 평가를 받지만 그 실적 점수가 기대에 미치지 못한다고 하여 불안정하게 해고당하는 일은 거의 없다. 오히려 판검사의 정년 보장은 법률에서 정하고 있다. 직장의 연속성 면에서 안정적인 다른 공무원보다 어찌 보면 더 안정적인 직업이다. 그런 면에서 공무원인 '월급쟁이'는 통상의 '월급쟁이'와 비슷한 면이 많다.

(2) 그들이 받는 진정한 월급 액수

판사는 대법원 소속 공무원, 검사는 법무부 소속 공무원이니 소속은 다르나 대우는 같다. 굳이 급수를 비교한다면 3급(부이사관) 상당이라 보면 된다. 어린 나이에 3급 대우를 받는다는 것은 그 자체로 매우 파격적임에는 틀림이 없다.

그들이 받는 월급 또한 이에 준하여 본봉 및 수당이 편성되는데, 2009년을 기준으로 보면 사법 연수원을 수료하고 바로 임관된 경우 세금, 공무원 연금 등을 제외하고 대략 월 400만 원 정도를 받는다. 월 400만 원이라는 것은 명절 휴가비나 상여금 등 모두 합한 것을 12개월로 나눈 수치이다. 공무원 급여로는 매우 높은 수준에 이른다고 본다. 물론 이미 병역을 마친 남성, 그렇지 못한 남성·여성, 법무관을 마치고 나온 남성 사이에는 호봉과 경력 산입에 차이가 있어 급여의 차이가 있다. 일반 사병 등으로 병역을 마친 남성에게 법조 경력은 가산하여 주지 않는다. 그러나 법무관으로 병역을 마친 남성에게는 호봉 및 법조 경력을 모두 가산해준다.

월 400만 원이라는 것이 많은지 적은지 가치 판단하기란 쉽지 않다. 주위 사람들에게 물어봐도 그 정도 돈이라면 목돈을 모으기는 어렵더라도 가족들 부양하며 사는 것에는 문제없다고 하는 친구들이 있는가 하면, 개인적인 사정에 따라 공부하는 동안 신세진 사람들에게 돌려줘야 할 돈이나, 현재 당장 지출해야 할 돈이 많은 경우 부족함을 호소하는 사람들이 있기도 하다.

로펌의 경우는 사정이 천차만별이다. 상호로 'ㅇㅇ법무 법인'이라고 되어 있어도 무늬만 로펌인 경우가 허다하며, 월급이라고 말하기에는 성격이 애매한 금전 지급이 있기 때문이다. 알려진 대형 로펌의 경우 연수원을 방금 수료하고 나온 변호사들은 대개 세금, 보험료, 연금 등을 제외하고 800만 원 전후를 받는다. 확실히 일반 직장에 비해서는 많은 수입이다. 게다가 그들은 800만 원을 1년에 13~14번 정도 받는다(마지막으로 받는 돈은 회사마다 차이가 있다). 물론 명절 휴가비, 기타 상여금을 별도로 지급하는 로펌도 있다. 마찬가지로 회사마다 차이가 있다.

12번을 넘어선 13~14번째 돈의 성격은 무엇일까? 대개 업계에서는 13번째 이상의 돈은 나중에 퇴직 시 지급할 퇴직금을 미리 지급한 것으로 본다. 물론 최근 대법원 판례에 따르면 고용 관계가 종료되기 이전에 중간에 정산하여 퇴직금을 미리 지급하기로 하고 실제 지급하였더라도 퇴직금 제도의 취지 등에 비추어 이런 약정은 무효라고 본다(그러나 실제 하급심 판례는 분쟁의 구체적이고 실질적인 해결을 위하여 다른 취지의 결론을 내리는 경우도 있다). 그러나 업계의 관행이고, 우리 업계가 아직은 너무나 좁은 곳이라 굳이 로펌을 퇴사하면서 다니던 로펌을 상대로 퇴직금 청구의 소를 제기하는 경우는 드물다.

그러나 로펌 변호사 월급의 경우 경력이 쌓일수록 동료 변호사의 월급은 오리무중이다. 왜냐하면 각 변호사들의 일한 시간, 성과급의 차이가 엄청나기 때문이다. 변호사의 월급을 보면 그 변호사가 그 로펌에서 어떤 위상을 갖고 있는지 대충은 알 수 있다. 그래서 월급 공개는 더욱 조심스럽다.

한편 대형 로펌에 미치지 않는 규모의 로펌은 일반적으로 800만 원에는 미치지 못하지만, 700만 원 전후의 월급을 지급하는 것으로 알려져 있다. 물론 13~14번 지급하는 관행은 여전한 것으로 보인다. 법무 법인의 형태만 갖춘, 실질적으로는 각 변호사들의 매출에 비례하여 수입을 가져가는 형태이고, 그 구성원 변호사들에게 고용된 변호사는 월 500만 원에서 700만 원까지 다양한 월급을 받는다. 퇴직금을 미리 지급하는지 여부는 법무 법인마다 다르다.

'고용 변호사'라고 불리는 변호사가 있다. 사실 엄밀히 말하면 스스로 개업하여 사무실을 유지하는 변호사가 아닌 이상 법무 법인과 계약을 체결하든, 변호사 개인과 계약을 체결하든 고용 계약을 체결하여 일하는 변호사이므로 '개업 변호사'를 제외한 모든 변호사는 '고용 변호사'라고 불러도 틀린 말은 아니다.

일반적으로 고용 변호사는 다음과 같은 경우를 일컫는다. 우리나라는 대개 2월경 법원·검찰 인사철에 개인적 이유 혹은 승진 탈락 등을 이유로 판검사직을 사직하고 변호사로 새롭게 출발하는 기성 법조인들이 많다. 그들은 여러모로 경력·실력·연륜·인맥 등 변호사 영업에 갖추어야 할 덕목을 두루 구비하고 있어 사건 수임에 유리하다. 흔히들 이런 사태를 두고 전관예우라는 말로 법조 비리의 온상으로 지적하기도 한다. 하여간 그들이 신참 변호사의 인력을 필요로 하는 경우가 있다. 그런 수요로 인하여 고용되는 변호사를 '고용 변호사'라 하기도 하고, 더 나아가 법무 법인(실질적으로 개인이 운영하는 법률 사무소와 다름없는 경우) 혹은 개인 법률 사무소 대표 변호사와 고용 계약을 맺고 고용되는 변호사를 '고용 변호사'라 부르기도 한다. 이들의 월급 또한 정해진 것은 없으나, 대략 월 500만 원 정도이다. 다만, 고용 계약의 형태가 매우 다양하여 자기가 직접 수임한 사건에 대하여는 비용 등의 명목으로 일정 지분을 공제한 나머지 수익을 직접 가져가기도 한다.

안타깝게도 한 가지 분명한 것은 넓은 의미에 있어 '고용 변호사'들의 월급이 수년째 답보 상태이거나 내려가고 있다는 점이다. 물론 그렇게 몇 년이 지났다고 하나 500만 원 혹은 그 이상의 돈이 우리 사회에서 받는 월급 액수로 매우 큰돈이라는 점을 부정할 수는 없다.

또 '사내 변호사In House Lawyer'라고 부르는 변호사가 있다. 통상 변호사라는 직업이 어떤 사건이 발생하여 법률 분쟁이 일어난 다음 사후적으로 해결하기 위하여 법적 해결을 도모하는 것을 업으로 하였다면,

이제는 더 나아가 법률 분쟁이 발생하기 이전에 앞으로 일어날 일들을 예상하여 사후에 법률 분쟁이 일어날 소지를 막아 법률 분쟁에 따른 비용과 시간을 절약하고, 준법 경영을 통한 기업 이미지 제고를 도모하는 것을 업으로 한다.

미국에서는 사내 변호사가 이미 활성화되어 있지만 우리나라에서는 아직 활성화되었다고 보기는 힘들다. 다만, 일부 대기업은 사내 변호사를 확충하여 법무실을 강화하고 있다. 사내 변호사의 활동과 비전에 대해서는 차후 살펴보겠지만, 통상 지금 사법 연수원을 수료하여 사내 변호사로 진출하는 경우 회사 내 '과장' 정도 직급을 부여받고 그에 상응하는 대우를 받게 된다. 대기업과 같이 튼튼한 조직의 구성원이 되는 것은 단지 월급 액수를 떠나 다양한 복지 혜택을 누릴 수 있다는 장점이 있다.

이상이 우리 업계 사람들이 받는 대략의 액수이다. 통상 경력이 쌓이면 월급이 올라가며, 로펌 변호사는 일반적인 다른 직장처럼 정년까지 호봉이 올라간 월급을 꼬박꼬박 받아갈 수는 없다.

군수가 나와 인사를 한다더라

한때 사법 시험에 합격하고 고향에 내려가면 군수가 찾아와 인사를 한다는 말이 있었다. 사법 시험 합격에 대한 인식은 서울과 시골 사이에 차이가 있는 듯하다. 1,000명 합격 시대를 맞이한 지 몇 년이 흘렀지만 아직은 희소성이 있는 편이어서 시골에는 합격 사실을 플래카드로 붙여두기도 한다.

아직 친구들로부터 사법 시험 합격 후 군수와 직접 인사를 한 경우를 들어보지는 못했다. 과거에 많은 사람들이 인사했다면, 이는 어려운 사법 시험 합격에 대한 축하, 법조인으로서 권위와 명예에 대한 존경, 혹은 앞으로 누릴 권력에 대한 부탁의 의미가 담겨 있었을지 모른다. 예전처럼 군수가 나와 인사하지는 않지만 많은 사람들로부터 축하를 받는다.

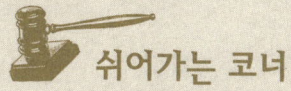 **쉬어가는 코너**

[변호사 수 증가와 변호사의 도움을 받을 권리 보장의 함수 관계]

　시민 단체들을 중심으로 법조인 대량 배출을 골자로 한 법조인 선발 방식 개선 요구가 거셌다. 이는 변호사 문턱이 너무 높아 일반 서민들이 변호사의 도움을 받을 권리를 향유할 수 없고, 결국 이는 유전무죄, 무전유죄로 간다는 인식에 바탕을 둔 주장이다. 얼마 전 시 · 군 단위 이하에 변호사가 없는 무변촌(無辯村)에 대한 조사까지 보았다.

　여러분들 중 지금까지 병원에 가보지 않은 사람은 없을 것이다. 그러나 법원에 가본 사람은 몇 사람이나 될까? 수요와 공급을 무시하지 말자. 무변촌이 생겨난 것은 그곳에서 수지 타산을 맞출 수 없었기 때문이 아닐까.

　그렇다면 무변촌에 사는 사람들은 변호사 얼굴도 못 보고 살까? 그렇지는 않다. 대한법률구조공단이 1987년경 설립된 이래 전국 각지에 출장소 · 지소를 설치해두고 있으며, 영세민 등 일정한 요건이 갖추어진 경우 무료로 소송대리를 맡아주고 있다.

　변호사 업계도 경쟁은 피해갈 수 없다. 이미 변호사 1인당 사건 수임 수가 계속 하향 추세에 있고, 사건 수임 단가도 많이 내려가 있는 상태이다. 이런 경우 사건 수임을 미끼로 브로커들이 변호사와 결탁하는 사례도 늘어나게 마련이다. 우리나라도 미국과 마찬가지로 'ambulance chaser'* 가 생겨날 것이다. 우리나라가 법무사라는 법조 유사 직역까지 두고 있는 점을 감안하면

---

* 앰불런스를 쫓아다니는 사람이라는 뜻으로 사건 해결을 미끼로 돈을 받아내 막무가내식 소송을 벌이는 전문 브로커를 일컫는 말이다.

경쟁 격화로 인한 부작용의 가능성은 더 클 수도 있다. 사건 수임 단가의 하락 가능성은 불가피할 듯하다.

그러나 이로 인하여 법률 서비스의 질이 향상될 것 같지는 않다. 1990년대 이후 의사를 많이 배출하였다고 하여 의료 수준이 향상된 것은 아니었다는 점을 주의해볼 필요가 있다. 의술을 제대로 익히지 못한 의사로부터 받은 오진으로 인한 생명 혹은 신체상 손해는 결국 돈으로도 전보될 수 없듯이, 법을 제대로 익히지 못한 변호사로부터 받은 오진으로 인한 오판(사회적 사망) 역시 돈으로도 전보될 수 없는 막대한 손해라는 점 또한 명심해야 한다. 우리보다 국민 1인당 변호사 수를 더 많이 갖고 있는 미국도 소송 비용이 우리보다 더 크며, 소요되는 시간 또한 더 길다. 실증적 연구도 필요하다.

법조 비리, 세금 탈루 등에 따라 생겨난 법조 직역에 대한 불신으로 인해 법조 직역에 대한 공익성의 주장이 설득력을 잃고 있다는 점은 매우 안타까운 일이나 이는 스스로 자초한 일이다. 사람과 직역에 대한 불신, 감정으로 경도된 논의의 가운데에 서서 발전적 방향으로 제도의 개선을 이끌어주었으면 하는 바람이 크다.

6_ 법조인의 생활이 궁금해?

법학전문대학원을 나와 법조인이 되었다면 달라지는 것이 많다. 이제 변호사 협회에 등록한 정식 변호사로서 혹은 연수생, 시보가 아닌 정식 판사, 검사로서 그들의 삶에 대하여 살펴보자. 겉으로 보이는 법조인이라는 삶과 한 사람의 인생으로서 법조인이라는 삶의 차이에 대하여 미리 체험해보는 좋은 기회가 될 것이다.

야근의 생활화?

예전에 친구로부터 그런 이야기를 들은 적이 있다. "영감님인 판사가 직접 판결문 같은 거 쓰지 않지? 밑에서 써오면 결재만 하는 거지?", "검사도 공소장 직접 안 쓰지? 계장이 다 쓰지 않냐?"

소문의 근원을 추적해 어렵게 확보한 진술에 의하면 옛날에는 그런 경우도 있었다고 한다. 그러나 많은 판검사들은 당연히 자신의 이름이 나가는 판결문과 공소장·불기소장을 직접 쓴다. 서류에 도장을 찍거나, 서류를 집어던지는 일이 조금 더 어울린다고 생각하는 사람들이 있을지도 모르겠다. 그렇다고 판검사로 재직하는 동안 모든 판결문과 공소장·불기소장을 자신이 직접 다 써야 하는 것은 아니다. 나이가 들어 경력이 쌓이고 승진을 하면 서류들을 모두 직접 작성하지는 않는다. 하지만 우리 법조 직역은 판사는 판결문으로, 검사는 공소장과 불기소장으로 모든 것을 말해야 하기 때문에 결코 서류에 나와 있는 자구 하나도 대강 넘겨서는 안 된다.

아마 일반 판검사가 판결문, 공소장 등을 자신이 직접 작성하지 않는다면, 그들은 밤에 근무를 하지 않더라도 주어진 일을 처리할 수 있을지도 모르겠다. 그러나 안타깝게도 현실은 그렇지 못하다. 많은 사람들은 의외로 판검사가 작성한 문구 하나하나에 집착하여 따지고 또 따지고 들어가 불만을 토로하고 민원을 제기한다. 사건이라는 것이 대칭되는 상대방을 가정하고 있으므로 모든 사람들을 만족하게 하는 설득을 할 수 없지만 유일한 설득의 통로인 판결문, 공소장·불기소장의 문구는 너무나 중요하다. 그래서 많은 판검사들은 저녁 식사 후에도 일을 처리하기 위해 사무실에 다시 들어간다. 혹시 상사가 퇴근하지 않아서 눈치껏 하는 야근이라 생각하면 큰 오산이다.

그러나 판검사 또한 공무원 조직의 일부이므로 당사자들의 보직에 따라 여유의 정도에 차이가 많다. 일률적으로 말하는 것은 의미가 없지만 대강 말하자면 서울·수도권 지역에서 근무하는 판검사들이 그 외의 지역에서 근무하는 판검사들보다 조금 더 바쁘며, 그 외의 지역도 광역시에서 근무하면 바쁜 경우가 많다.

변호사들은 일률적으로 말하기 더 힘들다. 우선 로펌 변호사의 경우 대개는 야근을 넘어 '심야' 근무를 하며, 심할 경우에는 밤 12시를 넘어 근무하는 경우도 있다. 로펌 변호사는 건강과 체력을 유지해야 한다.

한편 개인 변호사에 고용된 형태로 있는 변호사의 경우, 고용주의 스타일에 따라 환경은 천차만별이다. 변호사의 출퇴근에 대하여 일절 간섭하지 않는 스타일이 있는가 하면, 출퇴근은 기본적으로 지켜야 할 덕목이라 생각하여 은근히 눈치를 주는 스타일이 있다. 그러나 전반적으로 변호사라는 자격증을 갖춘 사람들이므로 일처리 스타일이나 방식에 대하여는 자율을 많이 인정함이 일반적이다. 공공 기관, 일반 회사의 직원으로 일하고 있는 변호사의 경우는 좀 다른데, 다른 변호사 직역에 비해서는 야근을 많이 하는 것 같지는 않다.

개업 변호사는 자신이 법률 사무소의 사장인 만큼 출퇴근에 대하여 간섭할 사람이 없다. 출퇴근 여부, 야근 유무는 오직 자신이 알아서 할 일이며 개인 스타일에 따라 천차만별이다. 개업 변호사의 최고 덕목은 사무실의 원활한 운영이다. 이를 잘하기 위해서 반드시 출퇴근 시간을 엄수하고 야근을 하여야 하는 것은 아니다. 직원들과 화합을 도모하고, 사건 유치를 잘 하며, 수임한 사건을 원활하게 잘 처리하여 의뢰인과 신뢰 관계를 끊임없이 유지하는 것이 가장 중요하다.

술과 회식

법조인이 아니라 어느 직업을 선택하든 한국 사회에서 술과 회식은 업무의 연장이다. 간혹 텔레비전 등 매체를 통하여 술과 회식의 문제점을 지적하는 프로그램을 본 적이 있다. 지적된 문제점에 대하여 공감이 가지만, 공통성 없는 사람들을 단시간 내에 친하게 만들 수 있는 문화적 콘텐츠가 부족한 현실에서 그만한 대안 또한 찾기 어려운 것이 현실이다.

법조인들은 술을 얼마나, 자주 마실까? 최근 들어 회식 문화가 바뀌면서 이제 술과 회식은 개인적 선택의 문제일 뿐이다. 물론 사람이 오고 가면서 만남과 헤어짐이 있으니 그 기쁨과 아쉬움을 술로 달래는 운치가 여전히 존재함은 사실이다. 그러나 업무 과정 중 받는 스트레스

해소나 개인적 취향으로 술을 집단적, 직업적으로 권하는 경우는 없다.

예나 지금이나 술 문화가 크게 변한 것은 없지만, 달라진 점은 누구도 무리한 음주를 요구하지 않을 뿐더러, 술을 좋아하지 아니하여 술자리에 어울리지 않고자 할 경우 조직이 이를 개인적 선택으로 존중한다는 점이다. 정도의 차이지만 확연한 분위기의 변화는 느낄 수 있다.

이제 우리나라의 어느 곳도 마찬가지이겠지만, 전문직인 법조인의 경우 술로 원하는 로비를 달성하더라도 업무 능력을 충실하게 잘 이행하지 못하면 그 능력을 인정받지 못한다. 술이든 골프든 대인 관계의 원만함이 그 사람의 능력을 평가함에 있어 가점 요소가 됨은 분명하나 대인 관계의 원만함만으로 해결할 수 있는 법적 문제는 없으며 세상은 그렇게 녹록하지 않다.

Chapter

판사들의 고민과 고뇌

1_ 법정에서의 무표정은 미덕?

오늘은 피고인에 대한 강간 치상 공판 기일이 열리는 날이다. 강간 치상죄는 『형법』 제301조, 제297조에 해당하여 징역 5년 이상의 법정형이 있는 죄로 합의부에서 심리된다.

한번이라도 유심히 법정을 방청해본 사람이라면 판사가 1명 또는 3명 있다는 사실을 발견하였을 것이다. 판사가 2명 있는 재판부는 현행법에 따르면 있을 수 없다. 가운데에 있는 판사는 나이도 좀 들었고, 검은색 옷을 입어 그런지 더욱더 근엄해 보인다. 한편 오른쪽, 왼쪽에 있는 판사들은 비교적 어린 편이며, 재판에 별 관심 없는 사람 같아 보이기도 한다.

대기실에서 수의를 입은 피고인이 법정에 올라오면 재판장이 물어본다.

"…… 피고인은 이 법정에서 불리한 진술을 거부할 수 있습니다."

"피고인 이름이 무엇인가요?"

"주소는 무엇인가요?"

"등록기준지, 아니 본적은 어디예요?"

"직업은 무직 맞습니까?"

검은색 옷을 입은 무뚝뚝한 사람의 직업적 멘트에 피고인은 묻는 말에만 대답할 뿐이다.

"검사, 기소 요지 진술하세요."

"(검사) …… 피해자를 강간하고 이로 인하여 전치 3주의 상해를 입게 한 것이다."

검사도 검은 옷이다. 얼굴에 별 표정도 없고 내용도 섬뜩하다.

"(피고인이나 변호인에게) 공소 사실에 대한 의견 진술하세요."

"(피고인) 저는 억울합니다. 공소 사실을 인정할 수 없습니다."

판사는 이때까지도 공소장 한 장만 들고 있다. 사건의 실체가 무엇인지, 피고인이 구체적으로 어떤 이유로 공소 사실을 부인하는지 알 수 없다. 법정 앞에서 검사가 공소 사실을 가지고 한 번 공격했다면, 변호인 및 피고인은 이에 대하여 한 번 방어한다. 이제 양 당사자의 의사가 분명해졌으니 검사는 무엇을 가지고 공격할 것이고, 변호인 및 피고인은 어떤 점을 방어할 것인지 밝혀야 한다. 이는 앞으로 진행될 재판의 중요한 쟁점이 될 것이다. 예를 들면 이런 방식이다.

"(변호인) 순번 1, 2, 5, 7번 목록 증거에 대하여 증거로 사용함에 부동의합니다."

'사용함'에 '부동의'한다는 말이 무엇일까? 쉽게 말하면 순번 1, 2, 5, 7번에 나타난 증거(통상 누구누구의 진술이다)를 거짓말 같아 믿을 수 없다는 뜻이다. 물론 이론적으로는 내용이 거짓말일 뿐만 아니라, 그 사람이 진술한 대로 기재되어 있는지조차 믿을 수 없다는 뜻이다. 변호인의 이런 방어를 그냥 그대로 두면 검사가 애써 모은 증거는 휴지 조각이 되어버린다. 이제 다시 검사가 칼을 빼든다.

"(검사) 순번 1, 2, 5, 7번에 대한 피해자 ○○○를 증인으로 신청하겠습니다."

그럼 이제 변호인 및 피고인의 주장이 맞는지, 검사의 주장이 맞는지 법정에서 가려보자는 뜻이다.

그런데 변호인이 더 나아가 피고인의 알리바이를 입증하기 위하여 다른 증거 조사 신청을 할 수도 있다. 만일 피고인이 '강간'이 아닌 '화간'(부부가 아닌 남녀가 합의하에 육체적으로 관계하는 것)을 주장한다면 사실 그 현장에 다른 제3의 목격자가 있을 수 없으므로 변호인은 다른 증거를 제출하기 쉽지 않다. 범행 현장에는 없었더라도 범행 전후로 하여 피고인 및 피해자를 목격한 사람들의 증언은 범행이 이루어졌는지 여부를 밝히는 단서가 될 수 있으므로 중요하다.

여하튼 변호인의 입증 방향은 피고인의 주장에 따라가게 되어 있다. 피고인이 자신은 범행 시각·장소에 없었다는 이른바 '현장 부재'의 주장을 할 경우 변호인은 알리바이를 입증해줄 증인뿐만 아니라, 범행 시각 무렵 다른 곳에 있었다는 통신 자료 혹은 신용 카드 사용 내역 등을 살펴 증거로 제출해야 한다.

이런 과정이 이루어지는 동안 판사의 표정은 굳이 사물로 비유하면 '돌' 같다. 그러나 속으로는 사건의 내용에 따라 저 피고인은 말도 안 되는 거짓말을 하고 있다고 생각할 수도 있다. 판사도 사람이고 개인적인 경험과 인생관이 모두 다르기 때문에 미리 그렇게 생각하는 것이 무리는 아니다. 여러분이 만일 판사의 자리에서 위와 같은 이야기를 듣고 있었다고 가정해보자. 피고인의 주장, 피고인의 인상, 태도 등에 따라 그런 선입견이 드는 것을 피할 수 있겠는가. 만일 피고인의 인상이 험상궂을 뿐만 아니라 성범죄 전과만 이미 8범이라면 어떻겠는가. 또 뻔한 거짓말을 한다고 생각하지 않을까.

그러나 법은 어찌 보면 사람으로서의 본능인 선입견을 잠시, 아주 조금이라도 갖는 것조차 금지하고 있다. "공소장에는 변호인 선임서, 체포·구속에 관한 서류 외에 사건에 관하여 법원에 예단이 생길 수 있는 서류, 기타 물건을 첨부하거나 그 내용을 인용하여서는 아니 된다."라고 『형사소송규칙』 제118조 제2항에 명시되어 있다. 안 그래도 '돌' 같은 표정을 짓는 사람에게 더 '돌부처' 처럼 가만히 있으라는 의미이다. 어떤 사건을 보면 너무나 그 사람이 억울해 보이기도 할 테고, 어떤 사건을 보면 너무나 뻔뻔해서 법정형은 비록 징역 5년이 최하한이라도 그 사람을 사형시켜버리고 싶을 것이다. 얼굴에 표정이 드러날 것 같아도, 눈물이 날 것 같아도 참아야 한다. 당신 생각이 아무리 그렇더라도 당신이 피고인, 당사자에게 웃어줄 때 피해자 혹은 그 반대 당사자는 그것 하나를 트집 잡아 불만을 제기하고 욕을 한다. 당신이 피고인, 당사자에게 찡그릴 때, 피고인 혹은 그 당사자는 억울함을 호소할 수 없어 답답해하며 결국 끊임없이 민원을 제기하고 함부로 소송을 일으키는 사람으로 변모해버린다.

  3주가 흘렀다. 억울함을 호소했던 피고인과 변호인, 그리고 공소 사실을 입증하려는 검사, 판사가 다시 한자리에 모였다. 오늘은 증인을 불러서 신문하는 날이다. 검사가 신청한 증인이므로 검사가 먼저 주 신문을 한다.

  "증인이 수사 기관에서 진술한 내용을 담은 조서입니다. 진술한 대로 기재되었으며 모두 읽고 서명·날인한 것이지요?"

  "증인이 2008. ○○. ○○. 서울 ○○에서 피고인을 처음 만났지요?"

  "증인은 이미 피고인과 헤어진 상태에서 빌려준 돈을 받기 위하여 어쩔 수 없이 피고인을 다시 만났었지요?"

  "증인은 그 당시 피고인과 술을 마신 다음 먼저 집에 가려고 했는데, 피고인이 증인의 팔을 갑자기 잡아챈 다음 '소리치면 죽여버리겠다.'라고 말하며 근처에 있는 ○○여관으로 끌고 갔었지요?"

  "여관에 들어간 다음 상황을 진술해보세요."

  "증인은 여관에서 함께 나왔나요, 아니면 따로 나왔나요?"

  "증인은 피고인으로부터 받아야 할 돈은 다 받았나요?"

  모두 다 주의 깊게 듣고 있다. 어떻게 보니 피고인이 치정 관계로 얽혀 있는 피해자와 화간을 한 것 같기도 하고, 한편으로는 피고인이 말도 안 되는 변명을 늘어놓아 피해자만 두 번 죽이는 것 같기도 하다. 판사와 변호인 및 피고인은 피해자의 진술을 유심히 청취하고 있다. 변호인은 잠시라도 딴죽을 놓고 있어서는 안 된다. 검사의 신문 중 잘못은 없는지, 유도 신문은 없는지 잘 살펴야 한다.

이제 변호인이 반대 신문을 한다.

"증인은 과거에 피고인과 연인 관계였지요?"

"증인은 피고인과 사귀던 때에 수시로 필요할 때마다 서로 돈을 빌려주고, 빌리기도 하였지요?"

"증인이 말하는 빌려준 돈이라는 것도 사귀던 때 호의로 주고받은 돈일 뿐, 빌려준 돈은 아니지요?"

"증인은 돈을 받기 위하여 피고인을 만났지만, 피고인과 술을 마시면서 과거에 가졌던 감정이 다시 되살아나 ○○여관으로 간 것이지요?"

"증인은 피고인과 사귀던 때에도 피고인의 즉흥적인 요구에 의하여 성관계를 맺은 사실이 있지요?"

"증인은 피고인과 여관에 들어오기 이전, 성관계를 맺기 싫었다면 얼마든지 거리에서 도망치거나 주위의 도움을 요구할 수 있지 않았나요?"

"(만일 피고인의 강압에 의하여 여관으로 갔다면) 증인은 여관으로 들어갈 당시 카운터에 있던 사람에게 도움을 요청하지 않았지요?"

"그 이유가 무엇인가요?"

"증인은 그럼 자발적으로 피고인과 함께 여관에 간 것이네요?"

"여관 주인은 당시 피고인과 증인이 함께 여관에 들어간 것을 목격하였다고 하는데 어떤가요?"

"증인은 진단서에 목에 난 좌상 외 허리 통증이 있는데, 증인은 이미 이전부터 요통, 디스크로 신경외과에 치료를 받은 사실이 있지요?"

"증인은 성관계를 마치고 피고인이 여관을 나온 다음 여관을 나왔지요? 그 이유가 특별히 있나요?"

이쯤 되면 피해자인 증인을 너무 몰아붙이는 것 같기도 하다. 증인은 어떤 이유인지 감정에 복받쳐 눈물을 흘린다.

판사는 이 모든 과정을 유심히 지켜본다. 오판으로 피고인이 실형 선고를 받게 되면 몇 년간을 감옥에 갇혀 살아야 하며, 그동안 그 피고인의 대인 관계, 사회생활은 모두 파탄에 이르게 될 것이다. 그러나 오판으로 피고인에게 무죄를 선고한다면 피해자는 평생 억울한 마음으로 살아야 하며, 심지어는 피고인으로부터 어떤 보복 행위를 당할지도 모르는 두려움을 안고 살아야 한다. 법은 사람과 사람 사이에 생긴 분쟁을 규율하는 것이므로 누군가 어느 한 사람의 인생을 바꾸어놓을 수밖에 없다. 그 일을 하는 사람이 판사이다. 판사이기 때문에 누구의 인생을 함부로 바꾸는 것이 아니다. 법이 있기 때문에 법으로 인하여 한 사람의 인생이 바뀌는 것뿐이다. 그래서 어렵다.

증인 신문이 끝났다. 더 이상 이 사건과 관련한 증거 조사가 필요한지 당사자들에게 물어본다. 제3의 목격자가 필요하다. 현장의 목격자는 없고, 여관 주인이 피고인과 피해자가 여관에 들어갔다 나오는 장면을 목격하였을 뿐인데, 수사 기관에서 한 여관 주인의 진술 내용에 비추어 그 범죄 자체를 목격한 목격자는 아니지만, 전후 정황을 목격한 사람으로서 물어볼 만한 것이 있을 수도 있다. 변호인 입장에서는 재판이 진행되는 과정을 유심히 살펴 필요하다면 증인으로 신청하여 사건과 관련하여 물어볼 것은 물어보아야 한다. 여관 주인을 미리 첫 공판 기일에 증인으로 신청하였다면 이번 피해자에 대한 증인 신문에 보태어 함께 같이 증인 신문하면 되겠지만, 그렇지 못한 경우에는 부득불 한 번 더 공판 기일을 열어 여관 주인을 증인으로 불러 신문하여야 한다.

증인인 여관 주인에게 변호인이 다음과 같이 물어본다.

"증인, XX여관 주인이지요? 2010. ○. ○. 여관을 지키고 손님을 받았지요?"

"예."

"증인, 위 일시에 여관에서 피고인과 피해자를 본 기억이 있나요?"

"예, 대강은 기억이 납니다."

"피고인과 피해자의 모습이 어떠했나요? 자연스러운 연인의 모습이었나요?"

"창구의 작은 구멍으로만 바라봐서 자세히는 모르겠습니다만, 특이한 모습은 없었습니다."

"피고인과 피해자가 어떻게 들어가던가요? 혹시 손을 잡고 다정하게 들어간다든가, 여자가 먼저 들어가든가 그렇지 않던가요?"

"남자가 먼저 들어가고, 곧이어 바로 여자가 따라 들어갔습니다."

"방 열쇠를 누가 받아갔나요?"

"남자였던 걸로 기억합니다."

"방 안에서 위급하면 카운터에 신고할 수 있는 방법이 있나요?"

"버튼 같은 것은 없지만, 언제든지 카운터에 연락할 수 있습니다."

"누가 먼저 퇴실하였는지 기억이 나나요? 누구로부터 방 열쇠를 돌려받았나요?"

"그건 잘 기억이 나질 않습니다."

변호인은 그 외에도 여러 가지 물어본다. 검사도 그때 상황에 맞추어 기민하게 여러 가지를 물어본다.

이제 증인 신문이 끝났다. 판사는 검사와 변호인을 보고 다시 물어본다.

"더 이상 신청할 증거가 있나요?"

"더 이상 없습니다."

"(판사는 검사에게) 구형하세요."

"(검사) 징역 5년에 처하여 주시기 바랍니다."

"(판사는 변호인에게) 최후 변론하세요."

"(변호인) 피고인은 피해자와 과거 연인 관계였던 사이로, 채무 관계를 정리하기 위하여 피해자의 요구로 피해자와 만났습니다. 피고인은 피해자와 술을 마신 다음 과거에 대한 생각으로 함께 피해자와 여관에 갔습니다. 피해자의 범행 전 과정에 대한 진술의 신빙성이 없습니다. 비록 피고인이 종전의 성범죄 전과는 비난받아 마땅하지만, 피해자 또한 결혼을 예정하고 있어 피고인과의 화간을 부정하지 않는지 의심이 듭니다. 당사자들의 진술과 기록을 면밀히 검토하시어 피고인에게 무죄를 선고하여 주시기 바랍니다."

판사는 고뇌에 찬 표정에서 피고인에게 마지막으로 물어본다.

"피고인, 이 사건과 관련하여 하고 싶은 말이 있으면 한 번 해보세요."

"(피고인) (보통 무슨 말을 하여야 할지 잘 모른다.) 억울합니다. 비록 제가

전과자지만 이번만은 결코 아닙니다…….″

고민스럽다. 이 고민의 몫은 책 안에 나와 있는 가상의 판사뿐만 아니라 여러분들의 것이다. 물론 대부분의 사건에 이런 고민을 할애하여야 하는 것은 아니다. 그러나 이런 사건 하나에 투입되는 번뇌는 평범한 다른 사건 10개의 해결에 투입되는 노력을 뛰어넘는다. 이제 모두 조사된 증거를 갖고, 기록에 첨부하여 하나의 두꺼운 기록을 들고 법정을 떠난다.

쉬어가는 코너

[이 중요한 순간에 잠을 자는 판사가?]

강간 치상죄(형법 제301조, 제297조)와 같이 법정형이 높은 경우, 판사 1명이 아닌 판사 3명이 함께 심리한다. 판사 3명이 하나의 부를 이루어 심리하는데, 통상 이렇게 구성된 부를 '합의부'라고 부른다.

필자는 일전에 판사들이 법정에서 당사자의 진술을 제대로 청취하지 않고 법정에서 꾸벅꾸벅 조는 경우가 있다는 기사를 접한 적이 있다. 솔직히 말하자면 합의부 재판에서 조는 배석 판사가 있는 것은 사실이다. 물론 대부분의 판사들은 그렇지 않다.

앞에서 잠시 살펴본 것처럼 재판이란 사람의 인생을 좌우할 수 있는 중요한 순간이기 때문에, 판사도 사람이니까 순간적으로 졸 수 있다는 변명은 좀 궁색스럽다.

그렇다면 무슨 이유로 졸음을 참지 못하는 것일까? 그 전날 과음으로 인한 수면 부족, 점심 식사 후 포만감 등으로 인한 졸음은 그 주 원인이 아닌 듯하다.

합의부는 1명의 부장 판사(통상 법조 경력 13~15년 이상)와 양 옆에 부장 판사를 중심으로 오른쪽에 있는 우 배석, 부장 판사를 중심으로 왼쪽에 있는 좌 배석 각 1명, 합계 3명의 판사로 구성된다. 사건을 받으면 '주심 판사'라는 것이 정해진다. 예를 들어 우 배석 판사가 주심 판사인 사건을 보면, 재판장인 부장 판사는 재판 절차를 주도하고, 심리를 모두 마치고 판결문을 작성하기 위하여 배석 판사들과 합의하는 과정을 주도하기 때문에 조는 경우가 없고, 우 배석 판사 또한 자신이 주심이므로 당사자의 진술을 꼬박꼬박 청취하기 위하여

Chapter 5 판사들의 고민과 고뇌 | 167

열심히 노력한다. 그러나 문제는 위와 같은 사례에서 좌 배석은 주심 판사가 아니므로, 아무래도 당사자 진술 청취에 약간 소극적일 수밖에 없을 때가 있다. 물론 좌 배석 판사 또한 사건의 결론을 도출하는 합의 과정에 적극적으로 참여한다.

한편 법정에 들어가본 사람들은 잘 알겠지만, 법정에서는 창문을 자주 열어 환기하지 않는다. 수많은 사람들이 재판을 위하여 들락날락하고, 관심 있는 사건인 경우 많은 사람들이 재판 방청을 위하여 법정 내에 있으므로 공기가 매우 탁한 편이다. 지하철 내에서 졸음이 잘 오는 이유가 공기 내 이산화탄소 농도가 높아서인 것처럼 법정도 마찬가지다. 여러분들도 법정 내에 있으면 가만히 있더라도 졸음이 잘 오는 현상을 발견할 수 있을 것이다.

따라서 필자의 개인적인 생각이지만, 당해 판사가 주심 사건이 아니고 전날 과음하였고, 점심을 잘 먹었으며 그날따라 법정 공기마저 탁하다면 순간적으로 졸 수 있지 않나 생각한다. 물론 그 판사는 다른 판사들과 함께 나중에 법정에서 기록된 조서의 내용 및 사건 기록을 토대로 타당한 결론을 도출하기 위하여 계속 노력하고, 협의해나간다. 누구든지 잠이 오면 잠시 일어나 밖을 산책하든가, 기지개를 켜든가 잠을 깰 수 있는 행위를 할 수 있는 반면, 법정 안에 있는 판사들은 그런 것조차 할 수 없으니 한 번 수렁에 빠지면 더더욱 헤어나오기 힘든 것 같다.

2_ 그들의 스트레스와 보람

일전에 이런 이야기를 들은 적이 있다. 판사들은 법정에 들어오는 날만 재판을 하는 것이니 예를 들어 일주일에 두 번 정도 재판에 들어오면, 실은 일주일에 두 번만 출근하면 되지 않느냐는 취지의 이야기였다. 그러나 불행히도 그런 판사는 전국에 단 한 명도 없다. 간단한 사건이라 재판정에서 명쾌하게 사실 관계가 파악되고 법적 쟁점이 뚜렷하게 부각되어 더 이상 기록 검토가 필요하지 않을 것 같은 사건도 그런 방식으로는 처리되지 않는다.

보통 당일 재판하는 기록의 높이는 적게는 사람 무릎까지, 높게는 사람 키 높이만할 수도 있다. 난해하고 복잡한 사건이 있으면 기록의 높이는 상상을 초월한다. 사무실에 들어간 판사는 사건 당사자 둘 중에 한 사람이 상황을 왜곡하거나 과장하는 것이므로, 누구의 말이 더 믿을 만한지 한참을 고민하게 된다. 심지어 밥을 먹을 때조차 다른 동료 판사에게 사안을 설명하며 심증을 물어보기도 한다. 사건에 푹 빠지면 밥 먹고 걸어다니는 일상에서조차 사건의 실체가 머릿속을 떠나지 않는다고 한다. 대부분 당사자 진술의 신빙성은 다른 증거 및 정황으로 판단된다. 그러나 앞서 말한 사건처럼 피고인·피해자의 진술만 있고, 진술이 엇갈리며 다른 제3의 증거가 없는 경우도 있다.

이제 사건의 실체에 대하여 어느 정도 파악하였을 것이다. 피고인의 주장과 증인의 증언 하나라도 대강 흘려들었다면 이제 와서 다시 사건의 실체에 다가가는 것에 매우 어려움을 느낄 것이다. 당사자 진술의 태도, 사건의 경위와 전말, 종전 전과, 증인의 법정 진술 모순 여부, 증인이 수사 기관에서 진술한 내용과의 차이 등에 따라 유무죄의 심증 형성은 달라질 것이다. 매력이라면 매력이고, 어려움이라면 어려움인 것이 이러한 사실 인정이며, 단지 글로 나타낸 것만으로 답을 내릴 수 없는 묘한 사건 고유의 느낌이 있다. 굳이 답을 내려고 하지 말자. 여러분 또한 사람이므로 사건에 이르러 최선의 판단을 내렸으면 그것으로 족하다.

이제 판결문을 작성한다. 형사 소송에서 유무죄, 민사 소송에서 당사자 일방의 승소 여부에 대하여 상당히 심증 형성을 마쳤다고 생각하고 판결문 작성에 임하였는데 막상 작성하면서 다시 기록을 검토하며 새로운 생각에 잠기기도 한다. 일전에 신문에서 판사들이 중한 범죄인 경우, 사실 인정이 어려운 사건의 경우 판결문 작성에 극심한 스트레스를 받는다는 기사를 본 적이 있다. 아무리 증거와 법에 정해진 절차에 따라 인정된 사실 관계를 바탕으로 법적 판단을 내린다고 하더라도, 숨어 있는 실체 관계를 끝내 밝혀내지 못할 수도 있고(엄밀히 말하면 판사 직무 영역이 아니라고 볼 수도 있다), 본의 아니게 당사자에게 오판을 내릴 가능성도 있다. 돌다리도 두드려보는 심정으로 꼼꼼하고 조심스럽게 판결문을 작성한다.

판결문을 작성하는 판사실을 조심스레 엿보자. 기록들의 높이는 대략 사람 키의 반 정도 된다. 배석 판사들이 있는 판사실에 보통 2명의 판사가 있다. 공간이 넓지는 않으나 서고에 있는 수많은 법서, 차 한 잔 마실 수 있는 탁자, 찻잔과 과자 등 간식거리 등이 있다.

벌써 방에 들어온 지 1시간은 넘은 것 같은데 아무 말이 없다. 혹시 한 방에 있는 두 판사의 사이가 나쁜 것은 아닐까? 둘 다 엄청 과묵한 사람들일까? 아니면 두 사람 모두 지금 당장 처리하여야 할 급한 일이 있는 것은 아닐까? 불행인지, 다행인지 한 방에 있는 판사 사이가 나쁜 것도, 지금 당장 처리하여야 할 급한 일이 있는 것도 아니다. 급해 보이는 표정이 아니다. 둘 다 식사할 때에는 밝은 표정이고 말도 잘 섞는다. 굳이 말하자면 그들은 자신들의 사건을 면밀히 검토하느라 말이 없었던 것이다.

사건 검토 및 판결문 작성을 할 때 반드시 다른 배석 판사 혹은 단독 판사와 협의할 필요는 없다. 합의부의 경우 판결문을 모두 작성하고 합의를 볼 때 다른 배석 판사, 부장 판사와 합의를 보면 그만이다. 이렇게 재판이 없는 날에는 기록 검토 및 판결문을 작성하느라 하루를 보낸다. 어떤 때는 옆에 있는 동료와 하루 종일 말을 하지 않을 수도 있다. 산속 절간이 따로 없다.

이번엔 반대로 생각해보자. 이렇게 내가 하는 일에 대해 누가 간섭하는 사람이 따로 없는 경우이다. 물론 배석 판사의 경우 작성한 판결문을 토대로 합의를 거쳐야 한다. 보통 판결 선고를 하는 날을 선고 기일이라 지정하는데, 선고되는 판결의 수는 재판부마다 상이하다. 정확한 수치는 아니나 대략 일주일에 20~30건 정도 선고되는 것 같다.

민사 소송의 경우, 판결을 선고하는 날에 당사자들이 반드시 출석할 필요는 없으나, 형사 소송의 경우 판결을 선고하는 날에 피고인은 반드시 법정에 출석하여야 한다(물론 경미한 사건 등의 경우에 예외 규정이 있다).

민사 소송은 판결문을 집으로 보내기 때문에 당사자는 판결문을 받아본 날로부터 2주 내에 판결에 승복할지, 상급 법원에 다시 한 번 판단을 구하는 상소를 할지 여부를 결정한다. 반면 형사 소송은 가만히 앉아 있다고 하여 판결문을 집에 보내주지 않는다. 따라서 판사가 선고하는 판결의 내용을 유심히 들을 필요가 있다. 어떤 이유로 유죄인지, 어떤 이유로 징역형을 받는지 잘 들어야 한다.

그 판사는 오늘 다시 피고인을 이 법정에서 만난다. 피고인은 극도로 긴장하여 판사의 입술 모양을 유심히 살핀다. 판사는 판결 이유에 대하여 설명을 한다.

"증인의 진술에 비추어 볼 때, 비록 증인이 피고인과 함께 여관에 들어갈 당시 여관 주인 등 주위의 도움을 요청하지는 않았다고 하더라도, 증인이 성관계를 완강히 거부한 사실, 피고인이 돌려주어야 할 돈을 주지 않으면서 무리하게 성관계를 요구한 사실, 피고인이 성관계를 마친 다음 증인에게 돌려주어야 할 돈의 일부만을 주며 먼저 여관에서 빠져 나온 사실을 인정할 수 있으며, 이에 따르면 피고인이 협박으로 강제로 피해자를 간음한 사실을 인정할 수 있습니다. 다만, 피고인이 종전 성범죄 전과가 있으나, 피해자와 한때 연인 관계였던 점 등을 참작하여 다음과 같이 형을 선고합니다. …… 피고인을 징역 2년 6월에 처한다. 이 판결 선고 전 구금일수 53일을 위 형에 산입한다(이하 생략)."

피고인은 법정 천장을 바라본다. 피고인의 눈에서 눈물이 주르륵 흐른다. 억울함의 눈물인지 가식의 눈물인지, 보복을 다짐하는 눈물인지 아무도 알 수 없다. 다만, 이렇게 법이 정한 절차가 종료되었을 뿐이다.

오늘도 수많은 사람들은 자신이 작성한 판결문의 내용에 따라 새로운 운명을 받아들이게 된다. 법정 안 판사 앞에서 하고 싶은 말은 무수히 많을지 모르지만 판사가 그들의 말을 다 들어주기엔 사건이 너무나 많고, 당사자들에게 설명해주어야 할 말이 너무나 많다. 당사자들은 이렇게라도 분쟁이 종결되기를 희망한다. 그러나 법정 밖을 나서서 우연히 만난 당사자들은 다시 전의를 불태운다.

대개 많은 경우 판결을 통하여 법률 분쟁이 종결되지만, 법적으로 해결되었다고 하여 당사자 일방의 승리로 끝나는 것만은 아니다. 형사 판결의 경우, 피고인은 자신의 억울함을 호소하여 만일 무죄를 선고받았다고 하더라도 수사 기관, 법원을 거쳐 오면서 수많은 출석과 자신이 한 진술, 그동안 받은 스트레스를 떠올리면 새삼 억울한 생각에 복받치기도 한다.

생각보다 많은 사람들이 자신을 고소한 상대방에 대하여 민형사상 책임을 묻거나, 자신에게 누명을 씌운 검사를 고발하기를 원한다. 그러나 자신이 비단 무죄를 받았다는 이유만으로 고소인이나, 자신을 기소한 검사에게 민형사상 책임을 묻기는 어렵다. 무죄 선고를 받은 피고인은 그동안 잃어버린 세월에 대한 보상을 원한다. 형사처벌을 받게 할 목적으로 수사 기관에서 고소·고발하였다면 형법의 무고죄, 민사상 손해 배상 책임을 물을 수 있을 것이나, 고소인의 무고를 입증하려면 무죄 판결 외 '형사처벌을 받게 할 목적'으로 자신을 고소한 사실을 입증하여야 하므로 쉬운 일만은 아니다. 일반인들은 이러한 사실을 쉽게 받아들이지 못한다.

그러나 직무 유기의 경우, 잘못된 직무 수행 전부에 대하여 형사처벌을 가한다면 공무원이 소신에 따라 직무 집행을 할 수 없고, 이는 직무 유기죄를 정한 취지에 반할 뿐더러 검사에게 공소권을 독점하여 부여한 것은 어디에도 치우치지 않는 공명정대한 공소권 행사를 기대하고 있기 때문이다. 원칙적으로 수사 및 공소 제기에 관한 검사의 권한 행사를 신뢰한다는 의미이다. 오늘날 이 말이 국민들에게 설득력을 가질지는 의문스럽다. 그러나 사적 보복과 형사 사법권의 적정한 실행 및 정의 구현을 위하여 검사에게 기소할 권리를 독점적으로 부여한 이상 원칙적으로 검사의 권한 행사에 대한 신뢰를 갖게 하는 사회적 분위기와 합의 도출은 매우 중요한 의미를 가질 것이다.

그러나 판결 선고가 당사자들에게 새로운 민원의 원인이 되는 것만은 아니다. 민사 소송에 있어 상당 부분의 사건은 판결 이외의 다른 방식으로 분쟁이 종결되기도 하며, 당사자들 사이에 원만한 합의가 도출되기도 한다. 형사 재판의 경우 형의 선고만으로 피해자의 맺힌 감정을 다 풀어주지는 못하지만 현대 사회에서 이런 절차를 통해서나마 피해자의 감정을 다독여주고, 피해자가 없는 경우라면 사회의 악을 해소할 수 있다.

판결 선고를 통해서 사회의 모든 분쟁을 깔끔하게 해결할 수는 없다. 법을 통하여, 우리가 약속한 절차를 통하여 약속한 내용에 따라 사람이 판단을 내리는 것이 재판이다. 따라서 재판이 세상에 단 하나뿐인 불변의 진리를 밝혀주지는 못한다. 증거를 통하여 재판하기 때문이다. 그러나 많은 경우 사실을 밝혀 억울함을 풀어주거나 다친 감정을 어루만질 수도 있다. 이 또한 판결이 갖는 매력이다.

우린 대부분 엄청난 죄를 짓고 법정에 서 있는 피고인들이 사회의 악이라 생각한다. 물론 어떻게 사람의 탈을 쓰고 저런 일을 할 수 있을까라는 의문이 드는 사건들이 있다. 그러나 많은 경우 피고인들은 불운한 가정 환경에서, 부모님으로부터 따스한 사랑을 받지 못한 채 자라나 주위 환경이 비슷한 사람들과 친구가 되어 결국 범죄의 길로 빠져든다. 판사는 그 죄를 법으로 판단하되 그 죄를 저지른 사람에 대하여 마지막으로 그들이 자라온 환경과 그들의 성향을 헤아려 그들에게 온정을 베풀 수 있는 마지막 사람이기도 하다.

쉬어가는 코너

[무죄 추정의 원칙]

로스쿨에 관심이 있다면 한번쯤은 새겨들었을 법한 무죄 추정의 법칙이라는 것이 있다. 헌법과 형사소송법은 모두 무죄 추정의 원칙을 명시적으로 규정하고 있다. 무죄 추정의 원칙이란 형사 피고인은 유죄의 확정 판결을 받기 전까지는 무죄로 추정된다는 말로 절차적, 실체적으로 무죄인 것처럼 다루어져야 함을 의미한다.

무죄 추정의 원칙은 국가의 형사사법권을 제한하고 당사자에게 절차 과정에 있어 형사사법권을 행사하는 국가와 대등하게 다툴 수 있는 '이념적' 도구이다. 여러분들도 완성된 사례는 아니지만 앞의 강간 치상 사건에서 사건의 실체를 파악하는 데 많은 고민을 겪었으리라 본다. 판사 또한 신이 아니다.

무죄 추정의 원칙이라는 것이 있으니 간단히 여러분이 판사라면 무죄 판결을 쓰면 될 것 같다. 그런데 만일 잘못된 무죄 판결이라면 애꿎은 피해자는 어떻게 할 것인가. 헌법과 형사소송법에서 정한 원칙이니까 참도록 권유할까? 좀 과장되게 들릴지 모르나, 만일 이렇게 간단히 사실 인정을 해버린다면 법원·검찰청 앞은 아마 수많은 억울한 피해자들로 넘쳐날 것이다. 피해자의 권리 또한 그렇게 가볍게 다루어질 것이 아니다.

이념적으로 형사사법권의 제한에서 형법과 형사소송법을 바라봤다면, 이제는 피고인과 피해자의 대립 구도에서 '적절한' 형사사법권의 행사가 더욱더 중요하다. 물론 피해자가 없는 범죄라면 달리 판단할 수도 있다. 그래서 필자라면 정말 억울함이 없도록 더 많은 증거, 즉 직접 증거가 아니라면 정황 증거라도 수집을 할 것이다.

여러분 또한 배우는 과정에서 무죄 추정의 원칙에 대하여 여러 번 음미하고 되새기겠지만 이념적 혹은 교과서적 의미를 넘어 실제로 피고인과 피해자 당사자에게 오고가는 의미와 파장이 어떠한지 다시 한 번 생각해보고 사실인정과 법률 판단에 신중에 신중을 기하여야 할 것이다.

3_ 승진

　법학전문대학원에서 3년, 변호사 자격시험 공부하고 합격하느라 1년, 법조인으로 쌓은 경력 3년 등 이렇게 수많은 시간이 흘러 30대 중반 이상을 바라보고 있을 즈음 여러분에게 판사로 활동할 기회가 주어질 것이다.
　초심(初心)을 잃지 않고, 머리와 가슴속에서 막연히 떠돌아다니던 판사라는 지위와 권위, 그리고 그에 따르는 막대한 의무를 부담하게 되었으니 벅찬 감정을 이루 말할 수 없으리라. 이런 감정들은 시간이 지나면 퇴색되게 마련이나, 그렇다고 하여 그 의미마저 사라지는 것은 아니다.
　판사가 되려는 사람들이 많은 것처럼, 판사가 되었을 때 그 처음의 마음가짐 또한 그 사람의 수만큼이나 다양할 것이다. 판사 역시 사람인 만큼 자기가 처음 임관하여 어떤 인생의 여정을 겪게 될 것인지 관심을 가질 수밖에 없다. 이제 갓 판사가 된 여러분이 판사로서 어떤 인생을 살게 될지 판사의 승진에 대하여 간략히 살펴보자.

어디로 발령이 날까?
　현재 사법 연수원 수료생 혹은 사법 연수원 수료 후 법무관 등 군복무를 마친 자를 판사로 임관하는 경우, 사법 연수원 성적 60%, 사법 시험 성적 40%를 합산하여 산출된 임용 성적이 기준이다. 사법 시험 성적 또한 비중이 높지만 실제 사법 시험 점수 편차가 크지 않은 관계로 사법 연수원 성적이 통합 성적에 절대적인 영향을 미친다. 물론 그중에서도 최상위권에 해당되는 사법 연수생은 사법 연수원 성적뿐만 아니라 사법 시험 성적 또한 탁월하므로, 부족한 부분이 있는 경우 통합 성적에서 예상치 못한 타격을 입을 수도 있다. 그렇다고 성적이 탁월하면 전과가 있더라도 괜찮은 것은 아니다.

법관 임용 시 면접 등을 통해 인성 등 다른 여러 요소들을 검토하여 적합한 인물을 뽑는다. 그러나 실질적으로 성적이, 그중에서도 사법 연수원 성적이 절대적 비중을 차지함은 부인할 수 없는 사실이다. 앞으로 사법 연수원 제도가 폐지되고 법학전문대학원을 수료하여 변호사 시험을 합격한 사람들 중 법관을 임용할 경우에 위와 같은 방식으로 임용할 수 없음은 당연하다.

앞으로의 법관 선발 방식에 대하여 다양한 논의가 있지만 아직 확정된 것은 하나도 없다. 개인적인 예상으로는 사법 연수원 수료생이 없어지는 그 이후 시점에는 변호사 시험을 합격한 변호사 중 일정 경력이 지난 사람들 중에서 시험과 면접을 통하여 선발할 가능성이 크다고 보여진다. 그리고 그렇게 선발된 사람들을 곧바로 판사로 임용하기보다는 법관 연수 등을 통하여 1~2년 법원 실무에 대한 감각을 익힌 다음 실제 판사 업무에 투입시킬 가능성이 크다.

현행 제도에서는 성적에 따라 판사 지원자를 받아들이는데, 실제 판사를 지원하기 전에 자신의 성적과 당해 연도의 판사 지원자 성적을 사법 연수원 교수님으로부터 전해 듣기 때문에 판사 지원에 떨어져서 재수하는 경우는 없다. 지원자는 본인이 희망하는 지역을 적어 내는데, 서울·수도권의 인기는 가히 하늘을 찌른다. 성적이 가장 좋으면 서울중앙 지방법원, 그 다음으로 서울의 동·남·북·서부 각 지방법원, 경기, 충청, 대구·경북, 부산·경남, 전라, 제주 순서로 배치된다.

판사로 임관되면 초임이든 후임이든 한 번 이상은 지방에서 근무해야 한다. 지방에서 근무하면 무슨 유배라도 당한 줄 알고 걱정하거나 좌절하는 사람이 있으나 지방에도 웬만한 문화 시설은 다 갖추어져 있을 뿐만 아니라 깨끗한 환경 속에서 생활할 수 있는 장점도 있다. 대한민국의 다른 곳에 사는 다른 사람들의 이야기들을 들어보고 그곳의 색깔과 향취에 흠뻑 젖어 오는 사람들도 많다.

서울-지방 순환 근무제(경향 교류 원칙)

서울-지방 순환 근무제는 말 그대로 서울 및 수도권에서 근무를 한 경력이 있다면 다음 인사 발령은 서울 및 수도권이 아닌 다른 지역에서 근무하도록 하는 방침이다. 위에서 말한 바와 같이 요즘은 자신이 서울에서 태어나 자랐든, 아니면 대학 이후 서울에서 유학을 하였든 거의 서울 근무를 희망한다. 물론 첫 임지는 앞서 말한 바와 같이 사법 연수원 성적에 따라간다. 만일 누군가 서울 또는 수도권에서 시작하였다면, 그는 전체 판사 중에서도 성적이 좋은 사람이다.

수도권에서 2년 근무하면 다음 2년은 서울로 간다. 수도권이 아닌 서울이 초임이라면 서울에서만 4년을 보내게 된다. 서울에만 지방법원이 다섯 개가 있는데, 많은 사람들이 들어봤을 법한 서울 서초구 서초동에 있는 서울중앙 지방법원, 광진구 구의동에 있는 서울동부 지방법원, 양천구 목동에 있는 서울남부 지방법원, 노원구 공릉동에 있는 서울북부 지방법원(2010년경 도봉구 창동으로 청사가 이전될 계획이다), 마포구 공덕동에 있는 서울서부 지방법원이 있다. 지방법원은 지역과 인구, 사건 수 등을 감안하여 세워진다.

한편 초임을 지방에서 시작하면 지방에서 3년을 보내고 나중 3~4년을 수도권과 서울에서 보낸다. 그 이후는 서울에서 초임을 시작한 경우와 같다. 다만, 서울에 근무할 기회가 있어도 본인이 지방 근무를 신청하면 지방에서 근무할 수 있다. 대구나 광주처럼 그 지역 내 임지로 발령받는 판사가 있는데, 줄여서 향판(鄕判)이라 부른다. 지역에 연고가 있거나 특별히 애착이 있는 사람이 지원하는 경우가 많다.

서울 근무 후는 지방으로 가는데 서울중앙 지방법원에서 초임을 시작한 사람들이라면 천안, 충주, 원주 등 최고 인기 있는 곳에 가서 3년을 보내고 온다. 물론 개인적인 연고 또는 배우자의 연고가 있는 사람의 경우, 자원하여 다른 곳에서 근무하는 경우도 많다. 지방의 근무 강도 또한 무시 못 하지만 통상 서울 및 수도권의 근무 강도보다는 약한 것으로 알려져 있다. 유학을 원하는 사람은 통상적으로 이 시기에 유학을 간다. 지금까지는 통상 6개월 정도 유학을 갈 수 있었는데 앞으로는 1년 정도로 늘려 유학의 내실화를 기할 것으로 보인다. 그러나 유학의 내실화는 국가가 보장하는 것이 아니라 유학을 가는 사람의 마음에 달려 있다고 생각한다.

최근에 서울중앙 지방법원의 경우 배석 판사 중 여성의 비율이 50%를 넘는다는 기사가 보도된 적이 있다. 인사에 관해 여자 판사들은 과거부터 특별 대우를 받았다. 과거에는 여자 판사가 드물다 보니 배려를 하여 지방 근무를 많이 줄여 가사 및 육아 부담에 대한 배려를 해주었다. 그래서 부장 판사로 승진하기까지 지방 근무를 면제해주거나 임신하여 출산하기까지 사건 배당 및 여러 가지 면에서 편의를 봐주는 경우가 있었다. 물론 이러면 처리하지 못한 사건, 배당받지 못한 사건은 결국 남아 있는 남자 판사들에게 돌아간다. 불만이 생길 수 있겠으나 모성 보호는 국가적 책무가 아니겠는가. 특히 이런 저출산 시대에.

단독 판사

판사 경력 5년차부터 배석 판사를 벗어나 민사 단독 판사를 할 수 있다. 물론 법원에 따라 다르며, 지방의 경우 판사 수가 부족하면 배석 판사 및 단독 판사 모두를 담당할 수도 있다. 한 판사가 여러 역할을 해야 하기 때문이다. 2,000만 원 이하의 사건을 심리하는 재판부인 민사소액단독의 경우 대부분 소송 대리인인 변호사가 선임되지 않은 당사자가 직접 작성한 소장 및 준비 서면으로 임하는 사건을 처리한다.

형사 단독은 6년차부터 될 수 있으며 '왕'이라고 할 수 있다. 형사 사건 중에서 중대한 범죄는 형사 합의부에서 재판을 하고, 그 외의 사건은 모두 형사 단독이 판결을 한다. 대부분의 폭력 등 잡범들은 단독 사건이다. 단독 재판부이다 보니 혼자 결정하게 되고, 누구의 간섭 없이 결정할 수 있다. 형사 사건은 사선 변호인이 선임되거나 그렇지 않은 경우 법이 정하는 바에 따라 국선 변호인을 선임하여 진행하는 경우가 많아 민사 단독과 같이 법률적 쟁점이 파악되지 않은 상태에서 당사자의 읍소를 들어 헤아릴 수고를 부담하지 않아도 된다.

다만, 최근 많은 1인 단독으로 형사 재판을 진행하는 것에 대한 문제 제기가 있다. 앞으로는 법조 경력이 충분한 사람들이 형사 단독 재판을 맡을 것으로 보이고, 일단 중요 사건에 대해서는 단독 재판이 아닌 재정 합의(단독 판사 3명이 모여서 재판하는 방식)를 통하여 재판이 이루어질 것으로 보인다. 문제 제기는 정치권에서 시작되었지만 궁극적으로 법관 선발 방식의 변화가 일어날 수밖에 없다.

고등법원 배석 판사와 대법원 재판연구관

지방 3년 근무 후에는 다시 서울로 돌아오는데, 대략 판사 경력 10년 전후로 하여 고등법원 배석 판사가 된다. 고등법원 합의부는 차관급 예우를 받는 고등법원 부장 판사와 함께 배석 판사로 구성되어 1심 지방법원 합의부 사건을 계속하여 심리하는 기능을 갖는다. 그 무렵 대법원 재판연구관을 거치는 경우가 있다. 대법원 재판연구관이 되면 전국의 모든 사건의 최종심으로서 쏟아지는 사건과 기록에 파묻힌다고 한다. 대법관 14명 중 법원 행정처장과 대법원장을 제외한 12명이 4명씩 3개 부로 구성이 되며, 각 대법관에 3명의 재판연구관이 배정된다. 대법원 재판연구관은 자신이 담당한 사건의 심리 및 재판에 관한 조사 · 연구 업무를 하여 대법관을 돕는 역할을 한다.

법원 행정처에 파견 근무(기획조정관, 법무담당관, 법정심의관, 조사심의관 등)를 하는 경우도 있는데, 법원 행정처는 판사들 중에서도 가장 인정받는 사람이 가는 것으로 알려져 있다. 법원 행정처는 각급 법원의 인사 · 예산 · 회계 · 시설 · 송무 · 사법 제도 연구 등을 관장하는데, 법원 행정에 있어 미치는 영향이 크다.

부장 판사

　법원조직법을 살펴보면 법조 경력 10년 이상만 되면 부장 판사로 승진할 수 있으나, 실제로 경력 15년차 전후(통상 15년을 넘는 경우는 아직 보지 못했다)가 되어야 부장 판사 승진이 가능하다. 처음 부장 판사로 승진이 되면 다시 지방으로 가는데, 근무 평정 등 판사로 임관되고 난 다음의 평정을 중심으로 임지를 결정하는 추세라고는 하나 사법 연수원 당시 성적이 영향을 미치는 것으로 알려져 있다.

　발령이 나면 작은 지원의 지원장으로 갈 수도 있는데 지방법원(地方法院)은 그 지방을 대표하는 비교적 큰 법원이라 생각하면 되고, 지원(支院)은 말 그대로 지방법원의 가지와 같이 지방법원 밑에 있는 작은 법원이라 생각하면 된다.

　지방에서 3년의 근무를 마치고 나면 사법 연수원 교수를 할 수도 있다. 대부분의 판사들은 사법 연수원 교수 시절 경험을 매우 좋게 받아들이는데, 일상의 과중한 재판 업무와 스트레스에서 벗어나 한참 아래의 법조 후배들과 함께 그들에게 자신들이 그간 쌓아온 노하우를 전수해줄 수 있다는 것에 많은 보람과 희열을 느끼기 때문이다.

　그리고 그 이후 서울에서 부장 판사를 하게 된다. 서울중앙 지방법원으로 가기도 하고, 서울의 다른 지방법원으로 가기도 한다. 많은 경우 사법 연수원 교수였던 현직 부장 판사들은 사법 연수생 딱지를 떼고 실무에 나와 다시 찾아뵈어도 사심 없이 제자를 대해준다. 제자들은 사실

갓 나온 법조 세상에서 사심 없이 대해주고 조언과 격려를 아끼지 않는 높은 경력의 부장 판사가 있다는 사실만으로도 든든한 힘을 느낀다.

고등법원 부장 판사

지방법원 부장 판사를 8~10년 정도 하면 고등법원 부장 판사로 승진할 기회를 갖게 된다(우리나라에 고등법원은 서울, 대전, 대구, 부산, 광주 5군데밖에 없다). 2009년에는 사법 연수원 16기가 이에 해당되었으니 법조 경력 24년 정도 된 분들이다.

여기서 갑자기 승진의 병목 현상을 겪는다. 일반적인 조직에서는 승진을 위하여 상관으로부터 좋은 평가를 받기 위해 상관에게 잘 해야 한다는 것을 불문율로 받아들인다. 하지만 법원에서 판사는 각자 자신의 직업적 양심에 따라 법을 해석하여 판단하는 만큼 상관이 누구든 눈치를 보아서는 안 된다고 여긴다. 그래서 아무리 지방법원장이라고 하더라도 그 지방법원 내 판사의 개개 사건에 대한 판결에 대하여 간섭하지 않는다.

고등법원 부장 판사는 지금까지의 승진과는 달리, 군대로 말하면 별을 다는 격이어서 경쟁이 제법 치열하다. 그래서 일각에서는 고등법원 부장 판사 승진 제도를 없애고 지방법원 부장 판사, 고등법원 부장 판사를 순환 보직으로 두는 방안을 제시하기도 한다.

대체로 여기서 승진을 하지 못하면 통상 옷을 벗는다. 고등법원 부장 판사가 되면 지방법원 수석 부장 판사(고등부장급이다)를 하기도 한다. 지방법원 수석 부장 판사를 1년간 역임하고 난 다음 고등법원의 부장 판사로 발령을 받는다. 고등법원 부장 판사도 처음에는 수도권이 아닌 지방에서 시작을 하고 나중에 서울고등법원으로 온다.

한편 지방에 계속 남아 있기를 희망하면 그럴 수도 있다. 법원은 경향 교류 원칙을 배제하고 지역의 특수 실정에 맞게 지역 법관 제도를 유지하여 왔고, 그 지역 법관들에 대한 티오로 일정 지역 법관들에게 고등법원 부장 판사 승진을 시켜왔다.

고등법원 부장 판사가 되고 나서 5~7년 후에 지방법원장에 임명된다. 각 지방법원장 역시 지방법원장 사이에 서열이 존재하기 때문에 지방법원장이라고 하여 곧바로 서울중앙 지방법원장이 되는 것이 아니라 지방에 있는 법원장으로부터 서서히 좋은 자리로 이동한다.

대법관

대법관은 헌법과 법률의 규정에 따라 엄격한 절차를 통하여 선임한다. 사법 연수원 성적이 좋다고 되는 것도 아니고, 국민들에게 인기가 많아 선거를 통하여 선출되는 것도 아니다. 내부적으로 법원 내부 사람, 외부 인사 등 돌아가면서 정원이 있다. 사법 연수원 한 기수에 1,000명이 있는데, 그 기수 통틀어 대법관이 나오지 않는 경우도 많다(물론 예전에는 100명 또는 300명 시절이었다). 그러니 운도 작용하는 듯싶다. 대법관이 되면 취임식하는 그날만 좋다는 말이 있다. 그 다음날부터 산적해 있는 사건들을 처리해야 하기 때문이다.

한 가정의 가장

판사도 한 가정의 가장으로 집에 돌아가면 그 집안을 챙겨야 한다. 훌륭한 부모, 남편, 아내, 자식이 되는 것과 그 자신이 법조인인 것과는 아무 관계가 없을 것이라 생각하는 사람도 있다. 사실 훌륭한 가족 구성원이 되는 것은 1차적으로 그 사람의 성품과 자질에 달려 있을 문제지만, 법조 3륜(판사, 검사, 변호사) 중에서는 판사가 그나마 가장 좋은 가족 구성원이 되지 않을까 싶다.

판사, 검사, 변호사의 업무량을 비교한다는 것은 의미가 없다. 판사라도 어느 지방에서, 어느 업무를 분담하느냐에 따라 업무량은 천차만별이고, 변호사라도 같은 변호사가 아니라 개업 변호사냐, 대형 로펌의 변호사냐에 따라 다르기 때문이다. 그나마 판검사들은 주말을 보장받는 것으로 보인다. 그리고 판사가 하는 일이 법이 정한 재판 절차 내에서 당사자들의 주장을 들어 사실 진위를 인정하고 거기에 법률을 적용하여 판단을 내리면 그만이기에 조금 덜 요란스럽고, 조용한 일이다. 그렇다 보니 그런 일을 하는 사람의 성품 또한 가정적인 경우가 많다.

기본적으로 우리 사회의 문제일 수도 있겠지만 법조 직역 어느 하나가 특히 업무 부담이 적어 여유가 넘치는 직역은 없다.

쉬어가는 코너

[법정 밖의 혈투]

법원에서 재판을 하다 법정 밖을 돌아다니면 어렵지 않게 고성이 오가거나 주먹다짐을 목격할 수 있다. 사연은 너무나 다양한데, 증인으로 나와서 허위의 증언을 하였다고 주장하며 다투든가, 당사자들끼리 연락이 되지 않다가 법정에서 우연히 만나 그간의 묵힌 감정이 폭발하면서 다투든가 내용도 알 수 없는 밑도 끝도 없는 다툼이다.

아이러니컬하게도 이런 사람들 중 상당 부분은 법정 안에서는 순한 양처럼 가만히 있거나 눈물로 판사에게 호소한다. 물론 법정 안에서도 고성을 지르며 난동을 부리는 사람도 있다. 눈물로 호소하거나 고성을 지르면 판사가 자신의 억울함을 조금이라도 더 들어주지 않을까 하는 심정일 수도 있겠다.

그러나 그렇게 쉽게 나의 주장이 받아들여진다고 생각하면 큰 오산이다. 아마 거의 모든 판사들은 당사자들이 눈물을 흘리든 고성을 지르든 감정적으로 흔들리지 않는다. 다만, 형사소송에서 피고인이 흘리는 반성의 눈물이 어느 정도 양형 사유로 참작될 수는 있지 않을까 하는 막연한 추측만 한다. 거의 가능성 없는 이야기다.

한국 사람들은 판결에 쉽게 승복하지 않는 편이다. 무조건 삼세판은 가야 직성이 풀리는 것 같다. 이런 식으로 하나의 사건에 대하여 1심·2심을 넘어 대법원 상고까지 3심을 거치고 나면 아무리 간단한 사건이라도 2년 이상이 걸린다. 그동안 재판을 통하여 소비한 비용과 극단적 감정 대립으로 인한 스트레스를 감내하고서도 그 과정을 거치는 것을 보면 무엇인가 억울한 심정이 있는 듯 보인다.

　사람마다 억울한 사연은 다들 있다. 그러나 내가 억울하다고 법원이 나의 말을 들어주지는 않는다. 왜냐하면 더 억울한 사람이 있을 수도 있기 때문이다. 누가 더 억울하고, 누가 더 보호를 받아야 할지는 결국 법의 잣대로 법원이 판단할 몫이다.

　감정으로 해결할 수 있는 사람의 일은 그리 많지 않다. 결국 돌아보면 후회만 남기 마련이다. 자신 스스로 법적 다툼이라는 최후의 수단까지 와서 냉정함을 유지하지 못하면 결국 손해는 자신이 본다는 사실을 깨달아야 한다.

Chapter

검사의 추진력

1_ 수사 검사실의 소란

이제 수사 검사실에 들어가 보자. 수의를 입은 사람은 며칠 동안 씻지도 면도도 하지 않은 것 같다(구치소에서도 얼마든지 씻을 수 있다). 수갑을 찬 채로 검사실 안 계장 앞에서 수사를 받다가 수갑을 찬 양손으로 책상을 '탁탁' 친다. 검사실에서 직접 수사하는 계장이 이제 마지막 카드를 내보인다.

"야, 이렇게 증거가 뻔한데 계속 우길 테냐? 이제 그만하자."

"너 이제 마지막인데, 범죄 사실 인정하면 내가 선처해줄 수 있지만, 그렇지 않고 끝까지 우기면 이제 나도 모르겠다."

피의자*가 골똘히 생각에 잠긴다. 어떻게 해야 할까 한참이나 머리

---

* 형사소송법상 자신이 저지른 범죄 사실에 대하여 법원에 기소되지 않은 상태로 있는 경우 그 자의 신분을 피의자라고 하며, 법원에 기소되었다면 그 자의 신분은 '피고인'으로 된다. 뉴스를 보면 이런 용어가 혼동되는 경우가 많다.

를 굴린다. 이미 대마초를 주고받은 혐의로 여러 번 검찰청에 출입한 경력이 있어, 이제 웬만하면 검사의 머리 위에 앉아 마음대로 수사를 받고, 수사를 자기 마음대로 쥐락펴락할 것 같다.

"……."

"저는 모르는 사실입니다."

무엇을 모른다는 것일까. 한편 수사 검사는 무엇을 알고 싶어하는 것일까. 이제 묻혀 있던 과거의 사실 관계가 수면 위로 떠오르려 한다. 판사는 검사가 법적으로는 없었던 범죄 사실을 밝혀내 법 적용을 통하여 공소 제기라는 요리를 마친 그 '사실'에 대하여 다시 한 번 손가락으로 찍어 맛을 보거나, 이리저리 흔들어보기도 하고, 맛을 의심해보기도 하면서 그 요리의 완성을 결정짓는 역할을 한다. 굳이 어설프게 비유하자면 판사는 차려진 요리를 맛보는 미식가 같은 직업이다.

그러나 검사는 다르다. 굳이 요리하려 들지 않으면 요리할 필요도 없다. 사실 내가 아닌 다른 누군가가 과거에 한 일을 정확히 밝혀낸다는 것은 귀찮은 일이기도 하지만 요리사의 매력은 바로 여기에 있다. 남들에게는 아무 쓸모없는 재료이고, 의미 없는 일에 불과하지만 그의 손을 거치면 완전히 새로운 작품이 탄생하듯이 검사 또한 묻혀 있고 그렇게 지나갔으면 영원히 밝혀지지 않을 사실 관계를 추적하고 법 적용을 통하여 범죄를 밝혀낸다. 그리고 범인을 처벌하는 엄청난 일을 함으로써 소위 말하는 '정의'라는 것이 구현된다. 증거를 확인한 검사는 자신감에 넘친다. 굳이 더 이상 소리칠 필요도 없다.

"마음대로 하십시오."

"(피의자)⋯⋯."

검사는 이미 피의자로부터 마약을 받았다는 사람들의 진술과 그로부터 압수한 마약, 그리고 다른 마약상으로부터 기존에 입수한 마약 상선 조직도, 피의자의 범죄 경력 조회(전과 조회) 등을 통하여 피의자의 유죄를 확신하고 있다. 법원의 판단을 통해서 유죄가 확정되고, 그에 따른 형 집행이 예상되는 마당에 개인적인 감정을 풀어놓을 필요는 없다.

이렇게 마약상과 한판 하고 나면 진이 다 빠진다. 전혀 여과되지 않은 범죄인들과 범죄 사실을 물어 진실을 파헤쳐야 한다는 점에서는 검사라는 직업이 매우 고된 직업인 것 같다.

그러나 어찌 보면 이런 모습은 수사 검사실의 일반적인 모습은 아니다. 검사는 1개월에 대략 100~300건의 사건을 처리하는데, 언제 개개의 사건 피의자를 다 불러 진실 여부를 캐묻고 숨겨진 범죄 사실을 찾아낼 것인가. 아직 이 글을 읽는 여러분들은 1개월에 위와 같이 수백 건의 사건을 처리한다는 것이 어떤 의미인지 정확히 깨닫진 못할 것이다. 수사 외 다른 업무, 즉 행정부 공무원으로서, 조직의 일원으로서 피할 수 없는 보고나 기획 같은 업무를 고려한다면 검사가 사건 하나하나에 쏟는 정성은 언제나 부족할 수밖에 없다.

위와 같이 검사가 1개월 동안 배당받는 수백 건의 사건 중 절반 이상은 벌금형을 구형하는 간단하고 경미한 사건들이며, 경찰에 의하여 충분한 조사가 이루어졌으므로 별도의 조사가 필요 없는 사건들이다. 그래서인지 한 번 검찰청 내 수사 검사실을 둘러보면 그렇게 고성이 오가는 방이 많진 않다. 대부분 의외로 머리를 숙이고 조용히 기록을 보는 검사들을 발견할 뿐이다. 검사라면 왠지 마약 투약 현장이나, 도박 현장에 수사관들을 대동하고 나타나 범행 현장을 급습하여 현행범들을 일망타진하는 모습을 상상하였을지 모르나 현실에서 그런 일은 없다.

다시 시끄러운 수사 검사실의 모습을 살펴보자. 대부분의 사건은 피의자들이 범죄 사실을 인정한다. 그런 마당에 그들을 소리 높여 다그칠 필요는 없다. 검사는 『형사소송법』 제310조의 2에 따라 자백을 보강할 만한 다른 증거를 적절히 찾아 기소하면 그만이다. 자백하고 반성하는 사건은 증거가 분명함에도 불구하고 변명으로 일관하고 반성의 기미가 없는 사건과 차별하여 다루어진다. 물론 피의자들이 자백한다고 사건을 그대로 덮어버려서는 안 된다. 자백은 가장 달콤한 유혹임과 동시에 치명적인 독약이기도 하다. 허위 자백으로 사건의 전말을 은폐하려는 시도가 있기 때문이다. 다음과 같은 사건을 한번 보자.

전국 일대를 강타했던 바다이야기 게임이 있다. 필자 또한 직접 해보진 않았으나, 지금까지도 바다이야기 게임장을 운영하다가 『게임 산업의 진흥에 관한 법률』 위반으로 기소되어 처벌받는 경우가 많은 것을 보면 그 중독성은 미루어 짐작할 만하다. 게임장 사업의 관행처럼 내려오고 있는 것이 실제 업주와 이른바 '바지 사장'이다. 자신의 자본으로 건물을 임차하여 게임장을 운영하는 사람이 따로 있고, 수사 기관에 출석하여 자신이 게임장 사장임을 자처하고 모든 처벌을 달게 감수하겠다는 '바지 사장'이 따로 있다는 말이다.

오늘 모 검사는 위와 같이 등급 외 게임을 설치한 게임장을 운영하였다는 이유로 입건되어 조사받는 피의자 한바지를 만났다. 피의자 한바지는 허름한 행색에 고개를 떨구며 검사실로 들어온다. 피의자는 직접 수사하는 검사 앞에 앉아 사건의 전말에 대하여 조사를 받기 시작한다.

"한바지 씨, 2009. 9. 9. 서울 ○○동에서 게임장을 운영하다 적발된 사실이 있지요?"

"네."

"게임장은 언제부터 운영하였나요?"

"(정말 운이 없다는 표정으로) 아마 단속당하기 이틀 전일 것입니다."

"그럼 피의자가 종업원을 구한 건 언제였으며, 어떤 조건으로 구하였나요?"

"(이런저런 대답)"

"피의자는 서울 ○○동에 있는 건물을 어떤 조건으로 임차하였나요?"

이때 피의자가 제출하는 임대차 계약서를 받아 조서 말미에 편철하다가,

"임대차 계약서에는 피의자가 임차인으로 되어 있군요."

"네."

"게임기는 대당 얼마씩 주고 구입하였나요?"

"(이런저런 대답)"

"피의자는 종전에 신용 불량자였는데, 게임장을 오픈하는 데 드는 비용은 어떻게 마련하였나요?"

"아, 그건 친구에게 특별히 돈을 빌려서 그렇게 하였습니다."

말이 그럴 듯하다. 게다가 자신이 게임장을 직접 운영하였다고 하

고, 임대차 계약서나 다른 사람들의 진술도 다 이를 뒷받침하고 있는 것 같다.

과거의 사실은 하나만 존재한다. 판사도 그렇듯이 검사도 과거의 사실을 밝혀내는 일이다. 판사가 최종적으로 판단하므로 검사는 대충 과거의 사실을 넘겨짚어 나쁘다 싶은 놈들을 그냥 기소해버리고 말면 안 된다. 이렇게 생각해볼 수도 있다.

'혹시 저 사람이 진짜 사장이 아닌 가짜 사장이 아닐까? 왜 그렇게 쉽게 모든 범행 사실을 털어놓을까? 무엇인가 더 큰 사실을 숨기고 싶어 그러는 것이 아닐까? 이렇게 자신이 게임장 사장으로 처벌받게 되면 종전 전과에 따라 실형을 사는 것은 물론 게임기도 압수당하고 추징금도 내야 하는데.'

의문은 쉽게 가라앉지 않는다.

'저 사람을 기소하면 나도 편하고, 저 사람도 편한데 그렇게 할까? 아니지, 진짜 사장은 저렇게 다른 사람을 사장으로 내세워 조사받게 하고 또 다른 곳에서 게임장을 영업하며 실정법을 위반하고 있는 것이 아닐까? 내가 진짜 사장을 밝혀낼 수 있을까?'

이제 게임장 업계에 얽힌 사람들과의 한판 싸움이다. 저들은 결코 쉽게 진실을 말하지 않는다. 쉬운 게임이 아니다. 필자가 어제 길을 가다가 남이 흘린 물건을 주웠다고 가정하자. 결코 다른 사람이 손에 쥐고 있던 물건을 훔쳐간 것이 아니다. 끝까지 이렇게 주장하면 내가 거짓말 한다고 판단할 독자가 있는가? 그렇게 판단하였다면 그 근거는 무엇인가? 쉽게 답하지 못할 것이다. 검사는 다른 사람의 거짓말을 부처님 손

바닥 안에서 다루듯 쉽게 내려다보고 판단하지는 못한다. 그렇다고 예전처럼 일단 긴급 구속이라도 시켜놓고 사건의 추이를 지켜보는 것도 안 된다.

검사 또한 증거를 갖고 말한다. 이제 이 사건의 증거를 찾아나선다. 어차피 저 바지 사장 피의자 이야기는 더 들어봐야 뻔한 대답일 것이다. 건물을 임대한 주인과 종업원의 진술을 들어보고, 게임장을 설치하고 운영한 자금의 출처에 대해서도 한번 의문을 가져본다.

물적 증거가 완벽하게 확보될 만한 사건은 당연히 물적 증거를 확보한다. 그러나 완전한 물적 증거가 갖추어진 사건은 그다지 많지 않다. CSI와 같은 미국 드라마에 심취한 사람은 우리나라 수사관들의 인적 자질과 국력의 한계를 질타할지 모르겠다. 필자는 개인적으로 보기에 살인 사건과 같은 범죄에 있어서 가장 중요한 증인인 범죄의 피해자가 죽어버린 경우 초동 수사를 통하여 물적 증거를 충실히 확보하여야 함에도 현장 보존과 같은 기본적인 초동 조치를 제대로 취하지 못하여 중요한 증거를 놓쳐버린 사안에 대해서는 매우 안타깝게 생각한다. 그러나 생각보다 많은 사건들은 물적 증거를 충실하게 확보하기 어렵다는 점만은 기억해두자.

이렇게 모은 종업원과 건물 임대인의 진술, 게임기 한 대당 가격에 대한 업자들의 진술, 게임장에 있었던 손님들의 진술에 비추어 피의자의 말을 믿기 어렵다고 판단할 수 있다. 이제 조금 더 적극적이라면 수시로 불시에 다시 그 게임장 일대를 순찰할 수 있다. 물론 검사가 직접 현장을 순찰하며 위법 사실을 적발할 필요까진 없다. 모든 일이 꼬리가 길면 밟히듯이 이렇게 다른 사람을 내세워 조사를 받게 하고 자신은 다른 곳에서 버젓이 게임장 영업을 하는 경우, 결국은 위법 사실이 적발되어 검사 앞에 가게 된다.

　이제야 비로소 묻혀 있던 범죄의 진실이 세상에 드러나게 되었다. 범죄와 싸워 과거의 진실을 밝혀내기란 이렇게 힘든 일이다. 사람들이란 때론 정말 어리석은 일에 가담하기도 하는데, 저렇게 바지 사장으로 다른 사람을 대신하여 조사받고 사법 처리를 받는 경우가 그 대표적인 예이다. 보통 게임장에 바지 사장으로 있으면 일당 10만 원 정도를 받고, 수사 기관에서 조사를 받고 구속이 되거나 실형을 살게 되면 몇 백만 원씩 주기로 구두로 약속하는 경우가 종종 있다. 실제로 바지 사장이 구속이 되고 나면 업주는 연락을 끊고 다른 곳으로 가버리기 때문에, 그 바지 사장은 돈도 못 받고 전과자로 전락하고 만다. 전과자가 된다는 것이 이렇게 별 일이 아닌지 반문해보고 싶다.

　그럼 형 집행이 종료되고 난 다음 나와서 그 실제 사장에게 민사 소송을 제기하면 어떻게 될까? 대부분의 바지 사장들은 여기까지 생각하지는 못한다. 그러나 그 결과는 참 어설픈 법정 투쟁이 될 것이다. 법질서에 위반되는 일에 가담하고 그로 인하여 생긴 수익을 다시 법 제도를 통하여 확보할 수 있도록 법원이 도와줄까? 마치 성매매의 포주가 윤락 여성에게 자신이 받을 돈을 달라고 민사 소송을 제기하는 꼴이 아닐까. 판단은 법원의 몫이지만 이런 법리적인 문제점을 차치하고라도 그 실제 사장이 피고로 제대로 답변하고 출석할지, 승소 판결을 받더라도 과연 실제 사장의 재산을 정확하게 찾아내어 적시에 강제 집행을 할 수 있을지는 의문이다.

　요즘 사회적으로 크게 문제되고 있는 전화사기, 이른바 '보이스 피싱' 사건이 있다. 어느 날 전화를 받았더니 검찰청에 미납한 벌금이 있다는 이야기부터 이제는 조금 더 극적으로 진화되어 당신의 딸이 납치되었다는 둥 부모의 약점을 물고 늘어지는 교묘하고 치졸한 수법이 횡행한다.

　이런 현상을 범죄로 보아 처벌하기 위하여 『전자금융거래법』이 있다. 이 법은 원래 통장의 명의인이 실제로 통장을 사용하는 것이 아닌 통장의 명의인 외 다른 사람이 사용하는 이른바 '대포통장'의 거래를 규제하기 위하여 만들어졌다(물론 다른 입법 목적도 있다). 대포통장의 거래가 좀처럼 줄어들 기미를 보이지 않는 것 같다. 통장을 만들어 현금 카드 등과 함께 양도하면 통장 한 개당 10만 원 정도 받기 때문에 돈이 갑자기 필요한 사람들에게는 큰 유혹이 아닐 수 없다. 보통 한 사람이 금융권을 돌면서 부지런히 발품을 팔면 통장 열 개는 만들 수 있다. 이렇게 통장을 양도하면 갑자기 100만 원이 생기고, 이로 인하여 누가 직접 피해를 입는 것이 아니므로 이러한 행위가 위법하다는 인식이 박약한 채로 범행에 가담하는 경우가 많다.

　그러나 이렇게 수집된 수많은 통장들은 전전의 유통을 거쳐 보이스 피싱을 하는 사람들에게 양도된다. 그들은 보이스 피싱을 통하여 겁을 먹은 피해자로부터 계좌 이체를 받자마자 다른 사람에게 지시하여 근처의 현금 인출기를 통해 현금을 인출한다. 이렇게 한 번 사용된 통장은 여러 번 반복적으로 사용되지는 않는다. 수사 기관의 감시를 피하기 위한 술책으로 보인다.

또한 이런 대포통장의 거래도 다단계로 이루어져 있다. 신고를 통하여 대포통장을 거래하는 한 사람을 잡고 그로부터 모두 자백을 받았다고 하더라도 이는 사건에 대한 빙산의 일각에 불과할 뿐이다. 대포통장의 양도·양수와 보이스 피싱, 현금 출금에 이르기까지 다양한 사람이 관여되어 있어 이를 찾아내어 발본색원하는 것이 검사의 권한이자 의무이다. 누구도 할 수 없는 일이기에 엄청나게 힘들 뿐만 아니라 자신만이 할 수 있는 일이기 때문에 더 큰 보람을 느낄 수 있다.

이제 대포통장의 양도·양수 총책이 당신 앞에 있다. 누구나 처음부터 사건 전말을 모두 잘 알고 모든 거래 구조의 구성원들을 검거할 수는 없다. 다들 선배로부터 사건을 대하는 노하우를 배우고 스스로 익혀 전문가가 된다.

"이 수많은 통장들이 당신 수첩에 기재되어 있는 그 통장들이네요?"

"네."

"그 통장들 중 하나하나씩 묻겠습니다. 범죄 사실 범죄일람표 1~5번까지 통장은 누구로부터 받은 것인가요?"

"……"

"그 통장 상피의자* ○○○가 당신한테 줬다던데, 맞나요?"

"……"

---

* 법원으로 기소되기 전 사건의 당사자를 '피의자'라고 부른다. 그런데 사건 중 공범이 있는 경우 당사자 입장에서 당사자를 제외한 나머지 피의자를 '상피의자'라고 부른다.

수사 검사실이 조용하다. 고요함이 아닌 폭풍 전야와 같은 조용함이다. 검사는 형사 절차를 처리함에 있어 막강한 권한을 갖고 있다. 앞에 서술한 바와 같이 검사를 재료를 갖고 요리를 하는 요리사에 비유할 수 있을 만큼 갖고 있는 재료로 어떤 요리를 만들지는 검사의 자유재량이다. 검사는 있는 사실을 덮어놓아서는 안 되겠지만, 사실 구성에 따라 적용 법률을 달리할 수도 있고, 그에 따라 피의자에 대한 구형이 확연히 달라질 수도 있다. 피의자가 별 말이 없는 만큼 검사도 별 말이 없다. 초조한 피의자는 이렇게 되묻는다.

"어떻게 하면 선처받을 수 있습니까? 있는 그대로 털어놓겠습니다."

피의자가 여기에 이르기까지는 검사와 피의자 사이에 고도의 심리전이 필요하다. 피의자는 순간 두 가지 경우의 수를 놓고 어느 것이 이득이 될지를 생각하고 있다.

'자백을 하면 모든 범죄 사실을 인정하고 그대로 처벌받는 것인데, 더 불리하지 않을까? 아니야. 자백하면 그래도 수사에 협조하고 반성하는 모습을 보여 구형을 낮출 수도 있고 검사에게 선처 받을 수도 있어. 그래도 범죄 사실에 대하여 모르쇠로 일관하면 그중에 몇 개라도 무죄가 나오지 않을까? 그러면 더 가벼운 형을 살게 되지 않을까? 자백할까, 부인할까?'

그중에 한 가지 카드를 택할 것이다. 이미 그는 법정에 여러 번 서 본 경험이 있어 부인한다고 쉽사리 무죄 선고를 받을 수 없다는 것 정도는 알고 있다. 그리고 이유 없이 부인하였다가 판검사로부터 양형에 있어 불리한 처분을 받을 수 있다는 사실도 알고 있다. 앞서 서술한 바와 같이 우리나라에서 무죄 판결을 선고받기는 쉽지 않다. 최근 공판중심주의*로 변경되면서 1심 사건 무죄 비율이 올라갔다고는 하나 아직 채 1%가 되지 않는다.

위와 같이 대포통장을 양도·양수한 범죄 사실을 잡아내는 것도 결국 사람의 진술에 의존할 수밖에 없다. 대포통장 거래는 은밀하게 이루어지며, 통장을 건네주고 현금을 직접 받기 때문에 거래 자료가 남지 않는다. 거래를 목격한 제3자가 있을 리도 만무하다. 이런 사건은 통장 거래를 하다가 자기가 원하는 만큼의 돈을 받지 못한 사람의 신고로 세상에 드러나는 경우가 많다. 뇌물 사건이, 뇌물을 준 사람이 자신이 청탁한 대로 제대로 이루어지지 아니하는 경우 수사 기관에 공무원의 수뢰 사실을 신고하는 경우와 비슷하다.

이렇듯이 수사 검사실은 생각과는 달리 조용하고 냉정하며 치밀한 분석이 오고간다. 대체적으로 '소란'은 이런 경우에 일어난다. 구치소에서 만나본 사람들로부터 느낀 것인데, 이런 사람들은 자신이 소리를 지르고 난동을 부리면 담당하는 검사나 판사가 자신의 말을 더 잘 이해하고 자신의 처지를 더 잘 받아들여줄 것이라 생각한다. 그러나 이것은 그런 사람들과 오랜 세월 동고동락(?)한 검사들에게는 전혀 통하지 않는다. 결국 소란의 주인공은 검사가 아니고 거기에 들어온 피의자이다.

* 재판에서 모든 증거 자료를 공판에 집중시켜 공판정에서 형성된 심증만을 토대로 사안의 실체를 심판하는 원칙을 말한다.

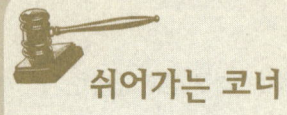
쉬어가는 코너

[때리는 검사?]

영화를 보면 간혹 검찰청에서 수사를 받는 사람들이 검사로부터 심한 욕설을 듣거나 두들겨 맞는 장면을 접하게 된다. 일단 수사 검사실에 들어가 검사 앞에 앉아 있으면 욕설과 협박에 가까운 위압으로 아무 말도 못하고, 없는 사실도 자백해버리고 마는 피의자의 모습을 상상해볼 수 있다. 괜히 범죄 사실을 부인하였다가는 집에도 못 가고 바로 그 자리에서 구속당하는 것이 아닌가 하는 두려움도 있다.

단언하건대 때리는 검사 혹은 수사관은 없다. 검사라고 하여 반드시 폭력이 필요하지 않다. 오히려 폭력을 행사하여 발산될 분노를 잠재울 날카로운 냉정이 필요하다. 정의를 세운다는 명목으로 검사가 되면 무소불위의 주먹을 휘두를 수 있다고 생각한다면 큰 오산이다.

어설픈 자백을 받아내기 위하여 검사라는 직업을 만들진 않았다. 법치주의 및 공정한 공소권의 실현을 위하여 법률 전문가인 검사를 두어 수사 전반을 지휘하고 통제하며, 결국 수사에 대한 법적 판단을 통하여 잘못된 수사와 그로 인한 인권 침해를 막고, 적정한 공소권 및 국가 형벌권을 행사하기 위하여 검사라는 제도를 두었다. 굳이 수사에 1차적인 법적 통제가 불필요하였고, 법원의 사법권 독립만으로 충분히 인권이 보호될 수 있었다면, 굳이 경찰이 하는 수사를 검찰을 통하여 지휘받도록 할 필요는 없었을 것이다.

2010년 한국에서 폭력을 행사한다거나 심한 욕설을 하는 검사를 찾기는 어렵다. 세상은 생각보다 많이 변했다.

2_ 검사의 따뜻한 웃음

"저 여자가 먼저 때렸어요. 정말이라니깐요!"
"아니에요! 저 여자가 먼저 때린 거예요."
이 두 여성은 같은 동네에서 서로 알고 지내는 사이다. 물론 알고 지내다고 하여 사이가 좋은 것은 아니다. 이 폭행 사건 이전에 이미 감정이 쌓일 대로 쌓여 쉽게 한 사람이 다른 한 사람을 용서해줄 것 같지 않다. 동네에서 말다툼이 있어 멱살을 잡고 싸웠는데 주위 사람들이 말려 별 일 아니라고 생각하고 지내던 A씨, 며칠 전 검찰청으로부터 출석을 요구받고 무슨 일인지도 모르고 검찰청에 와서 그때 싸웠던 B씨와 마주했다. 이제야 자초지종을 알고 기가 막혀 따지고 드는 A씨. 검찰청 내는 시끄럽기만 하다. 내가 때려 상해죄로 입건되었다고 하나, 자신도 맞은 게 너무나 억울하다. 단지 때리고 맞은 것이 전부가 아니다. 이웃들은 그 사람들이 그동안 아이들 소음으로 인해 사소한 감정이 누적되어 있다고 했다.

B씨는 자기가 A씨로부터 폭행을 당했다며 4주 치료를 요구하는 상해진단서를 경찰서에 제출하여, 사건은 이미 검찰청에 송치된 상태였다. 이제 A씨도 단단히 뿔이 났다. 자신도 그 전에 맞은 일로 병원에 가서 3주의 상해 진단서를 발급받아 담당 검사에게 제출했다. 사건을 담당하는 검사는 이런 일을 당사자 사이에 원만하게 해결하여 없던 일로 돌리고 싶은데, 일단 사건을 접수한 이상 무슨 근거로 무혐의 처분을 내릴 수 있겠는가. 그래서 담당 검사는 당사자들과 원만하게 해결하고자 피

해자·가해자 모두를 검찰청에 불렀다. 형사조정 절차를 통해 사건을 마무리짓고 싶었기 때문이다.

형사조정 절차는 재산 범죄 고소 사건과 소년·의료·명예훼손 등 민사적 분쟁 성격이 강한 사건에 대해 가해자와 피해자 등 당사자들이 법률 전문가와 지역 사회 인사들로 구성된 범죄피해자 지원센터 조정위원들과 함께 화해를 통해 형사적 분쟁을 해결하는 절차로 2007년부터 본격 시행되고 있다. 그러나 아직 법률상 명백한 근거가 있는 것은 아니다.

검찰은 이 제도를 '회복적 사법의 일환', 즉 피해자가 형사 범죄로 인한 피해를 입었다면, 법원의 유죄 확정 판결 및 다시 가해자에 대한 민사 소송을 통하여 구제받을 수밖에 없는 피해를—그래서 적어도 검사의 손을 떠나 1년 이상은 걸리는—검사의 수사 단계에서 당사자들이 합의를 해 피해를 보상하기로 하거나, 위와 같이 쌍방 폭행의 경우처럼 서로 원만히 처벌을 바라지 않는 선에서 서로의 치료비를 배상하는 정도로 합의하여 피해를 신속히 구제하는 이상적인 제도이다.

한편 법원은 공식적으로는 도입에 신중을 기하자는 입장이나 내부적으로는 반대하는 것으로 보인다. 헌법과 법률은 판사가 최종적으로 한 사건에 대하여 피고인을 유죄라고 확정 판결을 내리기 이전에는 무죄로 추정된다고 명시적으로 규정하고 있는데, 법원의 입장은 검사 수사 단계에서 당사자들이 비록 동의한다고 하더라도 피의자(가해자)의 유죄를 전제로 조정 절차를 임의로 개시하였을 때에는 위 무죄 추정의 원칙에 반하기 때문에 형사조정 절차를 허용하기 어렵다는 입장이다. 그래서 입법 과정이 순탄치만은 않다. 세계적인 추세는 대체로 법무부에서 형사조정 절차를 권장하고 있다. 우리나라에서 형사소송법 입법에서 수사, 공판의 권한 분배, 새로운 제도의 관할 주체와 관련하여 검찰과 법원은 늘 사이가 좋지만은 않다. 하루아침에 해결될 일은 아니라 답답하다.

A씨는 B씨에게 치료비 전부를, B씨는 A씨에게 치료비 전부를 서로 배상하고 서로에 대한 처벌을 원하지 않는다는 의사 표시를 하기로 했다. 검사는 이런 사정을 참작하여 비록 A, B씨가 종전에도 싸운 적이 있지만, 이번에 한하여 선처하기로 하고 범행은 인정되나 법원에 기소하여 벌금을 내지는 않는 이른바 '기소유예' 처분을 내렸다. 법원에 가서 서로가 벌금 50만 원씩 내는 것은 아무에게도 이득이 되지 않는다. 벌금을 내니 민사상 치료비 채무가 없어지는 것도 아니다.

검사가 하는 일이 범인을 잡는 일이 전부라고 생각하였다면 뜻밖의 모습을 발견하였을 것이다. 검사는 일단 피의자의 말은 전혀 들어주지도 않고, 자신의 독단으로 사건을 몰아가 처분해버린다는 편견도 있다. 검사 개인의 성향에 따라 이는 편견이 아니라 사실일 수도 있다. 그러나 검사 또한 피의자를 잡아들이는 것이 주된 임무이지만, 피의자를 처벌하는 것보다 더 우위에 있는, 과거에 단 하나밖에 존재하지 않는 사실을 확인하고, 이를 토대로 범죄를 밝혀내 경찰이 수사한 내용 중 피의자의 인권 침해를 가려내고 그 억울함을 들어주어야 하는 것이 어찌 보면 더 큰 임무이다. 그래서 사건에 더 치밀하게 접근하기 위해서, 그리고 피해자든 가해자든 그 억울함을 풀어주기 위해서 사건 당사자들의 진술을 모두 들어보는 것은 상당한 의미가 있다.

최근에는 위에서 말한 형사조정 절차와는 달리 검사가 직접 피의자가 범죄 사실을 자백하는 사건에 한하여 합의가 되었거나, 피해 회복이 이루어진 경우 직접 사건 당사자들을 불러 합의의 진정성을 확인하기도 한다. 검사 또한 많은 사건들에 겹겹이 둘러싸여 피의자와 피해자가 합의하였다고 하더라도 합의서 한 장만 보고 그 사건이 당사자들 사이에 감정의 앙금 없이 모두 원만하게 해결되었다고 판단하는 경우가 많다. 그러나 피의자, 피해자 등 사건 당사자들을 모두 불러 직접 물어보고 판단할 때 기록에 붙어 있는 합의서 한 장보다는 훨씬 더 많은 것을 알아낼 수 있다. 정말 반성하고 있는지, 처벌만이 능사인지, 더 좋은 방법은 없는지에 대해서 말이다.

위에서 살펴본 '형사조정 절차'는 민간에서 위촉된 형사조정 위원을 통하여 조정이 이루어진다. 지금과 같이 검사가 사건 당사자들을 직접 소환하여 합의가 되었는지, 그 합의가 진정성이 있는지, 만일 그러하다면 피의자에게 어떤 처분이 가장 적절한지 등을 판단하는 절차라는 점에서 형사조정 절차와 다르다. 사실 검사 1인당 사건 부담에 비추어볼 때 실효성 있는 운용이 이루어지려면 상당한 개인적인 노력뿐만 아니라 다른 제도적인 뒷받침 또한 필요하다.

검사는 사건에 따라 죄는 미워하되 사람은 미워하지 않고 그 사람에게 온정을 보낼 수 있는 따뜻한 사람이 되기도 한다.

3_ 검사가 할 수 있는 일의 범위

검사로서의 초임 발령은 누구나 형사부이다. 사건 수에서도 가장 많은 비중을 차지하고 있고, 가장 기본적인 일이기 때문이다. 그러니 좋든 싫든 2년은 형사부에 가야 한다. 물론 그 중간에 공판부로 가서 직접 법정을 드나들며 수사 검사가 수사하여 기소된 내용을 법정에서 유죄의 판결을 받아내도록 입증 활동 등 공소유지를 하기도 한다.

검사가 처음 형사부로 배치되어 하는 일은 경찰이 수사하여 송치한 사건의 기소 여부를 결정하는 일이다. 대부분의 사건은 경미한 사건으로서 벌금을 구형할 사건이기 때문에 법원의 약식 명령을 통하여 해결된다. 이런 경우 검사는 굳이 경찰이 작성한 의견서에 손을 대지 않는 경우가 많다. 사실 관계나 법적 쟁점에 대하여 틀리지만 않으면 그대로 공소 제기한다. 이는 사건 자체에 큰 쟁점이 없기도 할 뿐만 아니라 검사의 과중한 업무 때문에 빚어지는 일이기도 하다.

형사부에서는 그야말로 다양한 사건을 접하게 된다. 사람을 때려서 온 사건, 물건을 훔쳐서 온 사건, 지적 재산권을 침해한 사건 등 특수부, 마약·조직 범죄를 다루는 부, 공안부 등에서 하지 않는 모든 일을 한다고 생각하면 된다. 그렇기 때문에 수많은 사람들과 부딪히며 다투어야 한다. 그런 일상은 앞에서 본 것과 같다.

검찰청 청사 내에서 일을 하는 것이 아닌, 법원 내에서 재판 절차를 진행하기 위하여 재판의 당사자로서 일하기도 하는데, 이런 부서를 '공판부'라고 한다. 공판부 검사는 수사 검사가 수사를 거쳐 기소한 사건에 대하여 법원을 통해 유죄 판결을 받기 위해서 재판 절차에 참가하여 활동하는 일을 주로 한다. 공판부 검사는 법원 재판부에 맞추어 배속되는데, 단독 재판부의 경우 대개 두 개의 재판부를 맞아 공판을 진행한다. 그래서 공판 업무의 부담이 많은 편이며, 재판부의 재판 일정에 맞추어 일을 준비해야 하기 때문에 아무래도 재판에 들어가면 재판장인 판사가 지휘하는 재판 절차에 따라야 하므로 검사들 사이에서는 그렇게 인기가 높은 부서는 아니다.

검찰청은 형사부, 공판부 외에도 특수한 사건을 전담하여 처리하는 부서를 두고 있다. 언론에 자주 보였던 말들인데, 특수부니 공안부니 하는 말들이 바로 그것이다. 특수부는 기업, 뇌물 사건 등을 주로 다루며, 공안부는 말 그대로 공공의 안녕과 관련되는 사건, 주로 『집회 및 시위에 관한 법률』 위반 사건을 다룬다. 그 외에도 사회의 변화와 더불어 복잡해지는 범죄의 형태에 발맞추어 다양한 부서가 있는데, 서울중앙 지방검찰청 같은 경우 금융·조세조사부, 첨단수사부 등의 부서를 두고 있다. 금융·조세조사부는 금융, 조세, 증권에 관계된 범죄 수사를 전담으로, 첨단수사부는 컴퓨터 등 정보통신 처리 장치 또는 정보통신 처리 매체에 관련된 범죄 수사를 전담으로 하는 부서이다. 이들 부서는 검사들 사이에 인기가 많으며 그곳에서 일하는 검사들은 상당한 자부심을 갖고 있다.

한편 검사는 검찰청에서 사람을 수사하는 일만 하는 것은 아니다. 각급 고등검찰청 검사가 되면 수사 외의 다른 일을 하게 되는데, 그중 중요한 것이 국가 소송이다. 국가 소송이란 국가가 소송의 당사자가 된 경우 그 소송을 의미하는데, 법은 검사가 대한민국의 소송 수행자가 되도록 규정하고 있다. 실제로 해당 업무를 맡은 검사는 다양한 경로로 소송을 직접 수행, 지휘한다.

국가 소송이라는 말로부터 위압감을 느낄지 모르겠다. 국민이 일방 당사자로서 거대한 국가와 싸워 이길 수 있을까? 우월적 지위에 있는 국가로부터 부당한 대우를 받는 것은 아닐까? 그러나 실상은 그렇지 않다. 국가로부터 부당한 대우를 받았거나, 법에 어긋난 행정 처분을 받아 이를 시정하기 위하여 소송의 길에 들어선 사람들은 생각 외로 많다. 경우에 따라서는 국가의 인적·물적 한계를 십분 활용하여 토지 브로커 등과 공모하여 국가 명의로 된 토지에 대하여 20년간 점유하고 있었다고 주장하며 소유권을 이전하라고 청구하거나, 실제로는 공군 비행장 근처에 위장 전입을 하고서는 공군 비행장에서 난 소음으로 오랫동안 피해를 입었다고 주장하며 손해를 배상하라고 청구하는 경우도 있다. 이런 국가 소송의 경우 실무는 검사가 공익 법무관을 지휘하고, 공익 법무관과 담당 공무원의 직접 소송 수행을 통하여 재판에 참여한다.

공익 법무관은 검사와 마찬가지로 사법 시험에 합격하고 소정의 사법 연수원 과정을 마쳤지만, 아직 병역 의무를 이행하지 못하여 관련 법에 따라 소송 업무 등을 수행하는 자를 말한다. 범인을 체포하고 수사하여 기소하는 검사 본연의 업무가 아닌 관계로 윗사람들의 눈에 띨 일이 없어 이를 기피하는 경향이 있다. 그러나 여러분들도 한 번쯤 들어봤을 법한 '태안 기름 유출 사건', '공군비행장 소음으로 인한 손해 배상 청구 사건', '친일 반민족 행위자들의 토지 등에 대한 재산귀속' 등이 모두 국가 소송으로 분류되어 검찰청에서 검사의 지휘하에 처리되고 있는 일들이다. 위와 같은 사건들은 그 소송 가액도 엄청나게 클 뿐만 아니라 국고에 미치는 영향 또한 엄청나며 국가적 이슈를 몰고 다닌다.

행정고등고시에 합격하여 사무관이 되면, 한 부처에만 머물지 않고 여러 부처를 돌며 업무를 담당한다. 물론 이렇게 순환하며 근무하는 방식에는 일장일단이 있다. 검사의 잦은 인사 이동이 그 취지와 달리 이동하는 검사에게는 여러모로 불이익이 있는 것과 마찬가지다. 검사는 지금까지는 행정고등고시와는 달리 사법 시험을 합격하여 소정의 사법연수원 과정을 마친 사람들로 구성되어 있으므로 행정부 공무원들과는 달리 다른 부처로 갈 기회는 적은 편이었다. 검사가 검찰청에 있다가 갑자기 국토해양부나 노동부에 간다면 왠지 어색하지 않은가. 판사가 법원에 있다가 다른 곳에 간다면 어색한 것과 마찬가지로.

최근 행정부에서도 변호사를 뽑아 직원으로 채용하기도 하나, 아직 미국이나 다른 선진국에 비하면 지극히 미미한 수준이다. 1998년 우리나라가 IMF를 겪고, 다른 여러 나라와 통상 교섭을 하는 동안 미국 등 상대국은 수십 명의 변호사 및 공무원을 대동하고 교섭에 임하는 반면 우리는 한두 명의 변호사조차 교섭에 참여하지 못했다. 인식이 부족했던 탓이다.

검사는 이런 곳에 국익을 대변하기 위하여 참여할 수도 있다. 대검찰청 마약·조직범죄 관리 부서와 같이 큰 부서에 가면 국제회의에 외교관 자격으로 참여할 수도 있다. 뿐만 아니라 행정부처는 여러 곳에서 법률 전문가의 수요를 필요로 한다. 요즈음은 검사들도 다른 기관에 파견 근무를 하며 다른 경험을 쌓는 것을 매우 소중한 자산으로 생각하고 있기 때문에 파견 근무는 활발하게 이루어지는 편이다. 파견되는 부처는 매우 다양한데 공정 거래 위원회, 방송 통신 위원회, 국가 경쟁력 강화 위원회, 국가 인권 위원회, 국민 권익 위원회 등이 있다. 그곳에 가면 실무 법령 해석과 관련하여 의견을 개진하고 다양한 일에 참여할 수 있으며, 검찰 조직과 다른 일반 행정이 어떻게 이루어지는지 다양한 경험을 할 수 있다. 뉴스를 관심 있게 지켜보는 사람들은 알겠지만, 청와대의 민정수석은 지금까지 거의 검사들이 차지해왔다. 다양한 분야에서 공무원으로서 일할 수 있다는 것은 매우 중요한 경험이요 자산임에는 틀림이 없다.

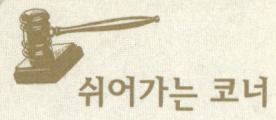
쉬어가는 코너

[약식 명령과 정식 재판]

검사는 사건의 내용에 비추어 벌금이 나올 만한 경미한 사건에 대하여 벌금을 구하는 공소를 제기한다. 실무상 '구약식(求略式)'이라고 한다. 그러면 법원의 담당 판사는 기록만을 통하여 징역이 아닌 그보다 가벼운 벌금을 선고하는 것이 적당하다고 판단되는 경우 그대로 피고인에게 약식 명령을 발부한다.

피고인은 법원이 발부한 약식 명령에 대하여 벌금 액수가 너무 많다든가, 공소 사실을 인정할 수 없는 경우에는 정식 재판을 청구할 수 있다. 이 경우에는 일반 형사 재판과 마찬가지로 피고인의 절차권이 보장된다. 검사가 직접 사건을 검토하여 자신이 직접 기소하는 것이고 피고인은 이에 불복하면 판사에게 자신의 주장을 개진할 수 있으므로 언뜻 보기에는 일반 형사 절차와 마찬가지로 보인다.

그러나 사건 수의 많은 부분을 차지하는 약식 명령은—그래서 국민의 생활에는 더 큰 영향을 미칠 수도 있는—검찰청에도, 법원에도 큰 업무의 부담으로 다가오고 있다. 검찰청은 간단한 약식 명령의 경우 일반직에서 이른바 '검사 직무대리'로 승진한 사람들에게 약식 명령의 처리를 맡기기도 한다. 또한 사건의 당사자들도 여러 모로 투덜댈 때가 많다.

실제로 약식으로 처리될 사건은 수사를 담당하는 경찰에 의하여 그 내용이 결정되어버린다. 검사 또한 경미한 약식 명령에 많은 시간을 쏟아부을 수는 없어 경찰이 조사한 내용 그 자체로 하자가 없으면 경찰의 의견대로 기소한다. 법원의 약식 명령을 담당하는 판사 또한 기록만으로 판단하기 때문에 경찰이 처음 방향을 잡아 수사를 진행하는 대로 그 의견에 따라가는 경우가 많다. 피고인의 입장에서는 경찰에서 한 번 진술하고 담당 경찰이 별일 아니라고 해서 가만히 있었는데 뜻밖에 벌금의 유탄을 맞게 된다.

대부분의 사건은 경찰이 조사한 내용대로 처리하여도 아무 문제가 없다. 그러나 어쩌다 가끔 경찰이 조사한 내용이 증거법적으로 보았을 때에는 약간 부실한 경우가 있다. 그리고 가해자와 피해자 사이에 대질 조사가 필요함에도 불구하고 각각 진술만을 토대로 기소를 해버리는 경우가 있다. 이럴 경우 가해자인 피고인은 절차 진행에 대해서 경찰 조사뿐만 아니라 검사, 판사의 검토가 있음에도 불구하고 강력한 불만을 토로한다. 이는 실질적으로 기록만을 토대로 사건을 조사하였기 때문에 당사자가 정작 진술하고 싶은 내용이 없거나 있다고 하더라도 왜곡되어 있기 때문이다.

한편 『형사소송법』에는 '불이익 변경 금지'라는 말이 있다. 벌금형의 약식 명령을 받고 벌금 액수가 너무 많다든가, 공소 사실을 인정할 수 없다고 생각할 때에는 판사에게 정식 형사 재판을 요구할 수 있는 권리를 앞서 살핀 대로 정식 재판 청구권이라고 한다. 이와 같이 정식 재판 절차를 할 때 판사는 피고인에게 기존에 선고되었던 벌금을 더 불리하게 변경할 수 없도록 하는 절차상의 원칙을 '불이익 변경 금지'라고 한다. 피고인의 정식 재판 청구권을 보장하기 위함이 그 제도적 취지이다.

예를 들면 법원에서 약식 명령으로 벌금 70만 원을 선고받았다면, 피고인이 이에 불복하여 정식 재판 청구를 하였고, 판사가 심지어 유죄가 명백히 인정될 뿐만 아니라 벌금 70만 원이 피고인의 범행에 비추어 지나치게 작다고 판단하였더라도, 그 판사는 벌금을 올리는 재판은 할 수 없다. 그래서 최근 '똑똑한' 피고인들에게 악용되는 면이 없지 않다.

물론 불이익 변경 금지 원칙이 있더라도 판사는 재량에 따라 증인 소환 등에 소요되는 소송 비용을 피고인에게 부담시킬 수는 있지만, 원래 선고된 벌금액에 비하면 별것 아닌 경우가 많다. 그래서 일단 법원으로부터 벌금형을 선고받으면 정식 재판부터 청구해놓고 보자는 생각들이 팽배해 있다. 무면허 운전으로 이미 두 차례나 벌금 선고를 받아 이번에는 벌금이 200만 원이 나왔는데도 생계가 어렵다는 이유로 벌금을 깎아달라는 유형의 재판이 많다. 재판이 개개인의 그러한 사정에 따라 유연하게 온정을 베풀 수 있어야 한다고 생각한다면 별 문제가 되지 않겠지만, 재판 또한 국가 기관의 한 작용으로서 법 집행을 하는 곳에서 개인적 사정에 따라 정확한 기준 없이 벌금액을 재량에 따라 가감할 수 있다면 과연 '법질서'가 바로 설 수 있을지는 의문이다.

결국 구약식으로부터 진행되는 일련의 절차는 국민 생활 전반에 많은 영향을 끼침에도 불구하고 범행이 경미하고, 사건 수가 많으며 법적으로 큰 쟁점이 없다는 이유로 실질적으로는 경찰의 초동 수사에 의하여 상당 부분 사건의 방향이 결정된다. 또한 검사의 실질적 수사 지휘 및 통제가 이루어지지 않을 뿐만 아니라, 이로 인하여 수사를 받는 당사자들의 기소 전 절차권 보장에 차질을 가져오고 있어 문제가 있다.

한편 정식 재판 절차에 규정된 '불이익 변경 금지'라는 제도가 제도의 취지를 떠나 일단 국가 기관에 의하여 한번 집행된 법에 대하여 무조건 이의부터 해놓고 보자는 인식만 심어주어 결국 준법 의식을 약화시키는 것이 아닌가 하는 문제 또한 있다.

검사가 하는 일의 다양함을 설명하기에 앞서 이와 같이 국민의 생활과 밀접한 관련이 있는 사건임에도 범행이 경미하고, 간단한 사건이라는 이유로 천대받는 사건들이 당사자에게 얼마나 중요하며 사람들에게 어떤 사고를 조장하는지 생각해볼 문제이다. 여러분들 또한 과정을 마치고 검사로 임관되어 다양한 형사 사건을 접하다 보면 이런 약식 사건에 대해서 큰 주의를 갖고 열정을 갖긴 힘들겠지만, 사건의 당사자 입장에서 위와 같은 생각을 해보는 것 자체가 큰 의미가 될 것이라 생각한다.

4_ 승진

초임 발령지

검사의 초임 발령에 가장 큰 영향력을 미치는 것은 임용 성적이다. 판사와 달리 검사 임용 성적은 사법 연수원 4학기 시험에 100%의 가중치를 둔 점수를 합산하여 계산한다. 희망하는 지역을 1~3지망으로 적어 내지만 경합이 되어 지원자 초과 시 성적을 우선으로 하여 배치하는 것으로 알려져 있다.

검사 역시 성적이 좋을수록 서울중앙 지방검찰청, 서울 동·남·북·서부 각 지방검찰청, 경기, 충청, 대구·경북, 부산·경남, 전라, 제주 순서로 배치된다. 서울중앙 지방검찰청은 전국에서 가장 중요하고 언론의 관심이 많으며 정치적으로도 중요한 사건을 많이 다룬다. 그러다 보니 검찰청에서도 우수한 검사를 서울중앙 지방검찰청에 배치하려고 한다. 일에 욕심이 있고 의욕적인 검사들은 그곳에 지원하여 일하는 것을 매우 중요하게 생각하기도 한다. 더 바쁘고 힘든 곳에 간다고 월급을 더 주는 것도 아닌데 검사로서 실력과 명성은 월급 액수 그 이상이기 때문에 그곳은 늘 지원자들로 붐빈다. 그만큼 그곳에 가기는 어렵다. 오죽하였으면 서울중앙 지방검찰청은 처음 임관 때 가장 들어가기 쉽다는 말도 있다. 성적만 좋으면 되기 때문이다.

초임 검사는 부부장이나 평검사 중 수석 검사실에서 6개월간 같은 방을 쓰며 일을 배운다. 초임 검사가 사람의 죄를 다루는 일을 함에 있어 발생할 수 있는 실수를 줄이고 조직 문화를 잘 이해하며, 선배를 멘토로 하여 많은 것을 배울 수 있도록 배려하는 조치이다. 물론 그 방에 들어가는 초임 검사 입장에서는 굳이 환영할 일은 아니다. 6개월이 지나면 방을 독립하여 나가는데 밑에 계장, 실무관을 두고 직접 주임 검사가 되어 사건을 처리하게 된다.

서울-지방 순환 근무제(경향 교류 원칙)

평검사로 임용되어 2년 정도 일하고 나면 다른 지방검찰청 내지 지청으로 이동하게 된다. 수사에 대하여 막강한 권력을 가지는 검사가 한 지방에 오래 머물러 토호 세력화됨을 막기 위해서이다.

한편 판사의 경우 자신의 임지에 따라 언제쯤 지방에 갈 것인지, 대강의 인사 이동 루트를 짐작할 수 있으나 검찰의 경우 예측은 불가능하며, 일정한 패턴도 없다. 따라서 향후 본인이 어디로 발령 받을지 모르는 불안감이 검사들의 큰 고민이다.

평검사라도 부장 검사 이상 간부급 검사들이 그 검사와 함께 일하고 싶어한다면 언제든지 그 평검사를 자신이 일하고 있는 검찰청으로 데리고 갈 수 있어 평검사 입장에서는 다음 임지에 대해서 참으로 예측하기 어렵다. 더구나 검사는 보통 2년에 한 번 정도 임지를 바꾼다. 2009년처럼 사상 초유의 검찰총장 내정자가 인사 청문회 후 자진 사퇴하고, 새로운 검찰총장 내정자가 인사 청문회를 거쳐 검찰총장으로 임명되는 경우는 수뇌부의 공백으로 간부급 이상 부장 검사들뿐만 아니라 평검사의 인사 이동 또한 잦아지게 된다. 심지어 사법 연수원 교수 중 법원 출신 교수는 3년을 머물다 가지만 검찰 출신 교수는 1년 반에서 2년 정도 머물고 간다.

부부장 검사

부부장 검사란 형사○부(部)의 부장 검사(部長檢事) 바로 밑에 있다는 의미이다. 그래서 한자로 풀면 부부장 검사(副部長檢事)가 된다. 통상적으로 검사 임관 후 법조 경력 13~14년차에 이르면 부부장 검사로 승진을 하였다. 최근까지만 해도 인사 적체가 심하여 부장 검사 이하 승진이 늦어졌다고 알려졌으나, 검찰총장 내정자 인선 후 인사 청문회 도중 자진 사퇴로 인하여 일선 고등 검사장급 검사장들이 검찰청을 떠나면서 차례로 인사 적체가 해소되었다는 말이 있다.

모든 부(部)가 부부장 검사를 두고 있지는 않다. 부부장 검사 정도가 되면 검찰 조직에서 10여 년 이상 재직한 사람들로 조직의 문화와 생리, 실무 처리에 있어 상당히 능숙하고 정통한 전문가로 거듭나게 된다. 자신이 처리한 사건에 대하여 특별히 부장 검사의 간섭을 받지 않는 경우가 많다.

부장 검사

부부장 검사를 하고 1~2년 정도 있으면 부장 검사로 승진한다. 물론 부장 검사 승진 대상자가 많으면 승진 당해 연도에 다른 동기들에 밀려 승진을 하지 못할 수도 있다. 검찰 수뇌부 인사는 정치적으로 결정되는 경우가 많아 인사의 후폭풍으로 생각지도 않게 빨리 부장 검사가 될 수도 있다. 그렇다고 6~7년 만에 부장 검사가 된다는 의미는 아니고,

1~2년 정도는 앞당길 수 있다는 말이다.

　부장 검사가 되면 부원인 평검사가 수사한 내용에 대하여 결재하는 역할을 하며 중요한 사건에 대해서는 직접 지휘하기도 한다. 직접 피의자를 대면하여 신문하고 조사하지 않아도 된다는 것은 업무에 있어 큰 혜택이다. 판사로 시작하여 부장 판사가 되더라도 판결문을 직접 작성하여야 하는 경우에 비할 때 검사로 시작하여 부장 검사가 될 때 이런 매력이 있음을 숨길 수 없다.

　마찬가지로 부장 검사가 되면 중소도시의 지청 단위에서 지청장으로 시작할 수도 있다. 곧바로 서울중앙 지방검찰청과 같이 큰 청에서 부장 검사로 일을 할 수는 없다. 평검사 때에도 꿈꾸는 서울중앙 지방검찰청이지만, 부장 검사가 되어서라도 그곳에서 근무하려면 같이 진급하는 동기들보다 능력이나 정치적인 면 등 여러 면에서 뛰어나야 한다. 서울중앙 지방검찰청에서 부장 검사로 근무를 하려면 부장이 된 뒤 4~5년이 경과해야 한다. 앞서 말한 바와 같이 중요한 사건을 다루고 정치적으로 민감한 사건을 처리하기 위해서 여러 능력이 필요하기 때문일 것이다.

　부장 검사가 되면 처음에는 작은 지방검찰청의 부장 검사를 하다가 큰 지방검찰청의 부장 검사를 하고, 그렇게 부장 검사로 7~10년을 지내다가 다시 큰 지방검찰청 또는 지청 중 규모가 큰 지청의 차장 검사로 승진한다. 부장 검사가 되면 이른바 간부급 검사로 대략 2년 만에 있던 인사 이동이 더 잦아지는 경향이 있다.

차장 검사

차장 검사라는 말이 『검찰청법』에 명시된 직책은 아니나 조직상 엄연히 존재하는 자리이다. 일반적으로 부장 검사로 경력을 쌓은 다음 차장 검사로 승진을 하는데, 좋은 지청 또는 지방검찰청의 차장 검사를 역임하는 것은 차후 검사장으로 승진하는 중요한 길목이 된다. 물론 차장 검사라는 직책을 달더라도 검사장급의 차장 검사가 있다. 이를테면 각급 고등검찰청의 차장 검사는 현재 모두 검사장급이다.

검사장

평검사로 시작하여 청운의 꿈을 불태우고, 한 부를 책임지는 부장 검사로, 그리고 검사장 밑에서 검사장을 보좌하며 지방검찰청 또는 지청의 업무를 총괄하는 차장 검사로 재직하다 보면 가장 중요한 승진의 길목에 서게 된다. 검사로서 검사장이 된다는 것은 굳이 비유하자면 군대에서 장성이 되는 것과 마찬가지로 매우 영예로운 자리이다. 바꾸어 말하면 누구나 시간이 흐른다고 자연스럽게 검사장이 될 수는 없고, 20년 이상 검사로 재직하면서 업무·기획 등의 능력에 대하여 인정을 받았을 뿐만 아니라 상관 및 부하 직원과의 관계도 원만해야 그 자리에 오를 수 있다.

검사장은 전국에 40여 명 정도 있는데, 차관급의 예우를 받는다. 한 기수에서 검사장으로 승진할 수 있는 사람은 10명 안팎으로 지금 연수원 및 법무관 출신 검사 임관이 한 해 100명 가까이 된다는 점을 감안하면 이는 결코 쉬운 일이 아니다.

검사장으로 승진하게 되면 기관장으로서 조직 관리 능력이나 조직 쇄신 능력 등 기존의 수사에 필요했던 능력과는 또 다른 새로운 능력을 필요로 하게 된다. 각급 고등검찰청의 차장 검사 또는 작은 지방검찰청의 검사장으로 시작하여 고등검찰청의 검사장급으로 승진할 수도 있다.

검찰총장

모든 검사들의 피라미드 조직의 최상위에 서 있는 사람이 검찰총장이다. 검사로서는 승진의 정점이고, 검찰총장이 된다면 가문의 영광으로 여길 만하다. 검찰청의 장으로 '검찰청장'이 아닌 '검찰총장'으로 명명한 데에는 여러 가지 이유가 있겠지만, 그중 검찰총장이 단순히 조직의 최상위자만을 의미하는 것이 아니라 검찰의 대표로서 검찰 조직을 외부로부터 보호하고 독립성을 지켜나가라는 의미 또한 내포되어 있기 때문일 것이다.

지금까지 검찰총장이 된 분들의 검찰 내 이력은 하나같이 정말 화려하고 흠 잡을 데가 없다. 검찰총장은 탁월한 실력뿐만 아니라 도덕성과 청렴성 등 여러 가지 덕목이 요구되는 자리이기도 하다.

Chapter 7

변호사의 매력

1_ 사건의 재구성

　기본적으로 법률 사무는 '과거에 있었던 사실을 밝혀내고 그에 대한 판단을 하는 직업'이다. 과거에 누가, 언제, 어디서, 무엇을, 어떻게 하였는지에 대한 답은 하나밖에 없다. 누구는 돈을 빌려주고 못 받았다고 하고, 누구는 돈을 받은 사실이 없다고 주장하면 한 사람은 분명히 거짓말을 하고 있는 것이다. 그래서 법조인의 사무에 '창조'란 없다. 그런 면에서 법조 직역은 새로운 것을 만들어내는 다이내믹함이 없다.
　과연 현실은 어떠할까? 이론적으로는 과거의 한 가지 사실에 대하여 다투는 것이지만 법원·검찰에서는 위증·허위 진술이 난무하며, 거짓말이 비일비재하다. 여러분의 의뢰인이 오랜 세월 묵혀둔 한을 풀기 위하여 변호사인 당신 앞에 앉아 있다고 가정하자. 당신은 그 사람의 인생 역정을 열심히 듣고 있다. 무슨 말인지 일목요연하게 정리되진 않지만, 적어도 그 사람이 원하는 바는 알 것 같다.

"저희 집안이 대대로 경작해오던 땅이 있습니다. 저희 할아버지께서 스스로 일구어 가꾼 땅이지요. 작은할아버지와 많이 싸우기도 하고, 거기 5촌 아저씬가가 마음대로 씨 뿌리고 농사지으며 살아오기도 하고, 그랬었지요. 그러다가 그 아저씨가 바람이 나서 일제 시대 때 만주로 가버렸다고 하네요. 그러고는 숙모가 아들들하고 거기에서 계속 밭 일구면서 살아왔어요. …… 근데 그 사람들 참 못됐어요. 분명 자기 땅 아닌 거 알면서 어떻게 그렇게 뻔뻔하게 있을 수 있는 건지. 내가 그동안 그 사람들 못살고 불쌍해서 그 땅에서 난 곡식에 대해서 아무것도 안 받았어요. 내가 이제 나이가 드니까 이건 아닌 것 같더라고요. 그래서 내가 아버지 대신해서 거기 자식들 찾아갔어요. 다들 모른다는 거야. 나쁜 놈들! 내가 하도 화가 나서 군청에 가봤습니다. 이놈의 땅이 어떻게 되어 있나 싶어서요. 가서 토지대장이고, 근처에 등기소 가서 등기부고 뭐고 생긴 건 다 떼어봤지요. 근데 이게 뭐야. 등기는 없대요. 토지대장 보니까 우리 할아버지 이름 같기도 한데 잘은 모르겠어요. 변호사님, 어떻게 합니까?"

내가 변호사라면 위와 같은 사건을 중심으로 어떻게 소장을 작성할까? 쉬운 문제는 아닐 것이다. 결국 의뢰인이 원하는 것은 토지 등기부에 자신의 이름이 올라가는 것이다. 누구를 상대로 어떤 소를 제기해야 할까? 이 '누구를 상대로 어떤 소를 제기' 하는지 결정짓는 것은 누구나 할 수 있는 일이 아니다. 바로 법률 전문가만이 할 수 있다.

이 사안의 경우 다른 방법도 있겠지만 현실적으로는 등기부상에 토지 소유자가 나타나지 않으므로 '대한민국'을 상대로 사건 토지의 소유자가 의뢰인임을 확인하여 달라는 소를 제기하는 것이 가장 좋다. 그렇다면 변호사는 소장에 어떤 내용을 적어야 할까? 그 사람의 인생 일대기를 조금 과장하여 적어볼까? 그 소장을 읽는 사람은 국민 전체, 다수가 아닌 사건을 담당하는 판사라는 점을 잊지 말자. 위와 같이 대한민국을 상대로 사건 토지 소유권이 원고에게 있음을 확인하라는 소를 제기한다면, 청구 원인에 무엇을 적어야 할까? 이론·실무상 위 청구를 뒷받침할 만한 사실을 '요건 사실'이라고 하는데 소장의 청구 원인에 들어가는 내용이다.

위 사건에서는 원고가 이 사건 토지의 소유자인 경우와 사건 토지의 등기부상 소유자가 존재하지 아니하여 소유자를 특정할 수 없는 사실로 나누어보면 된다. 원고가 이 사건 토지 소유자인 사실은 원고 선대가 이 사건 토지 소유자인 사실과 원고가 선대로부터 재산을 상속받은 사실을 주장·입증하면 될 것이다.

과거에 있었던 하나의 사건은 이렇게 변호사를 통하여 법적 주장을 담은 청구(주장)와 이를 뒷받침하는 증거로 재구성된다. 의뢰인의 인생 역정을 들어주고, 그 내용을 간단히 정리하는 일은 누구나 할 수 있다. 조금의 인내력과 필력을 갖춘 사람이면 충분하다. 그러나 그 사람의 원을 풀어주기 위해서는 법원에 '누구를 상대로 무슨 내용의 소를 제기'할지, 소를 제기하면서 소장을 작성한다면 그곳에 무슨 내용을 쓸 것인지는 아무나 할 수 있는 일이 아니다. 아니, 아무도 제대로 할 수 없는 일이다. 민사 소송은 이렇게 복잡다기한 사건을 법적으로 쟁점을 잘 추려내고, 향후 입증 방향을 잘 생각하여 진행함으로써 법원에서 사건이 재구성된다. 과거의 진실은 단 하나밖에 존재할 수 없으나 변호사가 사용할 무기(주장과 입증)에 따라 결과는 천양지차이다. 이 차이가 곧 변호사로서의 능력과 평판이다.

형사 법정을 잠시 들여다보자.

"피고인, 2009. 3. 4. 09:00경 ○○건물 1층에 있는 의약품 박스 훔쳐 간 사실 없습니까?"

"저는 폐품·폐지를 수거하여 판매하는 일로 하루하루 벌어먹는 사람입니다. 그 시간에 밖에 있는 박스라면 가져갔을 것 같은데, 제가 남의 의약품 박스는 가져다 무엇에 쓰겠습니까?"

피고인은 이미 75세의 노인으로, 폐품·폐지를 수거해다 판매해 하루 2만 원 정도의 수입을 얻는 사람이다. 지금까지 아무런 전과도 없다. 수사 기관에서 목격자들의 진술은 대강 이렇다.

- 참고인 A : 저는 건물 경비원으로 같은 날 06:30경 그 빌딩에 출근하여 박스가 있는 것을 목격하였습니다. 피고인은 그날뿐만 아니라 예전부터 건물에 수시로 출입하여 폐품·폐지를 수집해갔습니다. 때로는 쓸 수 있는 휴지나 종이도 가져가는 것 같아 제지한 적이 있습니다. 저는 박스 상자가 너무 커서 일단 화장실 앞에 두었는데, 같은 날 12:00경 박스를 받아가기로 되어 있는 건물 3층 직원들이 상자가 없어졌다고 하였습니다.

- 참고인 B : 저는 건물 청소원으로 사건 발생 전날 21:00경 그 빌딩을 퇴근하기 전까지 택배로 온 그 박스가 건물 1층 화장실 앞 빈 공간에 있는 것을 보았습니다. 피고인은 예전부터 건물에 수시로 출입하였고, 화장실 근처에서 폐지를 주워갔습니다. 아마 그날도 그랬을 것입니다. 저는 피고인이 쓸 수 있는 종이나 물건을 가져가는 것도 보아 이를 제지한 적도 있습니다.
- 참고인 C : 저는 건물 3층에 있는 ○○상사 직원으로 오늘 아침 택배가 도착했다는 말을 듣고 물건을 수령하러 12:00경에 내려갔습니다. 그런데 택배가 없어져 이리저리 수소문을 하던 중, 피고인이 그날 아침 다녀갔다는 말을 들었습니다. 그래서 얼른 피고인에게 전화를 하여 아침에 건물 1층에 와서 폐지를 가져간 적이 있냐고 물어봤습니다. 피고인은 분명히 자신이 건물 1층에 있는 폐지 상자를 가져갔다고 하였습니다.

검사는 피고인이 비록 범행을 부인하지만, 참고인 A, B, C의 각 진술을 종합해볼 때, 피고인이 시가 200만 원 상당의 의약품 상자를 가져갔다고 판단하고 피고인을 절도죄로 기소하였다. 피고인은 비록 돈도 없고, 배운 것도 없지만 훔쳐갈 이유도 없는 의약품을 훔쳐갔다고 기소되고, 더욱이 의약품 상자 안에 들어 있는 의약품 시가 200만 원을 배상하라는 민사 소송까지 당하고 나니 기가 막힐 노릇이다. 형사 사건에서 유죄가 나와 민사 소송마저 패소한다면, 당장 길거리에 나앉을 판이다. 여러분이 저 할아버지의 변호인이라면 이를 어떻게 할까? 과거의 진실이 무엇인지는 오직 신만이 알겠지만, 검찰이 적어도 지금까지 인정할 사실은 피고인이 2009. 3. 4. 09:00경 ○○건물 1층에 있던 의약품 상자를 훔쳐갔다는 것이다.

변호인은 이제 벼랑 끝에 몰려 있는 피고인을 만나본다. 억울할 것 같다. 혹은 말만 그렇게 할 뿐 실제로는 변호인마저 속이며 자신의 범행을 은폐하려고 할 수도 있다. 그러나 변호인은 일단 그 사람의 입장에서 그 사람의 말에 따라 사건을 되짚어보아야 한다.

"할아버지, 그날 ○○건물에서 폐품 상자 주워간 것은 맞지요?"

"그렇게 주워간 폐품 상자 어디에다 팔았어요?"

"매일 가져다 파는 곳에."

"그곳 연락처 알 수 있겠지요?"

변호인은 참고인 A, B, C의 각 진술을 꼼꼼히 살펴본다. 우리나라 법원으로부터 무죄 판결을 받아내기란 여간 어려운 일이 아니라는 것은 이미 알고 있다. 참고인 A, B, C 누구도 피고인이 2009. 3. 4. 09:00경 ○○건물 1층에 있는 것을 본 사람이 없다. 범행 전후로 피고인을 목격한 사람은 있어도 범행 현장을 목격한 사람은 없다. 참고인들은 검찰 측 증인이 되겠지만 증인으로 나왔을 때 반드시 직접 추궁해야 할 부분이다.

한편 왜 택배로 왔다는 물건이 건물 1층 경비실 안 혹은 그 근처에 있지 않고, 건물 1층 화장실 옆에 있는지 이것도 따져보아야 할 부분이다. 평소에 폐품 등은 어디에 두었는지 이제 고물처리상에게 물어본다. 고물처리상은 그날 상황을 자세히 기억하지는 못하지만, 피고인을 잘 알고 있으며, 사건 당일 피고인으로부터 폐품 상자 등을 전해받기는 하였지만 의약품이 있는지 확인하지는 못했다고 한다. 고물처리상은 일반적으로 폐품을 받으면 대강 폐품 등의 상태를 확인하고 압축 등의 처리 절차를 거쳐 고물로 처리한다. 고물처리상은 피고인으로부터 그날 받은 폐품의 무게를 달아 1kg당 1,000원으로 20kg 정도의 폐품을 받고 2만 원을 피고인에게 주었다. 법정에서 증인으로 나올 것을 약속받는다.

이제 변호사가 구성하는 피고인에 대한 과거의 진실은 다음과 같다.

"피고인이 2009. 3. 4. ○○건물에 갔는지조차 의문일 뿐만 아니라, 가령 피고인이 그날 그곳에 갔다고 하더라도 누구도 피고인을 그 당시 직접 목격하지 못하였다. 같은 날 피고인이 주워 온 폐품 등을 처리한 고물상도 그런 의약품 배달 상자를 확인하지 못한 이상 2009. 3. 4. 09:00경 ○○건물 1층 화장실 앞에 있는 의약품 상자를 가져간 사실이 없으며, 피고인이 그날 고물처리상으로부터 통상의 폐품 처리 과정에 따라 2만 원을 받은 사실만 인정되므로, 만일 의약품 상자를 가지고 갔다고 하더라도 그 안에 의약품이 들어 있었다고는 생각지 못했다."

검사와 피고인 및 변호인의 주장이 상반되며, 결국 판단은 재판부가 해야 할 일이다. 아마 고령의 피고인 혼자 있었더라면 자신의 주장을 조리 있게 정리하고, 증거를 적절히 뒷받침하지는 못했을 것이다. 막연히 자신이 억울하다는 점을 두서없이 주장하였을 것이다.

판사가 피고인의 말을 들어주면 좋겠지만 판사는 저울을 들고 양측의 말을 모두 귀담아 듣고, 그들의 말을 뒷받침해줄 증거에 따라 사실을 확정할 뿐 한 측의 말을 무조건 들어주는 사람이 아니다. 어떤 증거를 대고, 어떤 사실을 주장할 것인가에 따라 과거의 하나밖에 없는 사실을 왜곡할 수도 있고, 새롭게 구성할 수도 있다. 판사가 누구의 말에 인간적으로 동정이 간다고 하여 자신이 소송 절차의 과정에 나서서 주장과 입증을 할 수 없는 노릇이다. 결국 이렇게 진실을 재구성하고 창조하는 일은 변호사의 몫이다. 어느 누구도 할 수 없는 일을 하여 사람의 운명을 바꾸어놓을 수 있다는 점이야말로 변호사 업무의 큰 매력이며, 동시에 피고인의 보호자, 당사자의 대리인으로서 가장 큰 의무이다.

2_ 로펌 변호사

흔히들 '로펌'이라는 말을 들어봤을 것이다. 말 그대로 '법률 회사'라는 뜻이다. 법률사무를 '개인'이 처리하는 것이 아닌 '회사'의 형태로 처리한다는 말이다. 법조인을 꿈꾸는 사람 중에는 법학전문대학원 수료 후 판검사가 아닌 로펌 변호사를 꿈꾸는 사람이 많을 것이다. 전문성이 있을 뿐만 아니라 첨단을 달리는 일을 하며, 높은 수입을 올리는 미래를 생각하면 절로 흥이 나기도 한다.

우선 어떻게 그곳을 들어가는지 한번 살펴보자.

채용

아직은 법학전문대학원 수료생이 본격적으로 배출되지 않았기 때문에 기존의 사법 연수생이 로펌에 들어가는 형태를 살펴보기로 하자. 아마 앞으로도 로펌에 들어가는 과정에 큰 차이는 없을 것으로 생각된다.

사법 연수생은 매년 1,000명 정도 배출되고 있지만, 이른바 우리가 들어서 알고 있을 만한 5~6대 로펌에 취직하는 사람은 사법 연수원 수료 후 군복무의 일환으로 법무관으로 가는 사람을 제외하면 50~80명 사이가 아닐까 싶다. 사실 로펌의 취직은 취직 당시 경제 상황이나 로펌의 인력 수급 체계, 로펌의 인사 정책에 따라 탄력적으로 운영되기 때문에 일률적으로 말하기는 힘들다. 그만큼 사법 연수원 수료생에게도 대형 로펌에 취직하는 것은 쉬운 일이 아니다.

앞서 판검사가 되기 위해서 어떤 요건을 갖추어야 할지에 대해서 심도 있게 다루어보진 않았으나, 이는 아직까지는 사법 시험 및 사법 연수원 성적으로 일률적으로 이루어지기 때문에 더 이상 깊게 따질 필요가 없기 때문이었다. 그러나 로펌에 취직하는 일은 이와 다르다. 물론 지금도 사법 연수원을 우수한 성적으로 수료한 연수생은 여러 로펌에서 미리 '러브콜'을 받는다. 좋은 성적이 나쁘게 작용할 리는 없다. 문제는 성적이 모든 것을 대변하지는 않는다는 점이다. 내가 350등이므로 250등보다 더 좋지 못한 로펌에 취직할 것이라는 공식은 없다. 사실 어느 로펌이 더 좋지 못한 로펌이라고 평가하는 것 자체가 난센스이다. 요컨대 사법 연수원 성적은 로펌 취직을 결정짓는 여러 변수 중 하나에 불과할 뿐이다. 로펌 또한 해당 연수생의 업무 능력을 살필 다른 자료를 갖고 있지 못한 까닭에 사법 연수원 성적을 찾는 것일 뿐, 실제로 사법 연수원 교육과 그 성적이 로펌의 업무와 큰 관련이 없다는 사실에 대해서 잘 알고 있다.

로펌 취직은 성적 외 학벌이나 어학 실력에 의하여 상당히 좌우된다. 10여 년 전 수학능력 시험으로 결정된 학벌을 통하여 로펌 변호사로서 시작이 달라진다면 그 새내기 변호사의 입장에서는 억울한 일이겠지만, 기본적으로 이윤을 추구하는 로펌에서 학벌을 중심으로 뽑는 데는 그만한 이유가 있다. 로펌 자신의 선호도와는 별개로 로펌을 상대하는 고객들이 이른바 명문대 출신을 좋아하기 때문이다. 학벌 중심의 사회는 능력을 배제하고 학연에 따라 인사 등 일이 이루어지는 사회적 병폐를 일컫는 말이나, 그것은 좋은 대학을 나온 사람들이 사회에서도 좋은 능력을 보여 중용되었기 때문에 형성된 말이기도 하다. 다른 나라 또한 얼마든지 학벌 사회가 존재한다. 그러나 마찬가지로 학벌이 로펌 취직의 결정적 변수는 아니다.

현재 로펌 취직에 있어 사법 연수원 성적만큼은 아니지만 중요한 요소로 들 수 있는 것이 '어학 실력' 이다. 국어 실력은 기본 중의 기본이라 언급할 필요가 없다. 변호사 또한 서면으로 모든 것을 말해야 하기 때문에 정확한 어법이나 깔끔한 문장 사용은 변호사의 근본적 미덕이다. 그러나 로펌 취직에서 어학 실력이라 함은 외국어 실력을 의미한다. 특히 로펌이라는 곳이 외국계 기업이나 대기업과 함께 일하는 경우가 많고, 국제 간 계약은 모두 영어로 기본 계약이 체결되기 때문에 영어를 잘하는 능력은 로펌에서 매우 중요하다. 물론 4년제 대학을 마치고 사법 연수원이나 법학전문대학원을 수료한 사람들의 어학 실력이 중간 이상은 간다고 믿는다. 그러나 로펌에서 요구하는 어학 실력은 원어민과 같이 단어 하나하나의 뉘앙스, 용법까지 구별할 줄 아는 능력을 말한다. 이런 사람들은 로펌에서 긴요하게 쓰인다.

아울러 다른 외국어 능력 또한 로펌 취직 시 우대받는다. 이를테면 일본어, 중국어 정도가 이에 해당된다. 기성 법조인들은 일본어는 법조인의 기본 소양이라고 생각하는 경향이 있다. 사실 건국 이후 우리나라 법체계는 식민지 당시의 의용민법 등 일본법의 영향을 받아 성립되었고, 판례 또한 상당 부분 일본 판례의 영향을 받았다. 물론 오늘날 대법원 판례는 오랫동안 축적된 우리 나름의 법리와 체계로 구성되어 있으나 어떤 새로운 사례를 분석함에 있어 일본의 선례를 중시하는 풍조가 있기도 하다. 일본어를 능수능란하게 하여 일본 자료를 검색할 수 있는 능력 또한 취직 시 우대받는다. 지금 중국어, 기타 외국어가 로펌 취직에 필수적인 요소는 아니다. 영어, 일본어가 로펌 취직에 필수적인 요소가 아닌 마당에 당연한 이야기이다. 그러나 앞으로 중국과 교역 및 법률 분쟁은 피할 수 없다. 필자 또한 아직 중국의 법치에 대해 확신이 없지만, 그들의 시스템이 어떠하든 우리와 교역이 많을수록 그들의 시스템에 쉽게 접근할 사람이 반드시 필요하게 될 것이라고 믿는다.

이렇게 다른 사람들이 갖지 않은 능력을 가진 사람은 반드시 우리 사회에서 긴요하게 쓰일 것이다. 앞에서 좋은 성적과 학벌이 로펌 취직에 기본이라면, 이 기본이 없더라도 '어학 능력'은 막판 뒤집기 카드로 손색이 없을 것이다.

한편 취직에 중요한 요소로 다른 '자격증' 내지 '전공'이 요구될 수도 있다. 다른 자격증이나 전공은 해당 로펌이 그러한 사람을 뽑고자 하는 특별한 수요가 있을 때 빛을 발하며 로펌에 입사하기 위하여 일반적으로 취득할 필요는 없다. 물론 자격증이 있는 것이 없는 것보단 낫겠지만, 로펌에서 필요로 하는 업무 능력은 그야말로 실전에서 써먹을 수 있는 업무 능력을 말한다.

또한 이른바 '로열패밀리'의 구성원이라면 로펌의 문을 쉽게 두드릴 수도 있다. 이 부분은 억울해하는 사람들이 많으리라 생각한다. 그렇지만 앞서 살핀 대로 로펌은 기본적으로 이윤을 추구하는 집단이다. 로펌이나 회사의 사회적 책임론의 가치 또한 중요하지만, 이것이 이윤 추구의 가치를 넘어서서는 안 된다. 그렇다면 그 로열패밀리의 구성원은 이미 가문의 인적 네트워크를 자산으로 갖고 있으며 로펌 입장에서는 장래의 고객들인 것이다.

이쯤에서 무조건 로펌에 취직할 것이라 생각하는 순간 신경 써야 할 것이 있다. 바로 '평판'이다. 아직까지 법조 사회는 매우 폐쇄적이다. 직접적으로는 몰라도 한두 다리 정도만 건너면 대강은 알 수 있다. 로펌에서 필요로 하는 구성원은 구성원 내 인적 화합뿐만 아니라 차후 클라이언트와 원만한 대인 관계를 구축할 수 있어야 한다. 그런 까닭에 로펌은 해당 연수생을 낙점하고서도 물밑으로 다양한 경로를 통하여 그 사람에 대한 평판을 입수하여 채용에 반영한다. 물론 사법 연수원 성적을 비롯한 업무 능력이 뒷받침되지 않으면서 탁월한 주위의 평판이 있는 경우에 그 연수생이 로펌에 취직할 수 있는 것은 아니다. 평판은 로펌 취직에 있어 네거티브 요소로 작용한다.

위의 요소를 모두 종합하니 '알파걸'이다. 집안 좋고, 성적 우수하며, 좋은 학벌에 외국어는 기본이고, 법뿐만 아니라 다른 전공도 양념으로 곁들여, 주위 사람들과 원만하고 좋은 평판을 얻었으니 말이다. 오히려 부담스럽게 느껴지기도 한다. 보기에 따라서는 상류층 자제들의 출세 코스같이 보이기도 한다. 그러나 너무 지나친 걱정은 하지 말자. 통상 연수생들끼리 말하기를, 위와 같은 요소 중 두 개 이상만 갖추면 로펌 입사에는 아무 무리가 없다고들 한다. 그리고 위 요소 중 한 개만 갖추고서도 로펌에 입사하여 일 열심히 잘 하는 사람은 많다. 모든 일은 하기 나름이며, 받아들이기 나름이다. 연수생 중에는 자신이 로펌에 입사하기 위하여 어떤 조건을 갖추었는지 미리미리 점검하고 걱정하는 사람들이 있는데, 그럴 필요는 없다. 자신이 잘하는 점이 단 한 가지라도 있고, 열심히 일할 자세가 되어 있다면, 그 점을 충분히 어필하여 로펌의 문을 두드릴 수 있다.

앞으로 사법 시험이 폐지되고 법학전문대학원과 변호사 시험을 통하여 법조인을 배출하게 되더라도 로펌의 인사 채용 방식은 위에서 말한 바와 크게 달라지지 않을 것으로 본다. 다만, 사법 연수원 성적이 존재할 수 없으므로, 변호사 시험 성적, 학벌 정도가 하나의 척도가 되지 않을까 생각한다. 앞으로 법학전문대학원 수료생들이 로펌에서 어떤 역할을 담당하느냐에 따라 판단 기준이 달라질 것이다.

업무 배치

어렵게 로펌의 문에 들어섰다. 학부를 나와 법학전문대학원을 마치고, 어렵사리 변호사 시험을 통과하여 연수를 받고 바늘구멍과 같은 경쟁의 문을 통과하여 로펌에 들어온 다음 여러분 앞에 놓인 것은 산더미 같은 일이다. 이제 하는 일은 법학전문대학원이나 어느 로펌에서 수습생으로 한 가상의 사례나 혹은 진짜 사건이라도 책임지지 않을 사례가 아니다. 잘못된 자문이나 소송 수행은 클라이언트에게 금전적으로 돌이킬 수 없는 막대한 손해를 가할 수 있고, 궁극적으로 클라이언트로부터 신뢰를 잃을 수 있다. 신뢰를 잃은 변호사는 그곳에 있을 수가 없다. 사람이 살아가면서 실수를 하지 않을 수 없겠지만, 사회는 실수를 관대하게 오랫동안 용납해주지는 않는다.

로펌에 입사하면 로펌에서 나눈 여러 부서 중 하나의 파트를 택하여 (혹은 얼떨결에 끌려가) 그곳에서 일을 하게 되며, 한 번 선택한 파트를 쉽게 바꿀 수는 없다. 로펌의 업무 파트는 매우 다양하고 대표 변호사의 주관에 따라 나누기 때문에 부서를 예규에 따라 규칙적으로 나눈 법원·검찰과는 그 모습이 매우 다르다.

이른바 대형 로펌은 업무를 대개 이렇게 나눈다. 회사 관련 자문 파트로 줄여서 'corporate', 'corporation', 'corporate & finance'라고 부르기도 한다. 기업과 관련하여 발생한 법적 문제의 해결을 도와주는 역할을 하는데, 주로 상법 중 회사법, (구)증권거래법* 에 따라 일을 처리한다. 예를 들어 어떤 기업이 다른 기업과 합병을 하기로 하였다면, 그에 따라 감독 기관에 어떤 신고를 하여야 하고, 어떤 공식 절차를 밟아야 하고, 주주 총회나 기존 주식의 처리에 대하여 어떤 절차를 밟아야

---

* 현재는 위 법 외 『선물 거래법』, 『간접 투자자산 운용업법』, 『신탁업법』, 『종합금융 회사에 관한 법률』, 『한국증권선물 거래소법』을 통합하여 『자본시장과 금융투자업에 관한 법률』을 제정·시행하고 있다. 증권, 선물, 간접 투자자산 등 개별 법률을 통하여 규제를 달리하였던 문제점 등을 개선하고 금융 선진화를 달성하기 위한 취지이다.

하며, 합병 결과로 인하여 『독점규제 및 공정거래에 관한 법률』 등 경쟁법 분야, 기존 노동자의 근로관계 승계와 관련하여 『근로기준법』 등 노동법 분야에 있어 위반 사항은 없을지 미리 검토하여 주는 역할을 담당하게 된다.

그리고 공정 거래 파트가 있다. 기업들은 시장에서 다른 기업들과 경쟁을 통하여 가격을 형성하는데, 가격을 담합한다든가 혹은 이미 기존의 시장에서 가진 독과점 지위를 남용하는 경우 모두 공정거래위원회의 제재 대상이다. 공정거래위원회는 경우에 따라서 경쟁 질서를 해친 기업들에게 과징금을 부과할 수도 있다. 기업은 그 과징금의 액수가 어마어마하여 사전에 이런 처분을 받지 않도록 관련법에 따라 신고나 공시를 할 의무를 성실하게 이행하여야 한다. 기업은 이 경우 『독점규제 및 공정거래에 관한 법률』 등 경쟁법 전문가의 도움을 필요로 하게 되며, 로펌은 그 수요에 부응하여 적절한 법률 서비스를 제공한다. 로펌 내에서 이런 업무를 담당하는 부서를 공정거래 파트라 부른다.

그리고 지적 재산권 파트가 있다. 지적 재산권 침해가 최근 많은 이슈를 불러오고 있다. 기업들이 별 생각 없이 남의 얼굴을 도용한다든가, 누군가 다른 사람의 곡, 다른 사람의 글을 원저자의 허락 없이 사용하는 경우 문제가 된다. 우리나라는 특히 지적 재산권 침해에 대하여 위법하다는 인식이 없다는 것이 문제로 지적되어 왔다. 그 외에도 자문 분야는 새로운 수요에 맞추어 분야를 만들기 나름이라 앞으로도 다양한 분야가 생길 수 있고, 그 전망은 개척하는 사람의 능력에 달려 있다.

한편 방송 및 정보 통신 파트가 있다. 방송 사업과 정보 통신 사업은 그 공공성으로 인하여 엄격한 규제가 행하여졌는데, 로펌은 유선 방송 사업, 지상파 방송 사업, 위성 방송 사업 등 방송 사업 인·허가, 방송 사업 인수 등과 관련한 법률 자문을 한다.

최근 부동산 가격이 상승하면서 이와 관련된 업무도 로펌의 주요 업무가 되었다. 부동산이란 전통적으로 기업의 중요한 물적 기반이었지만, 지금은 이를 넘어 투자 대상이 되었다. 부동산 투자 기법은 나날이 앞서 나가고 있고 그에 따른 법률적 수요 또한 늘어가고 있다. 업무용 부동산 취득이나 리스, 자산 유동화에 관한 문제가 그런 예이다. 정부가 사회 간접 자본에 대한 민간 투자 유치 정책에 따라 민간 기업의 투자가 있는 경우, 계약서 작성 및 건설 공사와 이에 대한 자금을 충당하기 위한 파이낸싱에 대한 자문(이른바 Project Financing)이 그런 예이다.

또 증권·금융 분야에 대한 업무도 로펌의 주요 업무이다. 증권 발행과 기업 공개의 경우 필요한 자문, 프로젝트 파이낸싱, 증권업 및 간접 투자를 하기 위한 국내외 증권 회사, 자산 운용 회사, 투자 회사, 투자 신탁, 투자 자문 회사 등에 대하여 회사 설립·폐쇄, 설립·등록, 금융 신상품 개발 및 관련 계약서 작성, 펀드 설정과 관련된 신탁 약관에 있어 로펌은 다양한 경로로 법적 리스크를 줄이기 위하여 노력한다.

한편 기존에 변호사들이 주 업무로 맡아온 분야로서 '송무'가 있다. '자문'과 '송무'를 굳이 구분하자면, 자문은 어떤 법률 분쟁이 발생하기 전 미리 그와 같은 분쟁을 예방하도록 도와주는 일이고, 송무는 어떤 법률 분쟁이 발생하고 난 다음, 발생한 분쟁을 재판 과정을 통하여 해결하는 일이다. 그런 송무 업무 또한 로펌에서 주로 하는 일 중 하나이다. 송무 업무에 대하여 2000년 이후 자문 시장이 확대되면서 로펌의 주 업무에서 벗어나는 것이 아닌가 생각하는 사람들도 있지만, 로펌의 입장에서는 가장 꾸준하고, 확실한 수요를 가질 수 있고, 꾸준한 이윤을 창출할 수 있기 때문에 절대 버릴 수 없는 분야이다.

로펌에서 하는 '송무'는 물론 다른 변호사들이 하는 송무와 다를 바 없지만, 대기업이 당사자가 되어 사회적 이목을 끌 만한 소송을 담당하는 경우는 언론과 세간의 많은 주목을 받을 기회를 갖는다. 로펌에서 송무를 수행하는 경우 자신의 상위에 있는 '파트너' 변호사의 지도와 도움하에 서면을 작성하고 소송을 수행하는 경우가 대부분이다.

로펌의 신입 변호사로 들어갔을 때 자신이 담당하게 될 업무는 대개 면접 때, 그리고 입사 후 자신의 의지와는 무관하게 보이지 않는 손에 의하여 결정되는 경우가 많다. 그러나 이는 다른 어느 조직도 마찬가지일 것이다. 자신 있었던 업무를 막상 해보면 생각과 달라 스트레스를 받는 경우가 많으며, 하기 싫었던 업무를 하다 보면 의외로 숨겨진 자신의 적성을 발견하는 경우도 많다.

한편 로펌에 따라서는 신입 변호사에게 곧바로 특정 업무 부서를 지정하지 않고, 1~2년간은 로펌에 있는 모든 부서를 순환하여 근무하도록 배려하는 로펌도 있다. 막상 사법 시험을 합격하고, 사법 연수원을 수료하였다고 하지만 로펌에서 이루어지는 일에 대해서는 모두 전해 듣기만 하였을 뿐, 그 대강에 대해서도 제대로 배우거나 실무에 종사해 본 적이 없어 자신의 적성과 능력에 대해서 스스로 오진하는 경우 또한 없지 않다.

다른 직역도 마찬가지겠지만 로펌이라는 곳이 적성과 흥미를 가지지 못하면 아무리 많은 돈을 준다고 하더라도 그 당사자에게는 아무 의미가 없다. 로펌에 입사가 확정되었다고 모든 것을 손 놓고 있어서는 안 되는 이유이다. 자신이 무엇을 하고 싶은지, 어떤 삶을 살고 싶은지, 늘 미래를 내다보고 대계를 세우는 사람은 대단한 성공은 몰라도 적어도 큰 실패는 하지 않을 것이다.

'월화수목금금금'

오늘은 금요일이다. 가을 저녁이라 날씨도 너무 좋고 주중에 산적한 일을 떨어내고 나니 몸과 마음이 날아갈 것 같은 기분이다. 금요일 오후 5시가 되면 마음은 이미 다른 곳으로 퇴근해버렸다. 그러나 이렇게 살고자 한다면 곧 마음뿐만 아니라 몸도 영원히 그 로펌을 떠나야 할 것이다. 겨우 금요일 오후 5시일 뿐이다.

위층의 파트너 변호사에게서 호출이 왔다.

"이거 말이지, 이번에 새로 시행되는 『자본시장통합법』에 따른 공시 절차를 검토해보게."

"네."

로펌 변호사는 이런 경우를 가끔 겪는다. 경우에 따라 '가끔'이 아니라 '자주' 일 수도 있다.

로펌의 자문 파트에서 일하는 사람들 중 일부는 자신이 일을 거부할 수도 없고, 빡빡한 스케줄에 생활의 여유가 없어 로펌 생활에 염증을 느끼기도 한다. 자신이 하기 싫은 일을 거부할 수 없다고 하여 마치 계약서의 '을'과 같다는 말을 자주 하고는 한다. 그러나 일 자체에 흥미를 느끼고, 적성에 맞는 사람은 위와 같은 상황을 일상생활보다 조금 더 버겁다고 느낄 뿐 그에 대하여 스트레스를 극심하게 받지는 않는다. 어차피 법률 서비스를 제공하는 사람의 입장에서 고객의 수요에 맞추는 것은 당연하다. 그리고 하고 싶은 일을 가려서 할 수 없는 것은 비단 로펌 변호사에게만 한정된 일이 아니라 세상 모든 일을 하는 사람들에게 공통된 사항이다.

필자의 선배 로펌 변호사는 이렇게 '월화수목금금금'의 생활이 이어지더라도 하루는 꼭 집에서 식구들과 함께 시간을 보낸다. 물론 그 사람이 일이 없다거나 무책임해서가 아니다. 회사에서 해야 할 일을 집에서 하는 것뿐이다.

결국 로펌 변호사는 바쁠 수밖에 없다. 전문성을 갖추고 화려해 보이는 일을 하더라도 고용주와 고용 관계를 맺고 일을 하는 만큼, 내가 받는 가치에 적어도 세 배는 고용주에게 안겨주어야 하기 때문이다. 많이 받기 때문에 더 많이 일하는 것이다. 아마 전 세계의 모든 로펌 '어쏘 변호사'* 폴의 삶이 비슷할 것이라 본다.

보수, 기타 복지

로펌에 입사할 사람치고 그 로펌의 보수에 무관심한 사람은 없다. 프로 스포츠에서 선수의 몸값이 그 선수의 가치를 증명하듯 로펌 변호사

---

* 처음 신입으로 들어간 변호사로서 아직 파트너 변호사가 되지 않은 변호사들을 일컫는 말이다. '어쏘'란 말은 영어의 'associate'에서 따온 말이다.

의 연봉 또한 그러한 역할을 하고 있다고 보아도 무방하다.

현재 유명한 5~6개 로펌의 사법 연수원 수료 1년차의 연봉은 세금과 연금 등을 공제하고 손에 떨어지는 실 수령액이 9,000~1억 원 선으로 알려져 있다. 그러니 일반적으로 기준이 되는 세전 연봉은 1억 2,000~1억 3,000만 원 정도로 보아야 할 것이다. 그리고 그 정도에는 미치지 못하지만 상당한 규모의 로펌의 경우는 연봉 7,000~9,000만 원 정도를 받는다. 물론 위 금액들에는 자신들이 받는 연봉에 더하여 장래 퇴직 시 받아야 할 퇴직금이 포함되어 있다. 그래서 1년에 12번이 아닌 13번, 경우에 따라서는 14번 정도 월급을 받는다.

이 금액이 적은지 많은지 의견들이 분분하지만, 개인적으로는 비록 사법 시험과 사법 연수원을 마쳤다고 하더라도 로펌이 필요로 하는 일을 거의 하나도 제대로 해내지 못하는 신입 변호사들에게—물론 이는 변호사 개인의 자질 문제가 아니라 교육 시스템의 문제 때문이다—그와 같은 돈을 주는 것은 우리 사회의 연봉 체계나 경제 규모에 비추어 분명 많은 돈은 분명한 것 같다.

그런 대형 로펌들은 위와 같은 보수 이외에 식비, 어학 교육비, 헬스클럽 비용 등 여러 비용의 지원을 아끼지 않는다. 실은 이 정도의 복지는 대기업에서 흔히 볼 수 있다. 그러나 규모가 작은 로펌에 들어가게 되면 위와 같은 복지가 엉성한 경우가 많아서 로펌을 고르는 신입 변호사들 사이에서는 이와 같은 미세한 복지까지 따지는 사람들도 있다.

문제는 신입 변호사의 연봉이 아니라, 나중에 경력과 실력이 쌓이면서 연봉 체계가 어떻게 바뀌느냐이다. 사실 이에 대한 명확한 대답은 내놓기 어렵다. 웬만큼 친한 사이가 아니면 친구의 연봉을 알 수도 없고, 같은 회사 내의 변호사라도 월급이 다르기 때문이다. 철저히 변호사의 능력에 비례하여 월급을 받는 것이다.

그 로펌 변호사에 대한 평점은 연말 인센티브로 그대로 나타난다. 그러니 1년간 받아가는 총액에 대해서 전체 로펌을 아울러 '이렇다' 라고 평가하기엔 무리가 있다. 다만, 업계에 일반적으로 알려져 있기로는 로펌 변호사로 경력이 7~10년 정도 이르러 유학을 가기 이전에 1년에 월급이 50~100만 원 정도 오른다고 한다.

유학을 다녀오고 파트너 변호사가 되어 로펌의 구성원이 되면 단지 일을 잘 하는 것뿐만 아니라 자신의 고객을 갖추고 있어야 하는데, 그에 따라 받아가는 액수는 천차만별이고, 그 대강을 말하는 것조차 아무런 의미가 없다. 변호사는 자신의 능력에 따라 0에서 100까지 간다.

평생을 함께 갈 것인가

요즘은 로펌에서 법무관 영입에 공을 들이고 있다. 아무래도 법무관이라는 존재가 군복무 이전에 사법 시험에 합격하여 그만큼 검증된 사람이고, 조직에 있었기 때문에 그 생리를 잘 파악하고 있으며, 젊은 만큼 체력이 좋아 고객들 또한 선호하기 때문이다. 그중에 군대에서 법무관 생활을 하는 군법무관의 경우, 로펌들은 3년 군법무관 복무 기간 중 2년차 중반부터 전도유망한 법무관들에게 개별적으로 접촉하여 자신의 회사에 올 것을 권유한다. 리쿠르팅은 사법 연수원 대강당에서 여러 연수생을 앞에 두고 설명회를 가지며, 지원한 사법 연수생을 대상으로 이루어지기도 하지만 유능한 군법무관과 같이 개별적으로 이루어지기도 한다.

　이 리쿠르팅의 여러 키워드 중 하나가 바로 '우리는 함께 간다.' 라는 말이다. 로펌 지원을 앞두고 있는 사람들로서는 이보다 더 좋은 말이 없다. 바꾸어 말하면 '고용 안정성'을 보장해주겠다는 말이기 때문이다. 그 말에는 고용 안정성뿐만 아니라 체계적인 시스템을 갖추고 당신을 끝까지 전문 변호사로 키워내겠다는 뜻이 담겨 있는 것처럼 들린다. 필자도 그렇게 믿고 싶다. 그런데 기본으로 돌아가서 생각해보면 '로펌'은 사기업이다. 하늘에서 떨어진 돈을 변호사들에게 분배하는 곳이 아니라 창출해낸 이윤을 성과에 따라 배분하는 곳이다. 공무원 조직과는 다르다. 그렇다고 함께 가자는 말을 생거짓말로 생각하지는 않는다. 고용 안정성보다는 로펌의 체계적 시스템을 의미하는 것으로 받아들이는 것이 맞을 것이다.

　변호사 업무가 마치 사법 시험을 합격하고 사법 연수원을 수료하면 세상에 모르는 법률문제가 없을 것 같지만, 그와는 정반대로 예상하지 못한 새로운 문제와 도전에 직면하여 이를 헤쳐나가야 한다. 그런 노하우는 시험과 공부를 통해 얻어지는 것이 아니다. 선배 변호사를 통하여 많은 것을 배우고, 거기에 자신만의 무엇을 추가하여 전문가가 되는 것이다. 그렇게 훌륭한 선배 변호사가 신입 변호사와 함께 한 팀을 이루어 잘 이끌어주고 가르침을 준다는 것은 매우 훌륭한 시스템을 갖추었다는 말이다.

　그러니 이렇게 생각하자. 이제 변호사가 된 이상 누구도 당신을 평생 책임져주지 않는다. 판검사가 속한 공무원 조직 또한 서서히 변화를 맞을 것이다. 로펌 변호사로서 전문성과 커리어는 자신이 쌓는 것이고, 개척해나가는 것이다. 그러니 '함께 하자는 말'은 믿지 마라. 다만, 당신이 변호사로 커갈 수 있는 더 훌륭한 장을 마련해주겠다는 제안 정도로 이해하자.

3_ 개업 변호사

개업의 선택

사법 시험에 합격하고 사법 연수원을 수료한 그 누구든, 앞으로 법학전문대학원을 수료하여 변호사 시험을 합격하고 어떤 길을 걷게 된 사람이든, 최종적인 목적지는 개업 변호사일 것이다. 변호사로서 자신의 이름을 걸고, 자신의 책임하에 일을 하게 되는 '개업'이 변호사의 바탕이자 최종 도착지이다. 그러니 "누가 개업을 선택하게 될 것인가?"라고 묻는 것은 잘못된 질문이다. 그러나 현실적으로 누구는 사법 연수원을 수료하자마자 개업의 길을 택하고, 누구는 몇 년 있다가 개업을 택하고, 누구는 판검사를 마치고 개업을 택하기도 한다.

사법 연수원을 수료하자마자 개업을 택하는 사람은 일반적으로는 30대 중반 이상이 많다. 그리고 사법 연수원 수료 당시에는 다른 변호사(주로 전관 변호사)의 고용 변호사로 고용된 사람이 1~2년 후에 독립하기 위하여 개업하는 경우도 많다. 수는 적지만 30대 초반의 어린 사람이 개업하는 경우도 있다. 기질 탓인지 모르겠지만, 개업은 확실히 남성의 비율이 높고, 여성들의 경우 다른 조직이나 공공 기관의 취직을 알아보는 경우가 많다.

언제, 어디서, 어떻게

위에서 살펴본 바와 같이 사법 연수원을 마친 다음 곧바로 개업하는 경우가 있고, 고용 변호사 등으로 몇 년 생활하다가 개업하는 경우도 있다. 판검사로 재직하다 개업하더라도 재직 기간이 5~10년 정도에 머문 사람도 있고, 15년 이상 재직하여 부장 판사, 부장 검사직을 마치고 승진이 힘들어 '전관 변호사'로 개업하는 경우도 있다. 그래서 '언제' 개업하는가는 결국 당사자의 선택에 달려 있는 문제로 보인다.

개업 장소는 우리나라에서 대법원, 대검찰청뿐만 아니라 지방법원, 검찰청 단위로는 가장 큰 서울중앙 지방법원, 서울중앙 지방검찰청이 있는 서초동에서 개업하는 경우가 가장 일반적이다. 그러나 서초동에서 개업한다고 하여 반드시 좋은 것만은 아니다. 압구정동에서 성형외과를 열었다고 하여 언제나 성공하는 것만은 아닌 이치와 같다. 앞에서 본 것과 같이 많은 비용과 치열한 경쟁을 감당하여야 하기 때문이다.

개인적으로는 지방이나 수도권에서 개업을 하는 것도 괜찮아 보인다. 아직 변호사에 대한 사회적 인식이나 대우도 지방이 낫고, 사무실 유지비 등의 영업 비용뿐만 아니라 생활 비용도 훨씬 적게 들어가기 때문이다. 개업지는 서울 또는 자신의 고향으로, 전관 변호사의 경우 최종 임지로 하는 경우가 일반적이다. 요즈음은 서울 또는 자신의 고향이 아니더라도 다른 곳의 시장 조사를 마친 다음 개업지로 선택하는 경우도 있다.

예전에는 혼자 모든 것을 떠안는 단독 개업의 형태가 유행했었다. 단독 개업을 하는 경우 변호사, 사무장 1~2명, 여직원, 운전 기사(선택 사항)로 하여 적으면 2명, 많으면 4명의 직원을 데리고 사무실 운영을 시작하였다. 그러나 요즘은 사법 연수원을 수료하고 바로 개업하는 경우 운전 기사를 고용하는 경우는 거의 없고 사무장 1명, 여직원 1명과 함께 사무실을 운영하는 형태를 띠는 것이 일반적이다. 비용 절감을 위하여 사무실을 공동으로 쓰고, 여직원도 변호사 2~3명당 한 명을 채용하는 등 여러 방안이 모색되고 있다.

예전의 변호사 개업 환경과는 많이 달라져 요즘은 변호사 여러 명이 모여 같이 하는 방식도 눈에 많이 띈다. 여러 명이 함께 개업을 하다 사무실 유지가 잘 되고 수익이 안정적으로 창출되면 외부에서 새로운 변호사를 고용하거나 뜻이 맞는 다른 변호사 혹은 법무 법인과 함께 일을 할 수도 있으며, 이런 방식으로 덩치를 불리고 키워 작은 로펌을 만들 수도 있다. 개업 변호사는 무한한 가능성을 가지고 있기 때문에 몇 년 뒤 어떤 형태로 남아 있을지는 오로지 개인의 다양한 능력에 달려 있다고 보아도 과언이 아니다.

사건은 어떻게 수임할까?

가끔 가게 문을 열어두면 지나가던 누군가가 아이스크림을 사러 들어오듯이 변호사 사무실도 어쨌든 차리기만 하면 지나가던 누군가가 들를 것으로 생각하는 사람이 있다. 그러나 이는 큰 착각이다. 일반인들 중에 지금까지 소송의 당사자가 되거나, 형사 사건의 피고인이 된 사람을 뽑아보면 그 비율이 결코 5%에도 달하지 않을 것이다.

그럼 고객의 입장에서 바라봤을 때 어떻게 해야 변호사가 사건 수임을 할 수 있을까? 이런 질문은 마치 "어떻게 하면 부자가 될 수 있는가?" 하는 질문과 같다. 시중에 재테크, 부자가 되는 비법에 대한 수많은 책들이 있으나 그대로 따라한다고 해서 나에게 그대로 통용되지는 않는 것과 같다.

필자가 보기에 수임도 그렇다. 아이스크림, 옷과 같이 범용적으로 통용되는 상품이 아닌 '법률 서비스' 라는 용역은 고객의 요구를 완전히 만족시키기 위해 어떤 사건이라도 이기도록 하여야 하고, 패소할 사건이라도 그 범위를 최소한으로 하여야 한다. 그러나 누구도 결과를 장담하여서는 안 되고, 장담할 수도 없다. 그렇다면 사람이 할 수 있는 일은 결과를 이끌어내는 과정에 최선을 다하는 것이다. 실제로 의뢰인들 중에는 결과가 만족스럽지 못하더라도 재판 과정에 열성을 다하는 변호사를 좋아하는 사람들이 있다. 이렇게 내가 맡은 일에 최선을 다하며 일을 맡긴 사람들과 하나둘 알면서 신뢰가 쌓인 경우, 그 사람들은 나의 진정한 고객이 되고, 그 사람들의 지인들을 통해 또 다른 고객이 만들어진다.

그렇다면 이렇게 평판과 신뢰를 쌓기 전에는 어떤 방식으로 사건을 수임할까? 위와 같은 이유로 의뢰자들은 믿을 수 있는 사람을 원하고, 결국 변호사는 아는 사람을 통하여 사건을 수임하게 된다. 아는 사람이라 함은 학교 동문회를 통해서, 친척을 통해서, 그 밖의 다른 모임을 통해서 알게 된 사람을 뜻한다.

변호사들은 사건 수임을 위하여 인간관계 외연을 넓히려고 부단히 노력한다. 서른 살이 넘은 사람들끼리 친해질 공통분모가 거의 없다는 것이 문제지만, 술자리에 나가기도 하고, 골프를 열심히 치기도 하고, 종교 모임이나 취미 활동 모임에 열심히 나가기도 한다. 하지만 인간관계는 단순히 아는 사람이 많다고 하여 넓혀지지 않는다. 비단 그 사람을 안다고 하여 그 사람에게 중요한 일을 맡기진 않는 것처럼 변호사 또한 그 사람들에게 신뢰를 주어야 한다. 그 사람을 통해 소송이나 자문 등 일을 진행했을 경우, 이길 수 있거나 혹은 꼭 이기진 못하더라도 내가 하고 싶은 말을 충분히 재판부에 전해줄 수 있다는 믿음 말이다.

내가 과연 그럴 만한 사람인가 판단하기는 어렵다. 그러나 냉정한 세상에서 자신을 평가하거나 조언해주는 사람 또한 없다는 것을 잊지 말자. 결국 자신에 대한 판단은 자신이 하여야 한다.

비용과 수입

개업 변호사로서 사무실을 유지하는 데 들어가는 비용은 천차만별이다. 가장 기본적으로 들어가는 건물 임차료, 인건비만 합해도 지방의 경우는 500만 원 전후, 서울 서초동의 경우는 1,000만 원 전후라고 보면 된다. 그러나 요즘은 변호사들이 비용 절감을 위하여 사무실을 같이 쓰고, 직원을 함께 채용하는 경우가 늘고 있다.

한편 수입은 그야말로 천차만별이다. 그리고 월급쟁이가 아닌 만큼 고정적인 수입이 없다. 잘 벌리는 달에는 1개월에 수천만 원을 벌 수도 있고, 수입이 없는 달에는 그 자리에 앉아 그대로 있는 돈을 까먹기도 한다. 사람의 성향에 따라 내가 어떻게 돈을 벌 것인지 신경 쓰지 않고 살고 싶은 사람은 개업 변호사의 길이 맞지 않을 수도 있다.

수입은 보통 사건을 착수하기 전에 받는 돈이 있고, 사건이 종결된 다음 성공 보수로 받는 돈이 있다. 착수금과 성공 보수금이라고 하는데, 이는 당사자와 변호사의 협상에 따라 모두 다르다. 일반적으로 받는 착수금은 계속 답보 상태이고, 개업 변호사 증가 추세에 따라 하향 곡선을 그리고 있다. 앞으로도 개업 변호사의 수입은 감소할 수밖에 없다.

그렇다고 세간에 알려진 것과 같이 개업 변호사들이 대부분 적자에 허덕이고 있는 것은 아니다. 굳이 음식점 개업에 비유하자면 사회 전반에 널리 만연한 개업의 유형 중 변호사 개업은 그보다는 사업 환경이 출중한 것으로 보인다. 다만, 분명한 것은 20~30년 전에는 사법 시험 합격 후 변호사 사무실만 열어도 충분히 넉넉한 돈을 벌고, 명예를 유지할 수 있었다면 이제는 그럴 수 없다는 점이다.

사업을 시작하려면 당연히 고객의 입장에서 고객의 수요를 파악하고 고객에게 먼저 감동을 주며 고객 앞으로 달려 나가 모든 서비스를 제공할 수 있는 자세가 되어 있어야 한다. 사실 지난 세월 법조인들에게는 그와 같은 서비스 마인드가 부족했다. 세월의 흐름에 따라 법조 시장의 변화도 급격히 이루어지고 있고, 사업을 수행하려는 개업 변호사에게 요구하는 마인드 또한 변하고 있다. 변화란 무섭고 두렵지만 변화를 먼저 감지하고 선도하는 사람에게는 무한한 기회를 제공할 것이다.

개업 변호사만의 매력

개업 변호사는 결국 자신이 운영하는 법률 사무소의 최고 책임자로서 모든 일을 자신의 이름으로 처리하고 그에 대한 책임도 지지만, 그에 따르는 돈과 명예, 평판 또한 본인이 가져간다.

필자가 아는 변호사 중에는 자유롭게 출퇴근 시간을 결정하는 사람들이 많다. 공무원, 공공 기관, 회사에서 정시 출퇴근을 당연히 여겨오던 사람에게는 그런 행위를 명백히 근무 태만으로 볼 것이다. 자신이 단독으로 개업하였다고 하나 밑에 직원을 두고 있고, 직원들의 눈이 있는데, 사장이 자기 마음대로 출퇴근을 하면 안 된다고 생각할 수도 있다. 그러나 자신이 그 현장에 없더라도 충분히 조직을 장악할 자신이 있다면 굳이 출근하여 부하 직원의 근무 태도를 살피지 않아도 될 것이다. 개업 변호사는 이와 같이 자신의 출퇴근 여부에 대해서 자신이 선택할 수 있다. 이것이 무슨 매력으로 보이냐고 반문할지 모르나, 법학전문대학원을 준비하는 사람들 중 회사에서 조직 생활을 경험해보았다면 이것이 얼마나 큰 장점인지 온몸으로 깨달을 수 있을 것이다.

한편 개업 변호사는 의뢰인과 직접 면담하고 소송을 통하면서 신뢰를 쌓아 자신의 외연을 넓힐 여지가 많다. 현재 법조 직역 중 로펌 변호사, 판검사 등 다른 직역의 사람들은 인맥 등을 관리할 시간조차 넉넉히 갖지 못하는 것이 사실이다. 반면 개업 변호사는 다양한 사람들과 소송을 통한 신뢰를 쌓아 나중에 그들로부터 뜻밖의 도움을 받을 수도 있고, 다양한 일을 할 수도 있다.

그리고 개업 변호사는 앞에서 살펴본 바와 같이 의뢰인이 혼자 소송을 수행하였더라면 정돈되지 않은 자신의 인생 한풀이 소송을 법률적으로 설득력 있게 수행하면서 질지도 몰랐던 소송을 이길 때 그 무엇보다 가장 큰 보람을 느낀다.

4_ 사내 변호사

최근 들어 주목받는 직역으로 '사내 변호사In-House Lawyer'라는 직군이 있다. 사내 변호사는 변호사 자격증을 갖고 있되 일반 기업의 직원으로 일하면서 기업에 관련된 법률 사무를 처리하는 일을 주로 한다. 사내 변호사는 예전부터 널리 형성된 직군은 아니며, 최근 사법 시험 합격자 수의 증가로 다양한 직종이 생겨난 가운데 기업들이 IMF 및 2000년대 이후 법률 리스크의 중요성을 깨닫게 되면서 발생한 직군이다.

사내 변호사는 초창기 사법 연수원 출신자가 곧바로 회사의 임원이나 직원으로 가더라도 부장급 정도로 가는 경우가 많았으나, 여러 요인으로 인하여 현재에는 대기업 과장급 정도로 가는 경우가 많다고 한다. 군대를 다녀온 남성의 경우 대개 사법 연수원을 수료하면 30대 초반이 된다는 점과 일반적으로 취직한 경우에 비추어 엄청난 메리트가 있다고 보기는 어렵다. 근무 강도는 일반적으로 법무 법인, 판검사보다는 약한 것으로 알려져 있다. 그래서 로펌이나 판검사로서 격무를 싫어하는 사람들이 조직 내에서 안정적으로 생활할 수 있을 뿐만 아니라 생활의 여유를 가질 수 있어 사내 변호사를 선호하기도 한다.

사내 변호사가 하는 일은 특별히 정해진 바가 없는데, 회사 내에 어떤 법률문제가 있으면 먼저 자문하는 일을 하기도 하며, 경우에 따라서는 회사 내에 어떤 소송이 제기되면 로펌과 함께 또는 단독으로 소송을 수행하는 일을 하기도 한다. 그렇기 때문에 자문, 송무라는 구별은 사내 변호사에게 특별히 의미가 없다. 예를 들면 건설업을 주업으로 하는 회사의 사내 변호사로 가면 아파트 건축과 관련된 인·허가, 재건축을 둘러싼 복잡다기한 법률문제를 직접 다룰 일이 많으며, 그런 특화된 일을 통하여 자신만의 전문성을 쌓을 기회를 가지게 된다.

미국에서는 사내 변호사가 매우 활성화되어 있고 승진, 유학 등 조직체계가 훌륭하게 갖추어져 있다. 그러나 한국에서는 아직 시행된 지가 얼마 되지 않은 만큼 앞으로 어떻게 될지 알 수는 없다.

우리나라에서는 사내 변호사가 회사 자체의 법률문제보다는 오너 일가의 법률문제를 미리 예방하고, 해결하기 위하여 법원·검찰의 고위 간부를 영입하면서 시작되었다. 최근에 들어서야 기업들의 준법 경영, 법률 리스크 비용에 관한 인식이 늘어나면서 조직적으로 체계를 갖추기 시작하였으므로 앞으로 사내 변호사가 회사 내에서 조직상 어떤 위치를 갖고 발전할 것인지는 지켜볼 일이다. 삼성과 같은 대기업은 사내 변호사의 조직상 지위나 처우에 대해서도 매우 신경을 쓰고 있고, 대우나 복지도 훌륭하다. 그래서 기성 법조인이나 사법 연수원을 갓 마친 새내기 법조인에게도 그런 사내 변호사 자리는 매우 인기가 좋다.

그동안은 보수적인 법조인들에게 불투명한 미래는 전혀 매력으로 다가오지 않았기 때문에 다른 직역에 비해 지금까지는 사내 변호사의 인기가 없었다. 그러나 불확실성과 가능성이란 동전의 양면과 같아서 환경을 받아들이고 이를 개척해나가는 사람이 그 가능성을 성취할 것이다.

Chapter 8

이런 법조인이라면 좋겠다!

1_ 법조인의 모범상

 법조인이라면 평소에 어떤 자세를 가져야 하며, 어떤 법조인이 바람직한 법조인일까? 이 질문에 대해서는 사법 연수원 또는 법학전문대학원 어디에서나 배우는 '법조윤리' 과목의 따분한 수강 내용을 연상케 한다. 사건 의뢰인과 사적인 접촉을 되도록 피하고, 브로커와 같은 외근 사무장과의 관계를 한정짓고, 이해관계가 상반되는 사건의 수임을 피할 수 있도록 하는 등의 『변호사법』, 윤리 강령의 해설 내용은 각자 필요한 책을 살펴 터득하길 바란다.
 이 장에서는 유능한 법조인이 되기 위해서는 어떤 덕목을 갖추어야 하는지를 살펴봄으로써 막연히 생각하는 멋진 법조인의 모습을 완성하는 데 도움을 주고자 한다.

사실 관계 파악

앞에서도 살펴보았지만 법조인은 미래에 일어날 일을 계획하는 것이 아니라 과거에 일어난 일을 확정하여 법을 적용하여 판단하는 일을 주업으로 하는 사람이다. 과거에 누가, 언제, 어디서, 무엇을, 어떻게 했는지는 하나밖에 없지만 실제 소송에서 그와 같은 과거의 사실에 대하여는 끊임없는 다툼이 일어나고 있다. 분명 당사자 중 한 명은 거짓말을 하고 있는 셈이다.

소송에서 진 사람들은 판검사가 상대방에게 속아서 혹은 상대방과 짜고 허위의 판결을 내린다고 분개하는 경우가 많다. 또는 상대방이 특별히 다투지 않았음에도 불구하고 뻔한 사실을 인정해주지 않는다고 비분강개하는 사람이 많다. 답답하기는 재판을 진행하는 사람 모두 마찬가지일 것이다. 그러나 증거를 발굴해내고 증거를 통해서 인정되는 사실만이 법원에서 인정하는 사실로 받아들여진다. 대부분의 사람들은 당연한 말인 것 같으면서도 정작 자신이 소송 당사자가 되는 경우 그 말을 곧이곧대로 받아들이지 못한다.

사실 대부분의 사건은 사실 인정에 의하여 결과가 좌우된다. 의외로 일반인들은 돈을 빌려주고 받으면서 계약서·영수증 등을 잘 작성하지 않고, 돈을 주고받음에도 현금으로 주고받고, 그 당시에는 아무 일 아니라고 생각하여 입회자 등을 두지 않는다. 나중에 사건이 터지고 나서야 발을 동동 구른다. 그러나 그렇다고 하더라도 증거를 찾아내도록 끊임없이 노력하여야 한다. 따라서 변호사라면 주장할 사실을 뒷받침해줄 증거를 잘 발굴해내야 하고, 판검사라면 자신의 결정과 판결로 사람의 운명이 뒤바뀌는 결과를 초래하는 만큼 사실 인정에 있어서 보다 세심한 주의를 기울일 필요가 있다.

이런 일을 자주 하다 보면 사람의 말을 믿지 못하는 경우가 많이 생기는데 이는 직업병으로 어쩔 수 없는 것 같다. 아마 법학전문대학원, 사법 시험 또는 변호사 시험을 통하여 사실 인정에 대하여 그 중요성과 심각성을 배울 기회가 많지 않을 것이라 생각한다. 그러나 실무에서는 사실 인정 능력이 주목받는다는 사실을 꼭 기억하자.

연극의 주인공과 조연

인생을 하나의 긴 연극이라고 한다. 그러나 세상이 각박해서인지 이렇게 긴 연극에 정작 자신이 극의 주인공이 되지 못하는 경우가 많다.

법원·검찰청, 변호사 사무실에서 남의 인생 이야기를 듣다 보면 무슨 저렇게 기구한 팔자가 다 있나 싶기도 하고, 인생을 어떻게 하면 저렇게 만들 수 있을까 안타까울 때도 많다. 어떤 사람들은 그 사람의 인생에 동화되어 같이 억울해하며 답답해한다. 의뢰인들은 그런 사람들과 공감할 수 있으니 좋아할지 모르나 그러다 보면 정작 앞으로 법적으로 어떤 조치를 취해야 할지 생각을 놓칠 때가 있다. 법조인이야말로 억울하다면 마지막으로 그 억울함을 풀어줄 수 있고, 답답하다면 그 해결 방안을 제시할 수 있는 마지막 사람이다. 한 사람 한 사람의 인생에 조금 더 가깝게 다가서는 것도 중요하지만 자칫 잘못하면 법조인 자신이 들고 있는 수평 저울을 놓칠 수도 있다는 점을 알아야 한다.

건 강

이상적인 법조인으로서 뜬금없이 왜 '건강'이 나왔는지 의아해하는 사람들이 많을 것이다. 사실 건강이라면 굳이 법조인뿐만 아니라 어떤 직업을 택하더라도 반드시 지켜야 할 항목이다.

앞으로 법학전문대학원 수료생들에게는 변호사로서도 다양한 직업을 경험할 수 있겠지만 현재 사법 연수원 수료생들은 대개 판검사, 로펌 변호사, 일반 송무를 담당하는 고용 변호사로 진출할 확률이 매우 높다. 지방 중에서도 중소도시 판검사, 고용주를 잘 만난 고용 변호사를 제외하고는 대부분 저녁을 먹고 사무실에서 일을 한다. 최근 들어 소송과 고소가 많아진 탓도 크고, 기본적으로 높은 월급을 받고 일하는 이상 그 정도의 업무량은 피할 수 없는 것으로 보이기도 한다.

대형 로펌에 다니는 어떤 선배 변호사는 통상 자정에 퇴근하여 오전 10시경 출근하며 주말까지 6.5일 정도 근무한다고 한다.

현실적으로 좋은 방법은 없는 시간이지만 꼭 틈을 내어 휴식과 운동을 즐겨 건강을 지키도록 노력해야 한다. 통계로 확인한 사항은 아니지만, 법조인으로서 성공한 사람들은 항상 자신의 건강마저 잘 관리하고 있다는 인상을 받았다. 휴식과 운동은 단순히 건강을 지켜줄 뿐만 아니라 그 과정에서 새로운 생각을 할 여유를 줄 수 있어 여러 모로 긍정적이다.

소송이라는 것 자체가 항상 상대방과 싸우는 일이고, 싸움의 과정에는 늘 긴장과 흥분이 존재하기 때문에 그 가운데에서 냉정함과 차분함을 유지하기란 어려운 일이다. 그래서 휴식과 여유는 법조인에게 있어 더 큰 의미를 갖기도 한다.

봉사

요즈음 온오프라인을 막론하고 무료 법률 상담을 어렵지 않게 찾을 수 있다. 언제부턴가 실제 업무를 담당하지 않는 단순한 상담은 무료로 받아들여졌다. 의사에게 단순히 몸에 나타난 이상 증상을 물어보고 별일 아니라는 대답을 듣더라도 의사와 최소한 상담은 한 것이니 진료비를 낸다. 그러나 물건을 사러 들어가서 물건에 대해서 물어본다고 돈을 받지는 않는다. 법률 상담을 어디에 맞추어 해석하여야 할지는 각자의 몫이다.

무료 법률 상담은 아마 봉사의 차원에서 시작된 것 같다. 물론 지금의 무료 법률 상담이 경우에 따라 광고의 수단으로 활용되는 면도 없지 않으나 변호사 업계의 경쟁이 팍팍해진 탓으로 보인다. 사실 앞으로 법조인의 수입이 예전만 못해질 것은 기정사실이다. 그리고 그 위상 또한 경제적으로 나빠지는 만큼 더 좋아지기는 어렵겠지만, 앞으로 법조인들이 어떻게 하느냐에 따라 그 위상은 달리 평가될 수 있다. 명예 혹은 위상이란 단지 돈이 많다고 올라가는 것은 아니기 때문이다.

법조인은 사회 전체적으로 전문직이고, 이 사회를 이끌어나가는 사람임을 잊어서는 안 된다. 그래서 더욱더 자신이 가진 자그마한 것이라도 남을 위해서 베풀 수 있었으면 하는 바람이다. 꼭 일주일에 한 번씩 무료 법률 상담을 하여야 하는 것도 아니고, 법률 상담에만 그 내용이 국한되지도 않는다. 1개월에 한 번, 그것이 힘들면 1년에 한 번이라도 다른 사람을 위하여 무엇인가 할 수 있다면 그것으로도 족하다. 보이지 않는 곳에서 작은 일이라도 다른 사람을 위하여 봉사하는 선배 법조인들로부터 많은 것을 배우고 느낀다.

2_ 판사로서 외줄타기

 판사란 사실 관계 및 법률 관계의 판단을 업으로 하는 사람이다. 과거의 사실은 하나밖에 없다. 내가 2009. 1. 1. 09:00경 어디서 무엇을 했는지 판단할 수밖에 없다. 누구나 판단할 수 있다. 내가 한 주장을 믿어 그대로 인정할 수도 있고, 내가 한 말을 거짓말이라고 판단할 수도 있다. 그러나 사회는 아무의 판단에 대하여 사실로 인정하여 주지는 않는다. 오로지 법원에서 법정 절차에 따른 판사의 판단에 의해서만 사실로 인정해준다.
 법정 절차에는 항상 '증거'라는 것이 따라다닌다. 민사 소송이든 형사 소송이든 당사자는 그 어떠한 주장도 할 수 있다. '축지법을 쓴다.'는 말도 안 되는 주장에서부터 그럴듯한 주장에 이르기까지 모든 주장이 가능하다. 그러나 이를 뒷받침할 증거가 없는 이상, 법원에서는 그러한 사실은 과거에 '존재하지 않았다.'라고 판단한다. 이런 것을 '입증 책임'이라고 하는데, 소송법상 주장하는 사람이 자신에게 이익이 되게 주장을 하였다면 그로 인한 입증 책임도 주장하는 것이 당연하고, 입증을 다하지 못하여 주장하는 사실이 없다고 판단되더라도 그로 인한 불이익도 주장하는 사람이 부담하여야 한다는 생각에서 출발한다.

물론 실무는 위와 같은 이념을 떠나 법률에 정해진 요건에 따라 어떤 사항에 대해서는 원고에게, 어떤 사항에 대해서는 피고에게 입증 책임을 부담시키고 있다. 당사자에게는 엄청난 부담이다. A라는 사실이 인정된다면 승소할 사건인데, A라는 사실이 입증 불충분으로 인정되지 않는다면 패소할 수밖에 없는 사건인 경우 더더욱 그러하다. 판사만이 A라는 사실에 대하여 입증이 충분한지 부족한지 판단할 권한이 있기 때문에 사건의 담당 판사는 그 사건에 대하여 모든 권한을 가지고 있다고 보아도 과언이 아니다.

판사가 A라는 사실의 입증이 부족하여 결과적으로 그러한 사실이 없다고 인정해버리는 경우가 있다. 그러면 이해관계가 얽힌 당사자 사이에서는 이러한 사실 인정을 두고 비난을 넘어선 분노를 보일 때가 있다. 판사는 입증 책임에 따라 사실을 인정 또는 불인정한 것에 불과하지만, 결과적으로 A라는 사실을 인정하지 않음으로써 반대 당사자가 주장하는 B라는 사실에 동조하는 것처럼 보이기 때문이다. 그래서 입증 책임을 전제로 한 사실 인정은 매우 어려운 일이다.

이렇게 판사는 법대로 재판을 하지만 인정되는 사실에 따라 결과적으로 누구의 편을 들 수밖에 없다. 당사자는 판결의 결과만으로 담당 판사가 편파적이라 생각할 것이다. 판사와 당사자 간 소통의 길은 법정에서 주어진 절차에 따라 진술할 시간밖에 없기 때문에 불필요한 오해와 불만은 늘어날 수밖에 없다. 그래서 재판이란 그 결과만큼이나 진행 과정이 중요하다. 이 역시 외줄을 타는 과정이라 떨어지면 안 된다. 당사자들에게 되도록 사건에 대하여 진술할 수 있는 기회를 주려고 노력하는 것도 이러한 취지이다. 물론 재판을 진행하는 판사들에게는 엄청난 부담일 수밖에 없다. 당사자들에게 사건에 대해서 진술할 것을 요구하면, 당사자들의 태어나서 지금까지의 인생 과정을 모두 들어주어야 하기 때문이다. 그래도 싫어하는 내색을 하기도 쉽지 않다.

사실 인정이라는 재판의 결과뿐만 아니라 사실 인정을 이끌어내는 재판 과정 또한 외줄타기의 연속이고, 그 과정에서 어느 누구에게도 눈길을 주기 어렵다. 판사도 사람인지라 때로는 밀려 있는 사건 속에서 당사자가 사건과 관계없는 자신의 인생 역정이나 다른 사건의 법률 상담을 돌려 말할 때 짜증이 나 말을 끊는 경우가 있다. 이때 당사자들은 판사가 상대방의 말에 대해서는 아무 소리 없다가 자신이 말할 때만 끊는다고 법정 밖에서 불만을 토로한다.

개인적으로 생각하기에 훌륭한 판사는 이와 같이 잘 들어주면서도 당사자를 설득할 수 있는 사건의 해결 방법을 제안하여야 한다고 본다. 실무상 엄청나게 어렵고, 지금의 여건으로는 거의 불가능한 이야기라는 비판이 있을 수 있다. 어렵지만 꿈을 갖고 있는 여러분들이라면 누구에게나 존경받는 판사가 되지 않을까 생각해본다.

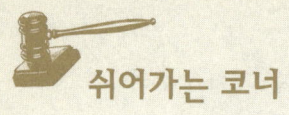
쉬어가는 코너

[법원의 조정, 화해 권고]

판결을 구하면 법원에서 조정, 화해를 권고하는 경우가 많다. 조정 또는 화해란 알기 쉽게 풀어서 말하자면 입증 책임 분배 원리에 따라 0 또는 100의 사실 인정 및 인정된 사실에 법리를 적용하여 당사자 일방이 승소 또는 패소하는 판결과는 달리 당사자 쌍방이 서로의 주장에 대하여 양보하여 사건에 대하여 원만한 해결을 도모하기 위한 절차이다.

예를 들어 갑이 을에게 두들겨 맞아 치료비 100만 원, 간병비 50만 원, 그동안 일을 하지 못해 임금 70만 원의 손해를 입었고, 갑은 을에게 손해 배상 청구로 치료비, 간병비 및 일실 이익 합계 220만 원, 그에 더하여 위자료 200만 원을 청구하는 소송을 제기하였다고 하자. 갑이 병원 치료비 영수증은 모두 제출하였으나, 간병비는 영수증 없이 간병인의 확인서만 있고, 갑이 과거에 무슨 일을 하였는지 정확한 자료가 없으나 목수라고 주장한다고 하자.

갑은 맞은 게 억울해 을이랑은 더 이상 상종도 하기 싫다고 하고, 을은 자신도 맞았다고 진술하고 있다. 여러분이라면 당사자 사이에 위 분쟁을 어떻게 매듭지을 것인가. 치료비, 간병비 모두 인정하고(개인적인 생각으로는 실무상 간병인 확인서만으로 간병비가 인정되기 어려워 보인다), 그동안 얻지 못한 수입은 갑의 직장이 확실하지 않으니 그냥 일용 노동자의 노임을 기준으로 하여 인정하고, 위자료는 적정액을 산정하여 갑에게 승소 판결을 내리고 말 것인가? 기록에는 나타나지 않지만 갑과 을은 어떻게 싸우게 되었을까? 을 또한 이 사건으로 갑에게 맞지는 않았더라도 갑이 싸움을 유발하지는 않았을까?

판사는 여러 사건을 다루기 때문에 세상의 일을 꼭 증거로 있다/없다를 판단하기 전에 이런 사건이라면 어떻게 발생하여 어떻게 흘러갔을지 대강 예측할 수 있는 능력이 있다. 유식하게 말하면 『민사소송법』상의 '경험칙'으로, 쉽게 말해 '짬밥'인 셈이다. 증거에 의해서 모든 사실을 인정해버리면 반드시 한 사람은 불만을 갖기 마련이다. 그래서 최고의 해결 방법은 아니지만, 최선의 해결 방법으로 이런 사람들을 다시 불러모아 사건의 전말을 모두 들어보고 적정한 선에서 합의를 보도록 유도하는 것이다.

이것을 법률상 용어로 조정, 화해 권고 결정 등이라 부르는데, 절차상 약간의 차이만 있을 뿐 그 이념과 취지는 위에서 말한 바와 같이 대동소이하다. 이런 방법을 통해 판사는 외줄타기를 하며 아슬아슬한 사실 인정의 부담을 덜어낼 수 있고, 당사자 모두는 사건에 대하여 최고의 답은 아닐지라도 만족스러운 답을 얻을 수 있다.

한편 실무상 조정, 화해 절차가 만연하여 당사자는 정작 오랜 세월 법정 투쟁을 하며 판결문을 얻기 위하여 이 고생을 하였음에도 불구하고 적절한 선에서 조정 절차를 통해 해결하도록 강요 아닌 강요를 받게 되어 이에 불만을 삼는 당사자들도 많다.

개인적으로 조정, 화해 절차에 부적합한 사건, 즉 강간 범죄와 같이 중범죄로 인한 피해에 대한 손해 배상을 청구하는 사건이나 당사자의 의사가 명백한 경우까지 조정 절차 등을 권유하는 것은 무리가 있다고 본다.

3_ 대한민국의 검사로서

뿌리박기

검사가 된다는 것은 많은 권한과 명예를 갖는다는 것을 의미한다. 그만큼 검사에게 주어진 권한도 많은 반면 그 권한에 의하여 많은 사람들의 삶이 엇갈리기도 한다. 아직까지 공무원이라는 그 묘한 지위와 로망 때문에 다만 몇 년이라도 검사로 재직하다 변호사를 하면 훨씬 더 나으니 커리어를 위하여 몇 년이라도 임관을 하는 편이 낫다는 의견이 여전하다.

예전은 물론이고 지금도 판사나 검사로 재직하다 변호사로 개업하면 경제적인 측면뿐만 아니라 사회적으로도 조금 더 나은 대접을 받곤 한다. 사법 연수생 중 성적 우수자들이 아직까지 임관을 비교적 많이 선택하고 있는 것을 보면 이런 생각이 분명히 존재하는 것은 사실이다. 사법 연수원을 마치고 곧바로 개업하여 시장에 뛰어든 변호사보다 공직에서 다만 몇 년이라도 머물다가 나와 개업하는 변호사의 수입이 훨씬 더 안정적이기 때문일 것이다. 앞으로 그런 추세가 몇 년을 지속할지는 아무도 알 수 없다. 다만, 확실한 것은 법조인 양성 시스템과 법률 시장 개방으로 큰 변화의 조짐이 보인다는 것이다.

대부분의 사람들은 자신이 원하는 일을 찾아 각 직역에서 뛰어난 활약을 하고 있으나, 주위의 몇몇 사람 중에는 집안의 권유 아닌 강요로 임관했기 때문에 몇 년이 지나 무미건조한 생활을 하고 있다고 털어놓기도 한다.

사실 적성에 맞지 않아 이직하게 되는 경우는 비단 검사로 재직하는 경우뿐만 아니라 판사 혹은 로펌 변호사로 재직하는 경우에도 많이 발생한다. 그러나 검사는 여느 직업과 다른 특성이 있다. 대부분 공부를 열심히, 그리고 잘 해온 사람들은 주어진 책과 환경에서 주어진 문제를 해결하는 것에 관심을 보일 때가 많은데(이는 어찌 보면 우리나라 교육 제도의 문제점일 수도 있다), 검사는 기록에 드러난 사안을 그대로 확정하여 판단만 하면 되는 직업이 아니라, 아무도 가르쳐주지 않고 오히려 검사를 속이려고 하는 사람들의 뒤에 숨겨진 검은 진실을 파헤쳐 죄를 물어야 하는 직업이다. 그러다 보니 사람과의 관계로 인한 스트레스가 유난히 많은 직업이다. 사기꾼이 검사 앞에서 모든 것을 실토할 리가 있겠는가. 거물급 공무원이 처음부터 순순히 자신이 뇌물을 받았다고 인정하는 경우 보았는가. 사람 간의 스트레스를 견디지 못한 사람들은 이 일을 잘 견뎌내지 못한다.

그래서 개인적인 생각이지만 검사라면 자신의 일에 대하여 사명감과 끈기가 있어야 한다. 잠시 머물렀다 갈 생각으로 임관하는 것은 자신과 국민 모두에게 폐를 끼치는 일이다. 검사는 사람에게 죄를 물어 확정한 다음, 형을 모두 마칠 때까지 모든 절차에 직접적으로 책임자로서 관여하는 사람이다. 검사라는 직업이 생래적으로 사람의 죄를 물어야 하는 직업인 만큼 사실과 판단에서 중립을 유지하는 것이 어려울 수도 있다. 그러나 검사의 판단으로 한 사람이 무고하게 기나긴 형사 절차의 수렁에 빠져들 수도 있고, 한 사람이 교묘하게 형사 절차로부터 도망갈 수도 있는 만큼 판단에 신중을 기하여야 한다. 뿐만 아니라 소신을 갖고 젊음을 바칠 각오가 있는 사람이 검사가 된다면 더 나은 사회가 되지 않을까 기대한다.

다만 그 칼을 사용함에 있어

형사 절차에 있어 한 사람에 대한 유무죄는 최종적으로 법원이 판단한다. 법원은 누구의 판단에 구속될 필요도 없고, 오로지 판사의 직업적 양심에 따라 유무죄를 판단할 뿐이다. 그래서 많은 사람들은 형사 절차에 있어 판사가 전권을 행사한다고 생각한다. 틀린 말은 아니다. 지난 10여 년간 『형사소송법』 또한 판사가 더 형사 절차에 깊숙이 개입하도록 개정되었다.

그러나 많은 사람들이 간과하고 있는 것이 있다. 법원에서 유무죄를 처벌하기 전에 애당초 검사가 그 사람을 처벌해달라고 법원에 기소조차 하지 않으면 어떻게 될까? 법원이 숨겨진 사실을 밝혀내 그 사람을 기소하도록 할까? 제도적으로는 그런 장치가 있으나 실제로 기록에 드러나지 않은 숨겨진 사실을 밝혀내 그 사람을 처벌받도록 기소할지 여부를 판단하는 최종적인 사람은 바로 검사이다. 그래서 검사는 무섭고, 갖고 있는 칼을 함부로 휘두르면 누군가 다치게 된다.

이렇게 중요하면서도 어려운 그 권한의 행사에 있어 예전에 부산고등검찰청 검사장으로 재직하신 심재륜 고검장님의 말씀 일부를 발췌하여 본다. 그는 검찰 동우회 소식지에 '수사십결(搜査十訣)'이라는 글을 올리며 수사 시 주의해야 하는 사항으로 다음을 지적했다.

1. 칼은 찌르되 비틀지는 마라.
2. 피의자의 승복을 받아라.
3. 외통수 수사는 금물이다.
4. 상사는 적이 아니다.
5. 곁가지를 치지 마라.
6. 독이 든 정보는 피하라.
7. 실패하는 수사는 하지 마라.
8. 절차탁마*하라.
9. 언론의 신뢰를 얻어라.
10. 칼을 잘못 쓰면 다친다.

필자의 짧은 생각으로 그분의 고언을 더듬어 보면 이렇다.

칼은 찌르되 비틀지는 마라. 통상 수사 받는 사람은 재산, 명예 등 많은 것을 한꺼번에 잃는다. 일반인이 여러 사람으로부터 투자를 받은 다음, 나중에 경기 변동 등으로 투자금을 갚지 못하는 경우 사기죄로 고소되는데, 사안이 복잡하고 혐의를 인정하지 않을 경우 경찰서와 검찰청에 십여 차례 불려다니기도 한다. 그 사람은 자신이 행여 구속될까 노심초사하고 있으며, 사기죄는 인정하지 않지만 투자금을 빌려 갚지 못한 사실은 인정하고 그 투자자들에게 미안한 만큼 하루빨리 돈을 갚고자 사방팔방 뛰어다닌다.

---

* 切磋琢磨, 학문이나 덕행 등을 배우고 닦는다는 의미이다.

수사 기관에서 연락이 오면 개인적인 사유로 거부하기도 어렵다. 혹시 잘못 보여 구속을 당하거나 다른 처분을 받을까 두려워서이다. 사건은 수사 단계에서만 6개월 정도가 소요되었고, 그동안 수사 기관에 불려다니며 했던 말을 계속 또 하느라 이미 심신이 많이 지친 상태이다. 검사는 빨리 혐의를 확정하여 기소해야겠지만 굳이 불필요하게 궁금한 사항이 있을 때마다 피의자를 불러 조사하여서는 안 된다는 말로 보인다. 물론 최소한의 소환으로 수사를 마무리하려면 미리 수사에 대한 충분한 준비가 필요할 것이다.

피의자의 승복을 받아라. 피의자로부터 승복을 받기 위해서 원하지 않는 사실에 대하여 억지 자백을 받아내라는 말은 아니다. 강요하여 얻는 자백은 '승복'이 아닌 '굴복'이다. 아마 이 말은 그런 뜻이 아니라 사실을 정확히 파헤쳐 날카로운 판단을 하되, 피의자에게 자신이 하고 싶은 말을 할 수 있는 기회를 제공하고, 앞으로의 사건 처리에 대하여 알려줌으로써 피의자가 자신의 사건이 공정하게 처리되었다고 생각할 수 있도록 노력하라는 의미로 들린다. 사람들은 절차 내에서 자신이 하고 싶은 말을 다 하지 못하면 사건이 다른 사람의 말만 믿고 편파적으로 진행된다고 생각하는 경우가 많다. 실제로 사람들은 자신의 사건이 어떻게 처리되는지도 모르며, 사건 처리 결과가 억울하다고 하여 담당 검사랑 전화 통화를 하거나 직접 면담하기 매우 어려워한다. 실제로 어렵기도 하다.

곁가지를 치지 마라. 실제로 수사를 하다 보면 사기죄로 수사를 시작하였는데, 수뢰죄(뇌물을 받았다는 죄), 증뢰죄(뇌물을 주었다는 죄)로 수사가 확대되는 경우가 있다. 필연적으로 다른 혹은 더 큰 잘못이 발견되었다면 이를 확인하여 처벌받도록 하는 것이 당연할 것이다. 실제로는 더 큰 잘못에 대한 심증은 있으나 물증이 없을 경우 더 큰 잘못이 아닌 경미한 다른 사안으로 사람을 소환하여 수사로 시작하면서 자연스레 수사하고자 하는 큰 잘못에 대한 수사로 옮겨 혐의를 밝혀내는 수사 방식이 있는데, 이를 '별건 수사'라고 한다. 피의자 입장에서는 자신에 대한 무슨 혐의를 찾아내려고 하는지 선뜻 알기 어려워 미리 자신을 방어하기 어렵다는 문제가 있으나 실체 진실을 밝혀낸다는 면에서 살펴보면 수긍이 가기도 한다. 불필요한 수사를 최소한으로 하고 혐의를 드러내기 전 미리 사건에 대한 충분한 준비를 할 것을 요구하는 뜻으로 풀이된다.

아울러 그 밖의 여러 가지 고언이 있는데, '언론의 신뢰를 얻어라.'라는 말도 눈에 띈다. 이 말은 신뢰를 얻기 위하여 언론과 친해지라는 말이 아니다. 언론과 밀착이 되면 드러나는 성과에만 집착하여 자신을 과대 포장하기 마련이다. 오히려 언론과 너무 멀어져서는 안 된다는 의미로 받아들일 수 있다. 법조인들은 일반인들의 여론으로부터 독립하여 혹은 여론을 무시하여 사건을 처리하는 경향이 있으나 이는 잘못된 것 같다. 우리가 다루는 법은 모든 사람들의 일상생활과 밀접한 관련이 있고, 한국인의 법 감정을 떠나 한국 검찰청, 법원이 있을 수 없기 때문이다.

최근의 '아동 성폭행범' 사건이 이런 예이다. 필자는 판결문과 사건 처리 내역을 보면서 유무죄 여부, 양형의 적정성에 대하여 오로지 '실무적'으로 이해할 수 있었으나 우리나라 국민은 그 누구도 그 판결을 선뜻 납득하지 못했을 것이다. 술 먹고 아동을 강간하였더니 오히려 감형이라니, 무엇인가 법조인들의 생각이 잘못되지 않았을까 하는 생각이 들 것이다. '언론 또는 국민과 소통하여 신뢰를 얻어라.' 라는 말이 그런 말이 아니겠는가 생각해본다.

훌륭한 검사로서 여러 가지 덕목이 있을 것이다. 아마 그런 덕목들을 누구나 쉽게 실천하고 있었더라면 굳이 위와 같은 글도 없었을 것이다. 그렇다고 지금 우리의 수사 및 법률 실무 관행이 그렇게 일방적으로 밀실에서 결정되는 것은 결코 아니다. 느리고 성에 차지 않을 수 있지만 변화는 분명히 일어나고 있다.

4_ 변호사로서 일심동체

신뢰

변호사를 찾아오는 사람은 누구일까? 그냥 사건을 몰고 다니는 돈이 많은 사람일까? 그러기엔 정말 다양한 부류의 사람들이 찾아오는 것 같다. 건설사를 운영하여 하도급 등과 관련하여 늘 소송을 몰고 다니는 중소기업 사장, 여생이 얼마 남지 않아 가진 재산을 사회에 환원하거나 자식들에게 물려주려는 노인, 초상권 침해나 얽힌 사생활로 말미암아 소송이 생긴 연예인들, 물려받은 땅이 많은데 그 땅 중 일부가 수용이 되어 보상금을 받도록 되어 있는 땅 부자 등 다양한 사람들이 있다. 이런 사람들은 다들 어느 정도 경제적 여력이 있는 사람들이다.

한편 돈은 많으나 직업적으로 문제가 있는 사람들이 변호사를 찾아오는 경우도 있다. 이를테면 폭력 행위나 범죄 단체 구성으로 기소된 조직 폭력배나 성매매 업소를 운영하여 바지 사장으로 하여금 대신 조사받게 하여 사건을 무마하려는 실제 사장 등이 그러한 사람들이다. 많은 사람들은 과연 이러한 사람들에게 법의 보호인 '변호'가 필요할까 의문을 갖고 있다. 희대의 살인마나 주도면밀한 아동 성폭행범에게 아무런 동정을 줄 필요도 없고, 그대로 매장하였으면 하는 마음일 것이다. 아마 지나가는 한국 국민 100명을 붙잡고 물어보면 99명 정도는 그렇게 대답하지 않을까.

물론 그 일반인의 법 감정은 타당하다고 본다. 그러나 법이 정한 절차란 그런 일반인의 법 감정을 토대로 엄격하게 정해진 절차에 따라 심판을 함으로써 불편부당이 없도록 하기 위함이 아닐까. 그렇다면 더 이상 사건의 내막을 들어볼 필요도 없이 사형에 처함이 마땅한 사람이더라도 자신이 하고 싶은 말을 재판이라는 절차를 통하여 말할 수 있어야 하지 않을까. 그렇다면 모두가 삿대질하더라도 누군가는 그 사람의 편에 서서 말을 해주어야 하지 않을까. 그 사람의 편에 서서 말을 한다고 하여 없는 사실을 만들어내고 절차의 맹점을 파고 들어가야 하는 것은 아니다. 그건 변호사 일의 범위를 넘어선 것이다. 다만, 그 사람이 살아온 배경, 범죄에 이르게 된 동기를 들어주고, 한 사건에 있어서 다른 법률이 적용되거나 두 번 처벌을 받는 일은 없도록 해야 한다. 누군가는 그 역할이 악역일지라도 사건을 고민하고 그의 말을 대변해주어야 한다.

그렇게 냉정해지기 쉽지는 않겠지만 말이다.

결국 법의 보호를 필요로 하여 변호사를 찾는 사람은 정말 법적인 구제 수단을 몰라 억울하게 당할 수밖에 없어 마지막 수단으로 찾아온 사람이거나, 여러 사람 또는 단체와의 법률 관계에 얽혀 있어 크고 작은 소송을 달고 다닐 수밖에 없는 사람 혹은 직업상 사회적·윤리적으로 문제가 있는 사람들이다. 실제로는 이것보다 더 다양한 유형의 사람들이 변호사를 만나기 위하여 찾아올지 모른다. 그들이 요구하는 바는 정말 사람의 수만큼이나 다양하다.

변호사 개인의 양심으로 의뢰인의 요구를 들어줄 수 없는 경우가 있다. 이를테면 의뢰인들 중에는 사건 담당 판검사에게 청탁을 하며 금전을 건네주는 경우가 있다. 위와 같은 이유 혹은 다른 이유라도 변호사 자신이 의뢰인과 도저히 신뢰를 지킬 수 없는 경우가 아니라면 변호사는 사건을 의뢰하는 의뢰인과 일에 관한 신뢰를 심어줄 수 있어야 한다. 생각보다 매우 어려운 말이다. 아무리 그 사람이 부자라도 수백만 원 혹은 그 이상의 돈을 쉽게 여기는 사람은 없으며, 그동안 사건 해결을 위한 노력을 해왔다. 그러니 그 의뢰인은 이번에야말로 반드시 이 사건을 해결하고픈 심정일 것이다. 변호사에게는 수많은 사건들 중의 하나이고, 골치 아픈 다툼의 연속일지라도 당사자에게는 일생에 한 번 있을까 말까 한 중요한 문제이다. 의뢰인이 자신의 사건 결말이 어떻게 날지 혹은 사건 결말이 자신에게 유리하지 않더라도 그 처리 과정이 어떠할지 모든 촉각을 곤두세우는 것은 너무나 당연한 일이다. 변호사에게는 뻔한 절차이고, 뻔한 결말이라도 의뢰인은 그 모든 과정이 궁금할 것이다.

 필자가 실무에서 쌓은 작은 경험에 비추어 보면 의뢰인은 대체로 사건의 결말 혹은 결말이 아니더라도 사건 처리 과정에 대하여 변호사로부터 어떤 이야기든 듣고 이해하고 싶은 경향이 매우 강했다. 물론 변호사가 법을 모르는 일반인들에게 법이 적용되고 해석되는 과정과 법원의 판단 내용 및 그 과정을 이해할 수 있도록 설명하는 것은 참으로 인내를 요구하는 일이다. 그러나 사건에 대하여 좋은 결과를 가져오거나 심지어 좋은 결과를 가져오지 못하더라도 절차를 이해하고, 자신이 판단하는 판검사에게 모든 말을 다했다는 심리적 만족을 느낀 사람은 그 사건 담당 변호사와 좋은 신뢰 관계를 유지하는 경우를 많이 봤다. 그렇게 쌓인 작은 신뢰 하나하나가 결국 변호사의 평판과 실력을 좌우하기도 한다.

 신뢰는 결코 술, 학연, 지연만으로 형성되지는 않는다. 개인적인 생각으로는 실력뿐만 아니라 의뢰인의 눈높이에서 의뢰인과 함께하는 것이 신뢰를 쌓는 첫걸음이다. 어려운 일임에는 틀림이 없다.

전문성

 요즘 변호사들에게는 '전문화'가 화두이다. 어떻게 하면 특정 분야의 전문 변호사로서 명성을 떨칠 수가 있을까? 30년 가까이 오로지 법서만 보고 살아왔는데 내가 남달리 잘 할 수 있는 분야가 있을까? 쉽지 않은 질문이다. 그러나 분명 '전문', 'pro'라는 말이 누구에게나 큰 매력으로 다가온다는 사실은 결코 부인할 수 없다.

하지만 지금 당장 조급해할 필요는 없다. 취직하기 이전에 이미 남들과 다른 특출한 능력이 있다는 것은 분명 그에게 축복이다. 그러나 그렇지 않다고 하여 실망할 필요는 없다. 그 당시 전문성이 없다고 하더라도 전문성, 나아가 자신의 미래에 대한 비전을 갖고 살아가는 사람은 반드시 원하는 바를 이룰 수 있기 때문이다.

일을 하다 보면 특정 분야에 대하여 흥미 내지 호기심을 갖는 경우가 있다. 그러면 이런 지적 욕구를 충족하기 위하여 더 나아가 관련 판례나 논문을 찾아본다. 그렇게 사건에 대하여 더더욱 관심을 갖고 파고들면 어느새 그 소송에서는 자기를 따라올 사람이 없게 된다. 그러다 보면 그 사람은 거창한 분야의 전문가는 아니더라도 그 지엽적인 소송의 전문가가 된 것이다. 그렇게 자기가 연구하고 직접 수행한 사건의 전말을 잘 적어 학회지에 투고하면 소중한 논문 한 편이 완성된다. 그 후 학술단체, 실무가들 모임에서 활동하고 논문의 가치가 인정받는 등 좋은 평판이 누적되면 자연스럽게 그 사람이 어느 분야의 전문가가 되는 것이다. 오히려 지금 당장 무슨 업적을 쌓기 위하여 노력하기보다는 실제 일을 하면서 호기심을 갖고 항상 사건에 대한 문제의식을 갖는 것이 중요하다.

한편 '전문화'의 화두에 매몰된 나머지 일부 사람들 중에는 판검사로 임관하거나 단순히 송무를 전담하는 변호사가 되면 차후 10~20년 뒤 장래에 자신의 전문성을 잃고 아무 색깔 없는 변호사로 전락하게 될 것이라고 생각하는 사람들이 있다. 필자의 생각으로 이러한 걱정은 기우에 불과하다고 본다. 판검사로 10년 이상 재직한 사람들은 적어도 법원에 어떤 소송을 제기하였을 때 어떻게 처리될 것인지, 검찰청에 고소를 하거나, 검찰청에 피의자 신분으로 수사가 개시되었을 때 앞으로 어떻게 처리될 것인지 너무나 잘 알고 있다. 사법 시험을 합격하고 사법 연수원을 수료하였으니 혹은 법학전문대학원을 마치고 변호사 시험을 합격하였으니 소송의 과정과 수사의 과정에 대하여 더 이상 궁금할 것도 없고, 알아야 할 것도 없다고 생각하는 사람들은 대개 소송 등을 직접 해보지 않은 사람들이다. 여러분들도 직업의 성격상 평생을 공부한다고 생각하고 마음 편하게 가져야 할 것이다.

소송이나 수사 또한 사람이 하는 일이기 때문에 직접 몸으로 부딪히며 보고 느껴야 하는 일들이 많다. 아울러 소송 중 회사 관계, 파산·회생 부분, 지적 재산권 같은 부분은 그 업무 처리를 통하여 관련된 지식을 상당히 축적할 수 있어, 그 업무를 직접 다루는 것은 관련 분야의 전문 변호사로 가는 가장 빠른 지름길이 된다.

그렇다고 법원이나 검찰청에서 자신이 원하는 업무만 담당하려고 해서는 안 되고, 그렇게 한다고 전문성이 길러지는 것도 아니다. 사실 전문화라고 불리는 분야들이 일반 민·형사 사건에서 동떨어져 독자적으로 존재하는 것이 아니기 때문이다.

예를 들면 기업의 M&A와 같은 전문적인 일은 전혀 검찰청의 업무와는 관련이 없어 보일 것 같지만, 우리나라에서는 검찰이 기업의 M&A와 관련하여 기업 총수의 행위에 대하여 배임죄 등으로 의율(법원이 법규를 구체적인 사건에 적용하는 일)하여 공소권을 행사하고 있고, 법원의 재판을 통하여 유무죄가 확정됨에 따라 전체 기업 인수의 향배가 결정되는 경우가 많다. 결국 상법만 마스터하여 M&A 실무를 모두 익힐 수는 없다는 말이다.

우리나라는 민사 사건을 형사 사건화하여 형사 절차를 통하여 밝혀진 사실들을 민사 사건의 유력한 증거로 활용하는 경우가 많다. 지적 재산권 침해 또한 민사적 구제 수단을 취하기 이전에 고소부터 하고 보는 실정이다. 결국 누군가 여러분에게 기업 인수 합병과 관련하여 앞으로 전망이 어떨지, 지적 재산권 침해 사건에 대하여 앞으로 사건이 어떻게 전개될지 물어보았을 때 그에 대하여 만족스런 답을 해주려면 '법원·검찰'의 실무 처리 절차를 알아야 하지 않을까 싶다. 우연과도 같은 필연이지만 결국 제너럴리스트가 스페셜리스트가 된다.

비행기를 타고 바다를 넘어

아직 사법 시험을 합격하고 외국에 진출하여 외국 로펌 또는 외국계 회사에서 근무하는 변호사는 거의 없다. 그러나 앞으로 이런 기회가 훨씬 더 많이 제공될 것으로 보인다. 기존의 법조 시장, 송무 시장만 바라보면 시장의 좁음을 느낄 수밖에 없을 것이나 바뀔 세상을 미리 감지한 사람은 앞으로의 법조 시장을 미지의 개척지와 같이 받아들일 것이다.

비단 법조인 양성 체제가 바뀌는 것뿐만 아니라 우리의 시장이 단계적으로 개방된다. 영국·미국 등 유수의 로펌이 한국 시장을 노리고 진입할 것이다. 구직자 입장에서는 로펌이 추구하는 능력을 갖춘 경우 국내뿐만 아니라 외국의 여러 로펌으로부터 입사 제안을 받게 될 것이다. 영어를 잘 한다면 지금도 그렇지만 여러 로펌으로부터 좋은 제안을 받게 될 것이다. 물론 여기에서 영어를 잘 한다는 의미는 외국인과 대화하고 일상적·전문적 영어를 알아듣고 활용함에 전혀 무리가 없는 정도의 수준을 말한다. 한국에서 태어나 한국에서 영어를 공부한 사람으로서는 일정한 한계가 있다고 보인다. 물론 이 정도 수준에 이르지 못한다고 걱정할 필요는 없다. 대형 로펌에는 모두 미국 변호사가 있고, 영어 능통자가 많으므로 주어진 영문 계약서를 오류 없이 잘 이해하고 업무를 잘 처리할 수 있는 정도의 수준이면 된다. 개인적으로는 오히려 영어 외에 다른 외국어를 일정 수준 정도 구사할 수 있다면 매우 유용하게 활용될 수 있을 것으로 보인다.

아직 외국 로펌이 본격적으로 상륙하지도 않은 마당에 어떤 능력을 갖추어야 그들로부터 환영을 받을 수 있는지 가늠하기란 쉽지 않다. 그러나 남들과 차별화되는 어학 능력이 분명 가점 요소로 작용할 것이다. 들리는 말로는 영미계 로펌은 '법률 봉사 활동'과 같은 공적인 활동을 중요하게 여긴다고 한다.

앞으로 변호사 자격을 가지게 될 여러분은 외국계 로펌에 취직할 기회뿐만 아니라 외국 국제기관에 근무할 기회도 갖게 될 것이다. 아직 한국의 경제 규모, 국력에 비추어 법조인들의 해외 진출은 거의 없다시피하다. 우리나라와 주 교역국 현지에 법률 사무소를 설치하고 그곳에서 영업 중인 한국 기업들에게 다양한 법률 자문을 해주는 경우는 많다. 그러나 유엔, 국제사법재판소, 국제중재재판소 등 다양한 국제 사법 기관에 진출한 한국 법조인은 그다지 많지 않다. 아마 언어의 장벽이 크게 다가오기도 하였지만, 지금까지는 굳이 바다 건너까지 가서 고생할 필요가 없었기 때문이기도 하다. 앞으로 누군가가 해외에 진출하여 어떤 길을 걷게 될 것인지는 필자로서 예측하기 힘들다. 그만큼 어렵기도 하겠지만, 그 가능성도 무한하다.

5_ 직역을 뛰어넘어 하나로

판검사의 채용 방식 변화

아마 이 글을 읽는 독자 대부분이 앞으로 판검사의 채용 방식에 대하여 궁금증을 갖고 있으리라 본다. 법학전문대학원을 나와 변호사 자격시험을 합격하면 변호사 자격을 갖는 것은 확정이 되었으나, 사법 시험 및 사법 연수원 제도가 폐지되는 마당에 기존의 사법 시험, 사법 연수원 체제로 선발해온 판검사의 채용 방식이 어떻게 바뀔지는 확정된 바 없기 때문이다. 인터넷에 한때 법학전문대학원을 나와 변호사 시험을 합격한 사람들 중에서 바로 검사를 임관하도록 한다는 소문이 떠돌아다닌 적이 있으나 아직까지 공식적으로 확인된 것은 없다.

임관 방식은 매년 바뀌는 검찰, 법무부 수뇌부의 의견이 수렴되어야 한다. 지금 공식적으로 확인되지 않은 의견이 나중 몇 년 뒤 바뀐 수뇌부의 공식적인 안으로 채택될 확률은 매우 저조하므로 그와 같은 견해에 무게를 둘 필요는 없다. 판사 채용 방식도 역시 확정된 것은 없다.

필자가 나름대로 주위에서 보고 듣고 느낀 생각을 정리하면 다음과 같다. 우선 법학전문대학원 제도가 도입되면서 향후 10년이 지나면 법조인 양성 방식이 일원화되는 만큼, 기존의 사법 시험을 전제로 한 사법 연수원은 사라질 것으로 보인다. 그렇다고 법원이나 검찰청이 법학전문대학원을 수료하고 변호사 시험을 합격한 사람을 곧바로 판사 또는 검사로 임용할 것 같지는 않다. 무엇보다 아직까지는 기존 법조인들이 이런 제도하에서 배출되는 인재들에 대하여 회의적인 시각을 거두고 있지 못한 탓이 크다. 이를 두고 기존 법조인과 법학전문대학원 지지자들 사이에 다툴 필요는 없다.

우리나라는 해방 후 근 50년 가까이 사법 시험을 통한 법조인 양성 체제를 구축해왔다. 고시 낭인도 있었지만 개천에서 나온 용도 있었다. 돈과 권력으로도 살 수 없고, 오로지 자신의 실력을 통해서만 얻을 수 있는 것이 법조인 자격이었다. 고시 제도의 폐해를 지적하며 대안으로 나온 법학전문대학원 제도에 대하여 고시 제도의 수혜자가 의심을 품는 것은 어찌 보면 당연하다. 굳이 정치적 이분법을 고수하지 않더라도 보수적인 일반인은 새롭게 들어오는 제도에 대하여 회의적인 시각을 가질 수밖에 없다. 기존의 가치와 새롭게 대두되는 가치가 혼재하여 질서가 구축되는 데에는 시간이 걸릴 것이다. 그러나 먼 장래를 내다보면 큰 강물이 바다로 흘러가듯 고시 제도가 인재 양성에 있어 더 이상 대접받기 어렵다고 보는 것이 타당할 것이다.

판사는 법학전문대학원 수료 후 변호사로서 최소한 5년 이상의 경력은 갖추어야 선발될 수 있을 것으로 보인다. 지금도 사법 연수원이 사법 연수생 및 판사의 교육을 담당하고 있지만, 이렇게 뽑힌 사람들은 약 1년 정도의 판사 실무 교육을 마친 다음 현장으로 투입될 가능성이 크다.

최근 대법원 산하 사법 정책 자문 위원회에서 밝힌 내용에 의하면 사법 시험 합격자의 경우 연수원 수료 후 바로 법관으로 임용해오던 기존 방식을 폐지하고 재판 연구관 제도 등을 도입, 2년간 법조 경력을 쌓은 뒤 판사로 임용하도록 하였다. 이는 지난해부터 도입된 법학전문대학원 제도의 취지를 반영하고, 연수원 성적이 우수한 사법 시험 합격자가 곧바로 판사가 되는 현재의 방식을 개선해 풍부한 경험과 사회에 대한 폭넓은 이해를 가진 법관을 양산하겠다는 취지이다.

2012년 처음으로 배출되는 법학전문대학원 수료생들의 경우도 마찬가지다. 변호사 시험에 합격한 뒤 최소 3년간 법원 재판 연구관으로 실무 경험을 쌓아야만 법관으로 임용될 수 있다. 다만, 이런 재판 연구관 제도 또한 영속적으로 진행되기는 어려워 보인다. 궁극적으로는 변호사, 검사 등 외부 경력직 법조인을 법관으로 선발하는 방안이 정착될 것으로 보인다. 이해관계가 얽혀 이런 변화에 대하여 다들 민감한 분위기다.

검사는 판사와는 달리 변호사 경력을 요구함에 있어 약간 자유로울 가능성이 크다. 법학전문대학원 제도의 취지상 반드시 검사가 변호사로서 일정 경력을 가져야 할 필요는 없기 때문이다. 앞서 말한 소문대로 법학전문대학원 수료 후 변호사 시험을 합격한 사람 중에서 곧바로 선발하여 일정 기간의 실무 교육을 마친 후 바로 현장에 투입하는 것도 한 가지 방법이 될 수 있을 것이다. 그러나 대세는 일정 경력을 요구하는 방향으로 흘러가고 있다.

누구도 판검사의 임용 방식에 대하여 지금 단계에서 정확하게 말할 수는 없다. 그러나 대세는 이미 법학전문대학원 제도와 법조 일원화로 가고 있으며, 판검사의 선발 방식도 큰 틀에서 위와 같은 기조를 유지할 수밖에 없을 것이다. 지금도 경력 변호사들의 판검사 진출이 점차 늘어나고 있으며, 재조(관직에 있음)에서도 이를 바람직한 방향으로 여기고 있는 것 같다.

직역의 이동

앞으로는 직역 간의 이동도 전보다 훨씬 더 활발해질 것으로 보인다. 1,000명 합격자 시절 이전 300명 합격자 시절만 해도 이상적인 법조인 커리어는 판검사로 몇 년간 재직하다가 변호사로 진출하여 개업하는 것이었다. 적어도 판검사 시절 적절한 명예와 권력을 쥐다가 편안한 노후를 보낼 수 있는 것으로 많은 사람들이 생각하였다.

법조인들 사이에서는 변호사란 나중에 언제라도 할 수 있는 직업이지만, 판검사란 한 번 임용되지 못하면 영원히 할 수 없는 직업으로 여기는 생각이 많다. 그러나 앞으로는 사법 시험, 사법 연수원도 폐지되고 법학전문대학원 수료자 및 변호사 중에서 판검사를 뽑아야 하는 때가 올 것이며, 판검사 선발 방식의 근본적인 변화가 생길 것이다. 개인적인 견해이지만 종래에 판검사로 재직하였다가 변호사로 일하는 것이 일반적인 과정이었다면, 앞으로는 변호사로 재직하였다가 판검사로 일하는 것이 일반적인 과정이 될 것이다.

예전에는 판검사―변호사―다시 판검사로 전직하는 경우가 있었으나, 앞으로는 종래에는 거의 찾아보기 힘든 변호사—판검사—변호사로 전직하는 경우를 어렵지 않게 볼 수 있을 것이다. 다만, 누구나 원한다고 판검사가 되는 것이 아니라 일정한 자격 요건에 부합해야 할 것이다. 지금 경력 변호사를 판검사로 충원하면서도 마찬가지로 적용되는 기준이지만, 앞으로 판검사를 하고자 하는 사람들은 자신의 커리어를 잘 관리해야 한다. 출신 학교나 성적보다 변호사 시절 세금 탈루나 다른 경미한 벌금 전과 등 그러한 '잘못'이 없도록 평소 섬세한 관리가 필요하다.

한편 종래의 법과 대학 체제에서 법학전문대학원 체제로 변동하는 이상, 변호사 자격을 갖고 있다면 법학전문대학원 교수가 되는 길도 전보다 넓어질 것이다. 법학전문대학원 체제가 실무 교육을 중점으로 하고 있는 만큼 실무를 경험한 사람이 법학전문대학원 학생을 가르쳐야 함은 당연하다. 그런 이유로 학교에서 법학전문대학원 교수를 영입하고자 하는 수요는 앞으로도 꾸준할 전망이다.

Epilogue

　지금까지 변호사 자격을 갖추고 가질 수 있는 대표적인 직업인 판사·검사·변호사의 일상적인 삶의 모습과 하는 일에 대하여 살펴보았다. 이 책에서는 판사·검사·변호사의 모습에 대해서만 보았지만 지금부터도 그렇듯이 앞으로는 더더욱 다양한 직업이 여러분을 기다리고 있을 것이라 생각한다. 지금도 법조 일원화의 완전한 시행에 앞서 재조(在曺), 재야(在野) 간뿐만 아니라 학계와의 교류도 활발하다. 단순히 송무만 하는 변호사에서 구체적인 분쟁이 발생하기 이전 법률적 문제에 대하여 대응하는 자문이나 회사 내에서 회사의 법적 문제와 리스크를 진단하는 사내 변호사 등 다양한 직역이 등장한 지도 오래되었다. 앞으로는 국제기관에 진출한 법조인들도 많이 나타날 것이고, 법률 시장 개방을 맞이하여 외국계 로펌에 몸담으면서 다양한 업무에 종사하는 사람들도 많이 나타날 것이다. 지금의 시점에서 앞으로의 모든 일을 예측할 수는 없지만, 다만 분명한 것은 종래와 달리 파격적인 변화를 몰고 올 시작에 있어 그 변화의 소용돌이에 휩쓸릴 사람도, 그 변화를 이끌어나갈 사람도 바로 이 글을 읽는 독자 여러분이 될 것이라는 점이다.

그럼 이 책을 읽는 의미는 무엇인가. 아마 이 책뿐만 아니라 책을 읽는 의미를 묻는 질문이기도 하겠다. 미래는 어떻게 예측할까? 그저 로또 한 장 사두고 당첨되기만 기다리면 장밋빛 미래는 그냥 다가오는 걸까? 미래는 과거를 토대로 예측해야 한다고 생각한다. 그런 의미에서 과거, 그리고 지금 현재 법조인들의 일상을 알아둔다면 아마 여러분의 미래 인생 계획에 있어 좋은 지침이 되지 않을까 싶다. 좋은 점이라면 청출어람(靑出於藍)하고, 혹여 나쁜 점이라면 반면교사(反面敎師), 타산지석(他山之石)으로 삼으면 된다.

생각의 장을 열어두고 여기에 이르기까지 많은 사람들의 도움이 있었다. 출판을 허락하여 주신 하서출판사 김병준 사장님, 출판·집필 등 실무적인 문제를 많이 도와주신 오미영 대리님을 비롯하여 이미 학계에서 많은 경험과 경륜을 쌓으시고 책의 서두를 장식해주신 윤선희 교수님께도 감사를 드린다. 아울러 언제나 사랑하는 나의 가족들에게도 늘 고마운 마음을 가진다.

작은 일 하나를 마침에도 혼자 설 수 없고 주위의 도움과 배려가 있어야만 가능하다는 점을 늘 명심하고 산다. 먼 훗날 이 글로 인연이 된 많은 사람들과 또 다른 인연이 만들어지길 기원하며 글을 마친다.

Bravo Your Life!

지은이 | 윤선희
현 한양대학교 법학전문대학원 교수. 전 동경대학 대학원 법학연구과 객원 교수.
한국산업재산권법학회 회장. 한국저작권법학회 부회장. 한국중재학회 회장.
특허법, 실용신안법, 상표법, 디자인보호법, 저작권법 등 개정 위원.
사법 시험, 군법무관 시험, 행정 고시, 입법 고시, 변리사 시험 등 시험 위원 역임.

지은이 | 이배근
현 대한법률구조공단 서울북부지부 근무. 전 대구고등검찰청 공익법무관. 사법연수원(37기).
서울대학교 법과대학원 수료(상법 전공). 서울대학교 법과대학 졸업.

두 번째 내 인생을 위한
법학전문대학원

펴낸날 | 2010년 3월 20일 초판 1쇄 발행

지은이 | 윤선희 · 이배근
펴낸이 | 김병준
펴낸곳 | (주)하서출판사
주 소 | 서울특별시 강남구 역삼동 790-15호
전 화 | (02)2237-8161(대표) | 2237-6575(대표)
등 록 | 제2009-000078호(1967. 12. 18)

ⓒ윤선희 · 이배근, 2010년 printed in Korea.

편집책임 | 한은선
편집진행 | 강미선
기 획 | 오미영
디 자 인 | 박세명 016-276-4668
 ISBN   978-89-6259-144-6 (03360)
＊ 잘못 만들어진 책은 바꾸어 드립니다.